Die Zukunft der Gesundheitsberufe in Bildung und Migration

Schriften zur Gesundheitspolitik
und zum Gesundheitsrecht

Schriftenreihe des Instituts
für Europäische Gesundheitspolitik und Sozialrecht
an der Johann Wolfgang Goethe-Universität Frankfurt

Herausgegeben von Ingwer Ebsen,
Thomas Gerlinger und Astrid Wallrabenstein

Band 27

Roman Lehner / Indra Spiecker gen. Döhmann (Hrsg.)

Die Zukunft der Gesundheitsberufe in Bildung und Migration

Bibliografische Information der Deutschen Nationalbibliothek
Die Deutsche Nationalbibliothek verzeichnet diese Publikation in der Deutschen Nationalbibliografie; detaillierte bibliografische Daten sind im Internet über http://dnb.d-nb.de abrufbar.

Institut für Europäische Gesundheitspolitik und Sozialrecht (ineges)

ISSN 2193-0465
ISBN 978-3-631-89211-4 (Print)
E-ISBN 978-3-631-89215-2 (E-PDF)
E-ISBN 978-3-631-89216-9 (EPUB)
DOI 10.3726/b20314

© Peter Lang GmbH
Internationaler Verlag der Wissenschaften
Berlin 2023
Alle Rechte vorbehalten.

Peter Lang – Berlin · Bruxelles · Lausanne · New York · Oxford

Das Werk einschließlich aller seiner Teile ist urheberrechtlich geschützt. Jede Verwertung außerhalb der engen Grenzen des Urheberrechtsgesetzes ist ohne Zustimmung des Verlages unzulässig und strafbar. Das gilt insbesondere für Vervielfältigungen, Übersetzungen, Mikroverfilmungen und die Einspeicherung und Verarbeitung in elektronischen Systemen.

Diese Publikation wurde begutachtet.

www.peterlang.com

Vorwort

Der pandemiebedingte Blick auf die Intensivmedizin hat das Bewusstsein dafür wachsen lassen, dass die besten medizintechnischen Versorgungskapazitäten wertlos sind ohne ein dazugehöriges hoch qualifiziertes und motiviertes medizinisches Fach- und Pflegepersonal. Die Sicherung der Fachkräftebasis im Gesundheitsbereich, wie in den sozialen Berufen insgesamt, ist in Ansehung des Sozialstaatsprinzips (Art. 20 Abs. 1 GG) sowie der staatlichen Schutzpflichten für Leib und Leben (Art. 2 Abs. 2 S. 1 GG) auch eine Aufgabe staatlicher Daseinsvorsorge. Es liegt nahe, sich dieser Aufgabe auch dadurch zu stellen, dass der Bedarf durch Migration gedeckt wird; gleichzeitig ist aber das deutsche Gesundheitssystem selbst von Konkurrenz um Fachpersonal betroffen. Die Sicherung der Fachkräftebasis insgesamt ist explizites Ziel des deutschen Beschäftigungszuwanderungsrechts (§ 18 Abs. 1 S. 1 AufenthG), und in der rechtlichen Diskussion um die optimale Ausrichtung des Fachkräfteeinwanderungsrechts nimmt der Gesundheitsbereich eine besonders prominente Rolle ein.

Doch nicht nur für das Migrationsrecht wird die Fachkräftegewinnung für den Gesundheitsbereich zum zentralen Thema. Der gesamte Bildungssektor muss sich, auch vor dem Hintergrund des fortschreitenden Trends zur Akademisierung, verstärkt der Frage zuwenden, wie soziale (Ausbildungs-)Berufe an Attraktivität und Wertschätzung gewinnen können. Das Ausbildungsmigrationsrecht bildet beide Dimensionen dieser Querschnittsaufgabe ab. Vor allem in der Gesundheitspflege kommt schließlich dem besonderen Typus der Migration zum Zwecke der Nachqualifizierung eine überragende Bedeutung zu, der Fachkräfte- und Ausbildungsmigration miteinander verschränkt und in großem Umfang durch Vermittlungsabsprachen der Bundesagentur für Arbeit mit Drittstaaten gekennzeichnet ist. Ein Gesamtbild wäre unvollständig, blickte man nicht auch auf bestehende Attraktivitätsdefizite der Bildungsangebote für soziale Berufe in Deutschland und auf Potenziale zu ihrer Behebung.

Der vorliegende Band versammelt Beiträge, die aus unterschiedlichen Perspektiven die Frage nach der Zukunft der Gesundheitsberufe im Hinblick auf Bildung und Migration beleuchten. Sie sind so auf der wissenschaftlichen Jahrestagung des Instituts für Europäische Gesundheitspolitik und Sozialrecht – Ineges – an der Goethe-Universität Frankfurt a.M. im September 2021 gehalten und hybrid diskutiert worden. Sie eint der gemeinsame Ausgangspunkt, wonach nämlich die Zukunft der Gesundheitsversorgung in Deutschland maßgeblich durch die Entwicklung der Personalsituation abhängen wird. In quantitativer wie in qualitativer Hinsicht erweist sich die Fachkräfteentwicklung in diesem Sektor als Herkulesaufgabe für Staat, Politik und Gesellschaft. Die künftig insgesamt für Deutschland zu erwartende Fachkräftelücke ist kürzlich durch den Präsidenten der Bundesagentur für Arbeit *Scheele* auf 400.000 beziffert worden – wohlgemerkt pro Jahr! Auch für den Gesundheitsbereich existieren entsprechende Schätzungen. So wird nur für den Bereich der stationären Versorgung angenommen, dass bis zum Jahr 2035 rund 307.000 Pflegekräfte fehlen könnten. Die Versorgungslücke im gesamten Pflegebereich könnte bis zu diesem Jahr gar den Umfang von 500.000 Fachkräften betreffen. Das sind ganz gewaltige Zahlen, welche die Dimension des Problems zumindest andeutungsweise erfassbar machen. Die vorliegenden Tagungsbeiträge behandeln vor diesem Hintergrund normative und empirische Grundlagenfragen. Wie geht die Rechtsordnung mit dem wachsenden Fachkräftemangel im Gesundheitsbereich um? Unter welchen regulativen Rahmenbedingungen kann versucht werden, diesen Mangel zu beheben, wo kann er ausgeglichen und beseitigt werden, wo werden wir mit dem Mangel leben müssen und ihm durch Anpassungsmaßnahmen begegnen? Welche Weichen hat der Gesetzgeber in den letzten Jahren gestellt, um der staatlichen Aufgabe der Fachkräftesicherung im Gesundheitsbereich gerecht werden zu können?

Kathleen Neundorf gibt einen Überblick über die rechtlichen Rahmenbedingungen für die Einwanderung von Fachkräften im Gesundheitswesen nach Maßgabe des Aufenthaltsrechts. Deutlich wird hierbei, dass die Anerkennungsvoraussetzungen in Hinblick auf ausländische Berufsqualifikationen die entscheidende regulative Weichenstellung darstellen. Angesichts des Umstands, dass die Feststellung der Gleichwertigkeit eine in der Praxis hohe Zugangshürde bildet, ist ein besonderes Augenmerk auf die Möglichkeiten der Zuwanderung zum Zweck der Nachqualifizierung zu lenken. Der Beitrag von *Holger Kolb* und *Charlotte Wohlfarth* greift hieran anknüpfend die Frage auf, inwiefern die für die Zuwanderung in die Gesundheitsberufe besonders heikle sog. „Brain-Drain"-Problematik durch eine Berücksichtigung der medizinischen Versorgungslage in den Herkunftsstaaten bewältigt werden könnte. Dem zugrunde liegt der Befund, dass einzelne, üblicherweise den „Brain-Drain"-Effekt im Bereich der Arbeitsmigration abmildernde Faktoren gerade in Hinblick auf die Migration von Gesundheitsfachkräften nur sehr eingeschränkt greifen. Insgesamt, so zeigen die Autor*innen, wäre ein ‚Selecting by Origin'-Ansatz im deutschen Zuwanderungsrecht eine echte, in vielerlei Hinsicht allerdings auch nicht unproblematische Innovation. Der Frage, ob Deutschland im Bereich der Fachkräftemigration allgemein und mit besonderem Blick auf die Gesundheitsberufe gut aufgestellt ist, geht *Roman Lehner* in seinem Beitrag nach. Der regulative Rahmen, so *Lehner*, erscheint dabei robuster und flexibler, als dies der migrationspolitische Diskurs bisweilen erwarten lässt. Besondere Probleme ergeben sich allerdings für die innereuropäische Fachkräftemigration, die sich unilateraler Steuerung dem Grunde nach entzieht. Gewisse Steuerungspotenziale ergeben sich in diesem Bereich indes aus dem Zusammenspiel von europäischem Freizügigkeitsrecht und staatlichem Ausbildungsrecht. Möglichkeiten und aktuelle gesetzgeberische Bestrebungen zur Erhöhung der Attraktivität der Pflegeausbildung in Deutschland werden von *Miriam Peters, Anke Jürgensen, Michael Meng* und *Lena Dorin* erörtert und bewertet. Zwei Gesichtspunkte erscheinen dabei besonders entscheidend und werden von den Autor*innen kritisch beleuchtet und eingeordnet: der zu beobachtende Trend zur Akademisierung auch der Pflegeausbildung sowie Konzepte zur lebensweltnahen Versorgung von Pflegebedürftigen. Der Beitrag zeigt, dass an ganz unterschiedlichen Stellschrauben gedreht werden muss, um den Pflegeberuf einerseits an die vielfältigen neuen und stetig wachsenden Berufsanforderungen anzupassen und andererseits die Attraktivität des Berufsfelds unter sich verschärfenden demographischen Bedingungen und bei dem damit einhergehenden Konkurrenzdruck auf Einrichtungsseite erhalten oder gar steigern zu können. Auf ein spezifisches Konkurrenzproblem verweist *Matthias Bode* in seinem Beitrag zu den hochschulzulassungsrechtlichen Implikationen der jüngsten numerus-clausus-Entscheidung des Bundesverfassungsgerichts mit Blick auf das Studium der Humanmedizin. Unter den verschiedenen Faktoren, die für die Bewerberauswahl in den Zulassungsverfahren herangezogen werden, sticht die Berücksichtigung gesundheitsbezogener Berufsausbildungen hervor. Hierdurch sollen Wechsel vom Pflegeberuf in ein Medizinstudium erleichtert werden. Vor dem Hintergrund des weiterhin massiven Bewerberüberhangs beim Medizinstudium lässt sich allerdings mit *Bode* kritisch bemerken, dass durch die „Zunahme der Durchlässigkeit wiederum Lücken im Bestand der Pflegenden" hervorgerufen werden können. Insgesamt würdigt der Beitrag umfassend das geltende Hochschulzulassungsrecht für die akademischen Gesundheitsberufe und zeigt dabei, wie schwierig es ist, das Recht auf chancengleichen Zugang zu dem knappen Gut des Medizinstudienplatzes verfassungsrechtskonform und wirklichkeitsgerecht zu konkretisieren. Schließlich setzt sich *Achim Seifert* in seinem Beitrag mit der Lage der häuslichen Pflege aus der arbeitsrechtlichen Perspektive auseinander. Angestoßen durch die jüngere Rechtsprechung des Bundesarbeitsgerichts steht das System der häuslichen Pflege vor einem massiven Umbruch, da nunmehr die rechtlichen Vorgaben des Mindestlohnrechts stets Anwendung finden, hinzu kommen die europarechtlichen Vorgaben zur Arbeitszeitrecht, welche die klassische „24-Stunden-Pflege" praktisch weitgehend verunmöglichen. *Seifert* lenkt den Blick auf die, auch infolge dieser Rechtsentwicklung, an Bedeutung gewinnende Frage nach der Vereinbarkeit von Pflege und Beruf und sieht in dem Pflegezeitgesetz einen wichtigen, indes noch ausbaufähigen Schritt zur Stärkung der Pflege durch Familienangehörige.

Die vorliegenden Beiträge zeigen eindringlich, dass die Sicherung der Gesundheitsversorgung in personeller Hinsicht eine überaus vielschichtige und unterschiedliche Rechtsbereiche betreffende Herausforderung darstellt. Die Gewinnung von Fachkräften aus dem Ausland kann dabei nur ein, wenn auch zentraler, Baustein eines versorgungserhaltenden politischen Gesamtansatzes sein. Dass die Zeit drängt und die Personalsituation dramatisch werden könnte, setzt die politischen Entscheidungsträger dabei unter nicht unerheblichen Entscheidungs- und Erfolgsdruck. Und hier kommt man um das inflationär gebrauchte Wort „Demographie" nicht herum, weil die allgemeine demographische Entwicklung der entscheidende Faktor ist, der das bereits jetzt vorhandene Problem in den nächsten Jahren noch verschärfen wird. Es ist mit Aussitzen schlichtweg nicht getan, weil man nicht sagen kann: Der Status quo ist das Schlimmste, was wir uns vorstellen können, sondern es wird, weil mehr Pflegebedarf da sein wird und auch in der Konsequenz gleichfalls weniger Pflege- und überhaupt Gesundheitspersonal im weiteren Sinne vorhanden sein wird, einen erheblichen Wettbewerb um die verfügbaren Kräfte geben. Dass die externe Anwerbung auch auf Kosten und zulasten von Drittstaaten geht, ist bei alledem ein Problem, welches wohl noch zu wenig reflektiert wird.

Neben der Fachkräftemigration wird man daher verstärkt über einen Ausbau der Ausbildungsmigration sprechen müssen. Diese bietet für den deutschen Arbeitsmarkt zudem den Vorteil, dass sich die schwierige Frage nach der Gleichwertigkeit der berufsqualifizierenden Ausbildung nicht mehr stellt. Sowohl für die akademischen als auch für die nichtakademischen Gesundheitsberufe bedeutet dies freilich, dass Ausbildungskapazitäten in Deutschland in ausreichendem Maße vorhanden sein, gegebenenfalls auch ausgebaut werden müssen. Wichtig bei alledem ist es zu verhindern, dass es zwischen den unterschiedlichen Gesundheitsbereichen zu „Kannibalisierungseffekten" kommt, d.h. vor allem, dass der akademische Sektor übermäßig Personal vom nichtakademischen Sektor abschöpft mit der Folge, dass im letztgenannten Bereich dann noch mehr Kräfte fehlen. Die verbleibenden Kräfte wären dann diejenigen, die nicht „aufsteigen" können oder wollen – und somit infolge adverser Selektion nicht den Qualitätsansprüchen genügen können, die an eine gute Versorgung in der Pflege zu stellen sind. Schließlich muss bei allen Reformüberlegungen auch die Frage leitend sein, wie Attraktivität und gesellschaftliche Wertschätzung für die

Gesundheitsberufe verbessert werden kann, denn nur dann werden sich auch künftig noch in ausreichendem Umfang Menschen entscheiden, die regulativen Rahmenbedingungen auch mit Leben zu füllen.

Das Institut für Europäische Gesundheitspolitik und Sozialrecht - Ineges - lebt davon, dass engagierte Mitarbeiter/innen mit uns gemeinsam die Herausforderungen im Gesundheits- und Sozialrecht beleuchten. Ohne ihre Unterstützung hätte es diese Tagung nicht geben können. Besonderer Dank geht an Karin Henke, Berna Orak, Dana Schneider und Aylin Ünal. Und zu guter Letzt: Ohne unsere Förderer (AOK-Bundesverband, BKK Dachverband e. V., IKK e.V., Knappschaft, Sozialversicherung für Landwirtschaft, Forsten und Gartenbau, Verband der Ersatzkassen e. V.) gäbe es das Ineges in dieser Form nicht. Ihr fortgesetztes Vertrauen ist Ansporn und Ermutigung, unbequeme Fragen mit unseren Expert*innen zu stellen und Antworten gemeinsam zu suchen. Für diese Möglichkeit sind wir sehr dankbar!

Frankfurt am Main, im Juni 2022
PD Dr. Roman Lehner
Prof. Dr. Indra Spiecker gen. Döhmann

Inhaltsverzeichnis

Vorwort 5

Kathleen Neundorf
Rechtliche Grundlagen der Fachkräftemigration aus Drittstaaten 13

Charlotte Wohlfarth / Holger Kolb
„Selecting by Origin" zur Vermeidung von Brain Drain?
Migrationspolitische Überlegungen mit besonderer Berücksichtigung
des Gesundheitssektors 43

Roman Lehner
Der Kampf um die besten Köpfe (auch im Gesundheitsbereich) – Ist
Deutschland gut aufgestellt? 61

Miriam Peters / Anke Jürgensen / Michael Meng / Lena Dorin
Steigerungen der Attraktivität des Berufsbildes der Pflege. Aktuelle
Herausforderungen und Lösungsansätze 79

Matthias Bode
Linderung in Sicht? Zugang und Zulassung zu Pflegestudiengängen und
zum Medizinstudium vor dem Hintergrund des „Pflegenotstandes" 109

Achim Seifert
Der arbeitsrechtliche Rahmen der häuslichen Pflege 149

Autorenverzeichnis 175

Kathleen Neundorf

Rechtliche Grundlagen der Fachkräftemigration aus Drittstaaten

In den letzten Jahren hat sich die Sicherung des Fachkräftebedarfs insbesondere in Ansehung der Bedarfe im Gesundheitsbereich zu einem zentralen Thema auch im deutschen Migrationsrecht entwickelt. Dabei ist spätestens mit Inkrafttreten der Regelungen des Fachkräfteeinwanderungsgesetzes deutlich geworden, dass allein die Liberalisierung des Rechtsrahmens zur Schaffung weitergehender Einwanderungsmöglichkeiten für Fachkräfte nicht ausreicht, um einen effektiven Beitrag zur Deckung des Fachkräftebedarfs in Deutschland durch drittstaatsangehörige Fachkräfte zu leisten. Vielmehr sind auch Maßnahmen außerhalb des Rechtsrahmens in den Blick zu nehmen, wie der Beitrag anhand der Thematik der Anerkennung von Berufsqualifikationen aufzeigt.

Das deutsche Arbeitsmigrationsrecht ist infolge unzähliger Reformen und Vorgaben aus dem Recht der Europäischen Union nicht einfach zu erfassen. Die Komplexität und Vielschichtigkeit führt aber gleichzeitig dazu, dass das breite Spektrum der Bedürfnisse des Wirtschaftsstandortes Deutschland auch abgebildet werden kann. Der Beitrag zeigt in seinem ersten Teil die Grundlagen der Einwanderungsoptionen für drittstaatsangehörige Fachkräfte aus dem Ausland auf, d.h. für Personen, die bereits eine Berufsausbildung oder eine akademische Ausbildung im Ausland außerhalb der Europäischen Union absolviert haben. Aufgrund der Relevanz werden im Überblick auch die aufenthaltsrechtlichen Möglichkeiten, die im Zusammenhang mit dem Absolvieren von Maßnahmen zur Anerkennung ausländischer Berufsqualifikationen stehen, sowie die Möglichkeiten zum Zweck des Aufenthalts zur Arbeitsplatzsuche für Fachkräfte betrachtet.

I. Fachkräftemigration nach Deutschland

Das Potenzial an Arbeitskräften in Deutschland sinkt bedingt durch die demografischen Entwicklungen zunehmend. Gleichzeitig führt die demografische Entwicklung insbesondere im Gesundheitsbereich dazu, dass der Bedarf an Fachkräften auch zukünftig weiter ansteigen wird. So einfach diese Entwicklung vorherzusehen war – eine umfassende Antwort auf die Frage, wie der Fachkräftebedarf zukünftig gedeckt werden kann, gibt es bislang nicht. Neben der

Erhöhung der Erwerbsbeteiligung von Frauen und Älteren, der Verbesserung der Arbeitsbedingungen unter Ausschöpfung inländischer und europäischer Potentiale, wird auch die Einwanderung von drittstaatsangehörigen Fachkräften als Maßnahme diskutiert und im Aufenthaltsrecht entsprechend abgebildet.

Der Fachkräftemangel zeichnet sich insbesondere im Gesundheitswesen deutlich ab.[1] Laut der Fachkräfteengpassanalyse der Bundesagentur für Arbeit zeigen sich bspw. in der Kranken- und Altenpflege seit Jahren bundesweite Engpässe, es besteht ein deutlicher Fachkräfteengpass.[2] Die Situation ist mittlerweile in jedem Bundesland angespannt.[3] Um dem Fachkräftemangel zu begegnen, setzt die Pflegebranche vermehrt auf ausländische Arbeitskräfte, obgleich insbesondere Sprachbarrieren sowie die Erforderlichkeit der formalen Berufsanerkennung als Hürden benannt werden. Der Anteil der Ausländerinnen und Ausländer an den beschäftigten Altenpflegerinnen und Altenpflegern lag 2020 bei knapp 15 % (91.000 Beschäftigte), bei Krankenpflegerinnen und Krankenpflegern lag der Anteil bei 9 % (103.000 Beschäftigte).[4]

1. Vom Zuwanderungsgesetz zum Fachkräfteeinwanderungsgesetz

Dabei war es ein langer Weg vom sog. Anwerbestopp aus dem Jahr 1973 bis hin zum Zuwanderungsgesetz 2005[5], das nicht nur eine Steuerung von Erwerbsmigration unter Berücksichtigung der Bedarfe und wirtschaftlichen Interessen der Bundesrepublik Deutschland ermöglichen sollte, sondern auch die Integration von in Deutschland lebenden Ausländerinnen und Ausländern in den Blick nahm.[6] In den nachfolgenden Jahren bildeten die Rechtsänderungen im

---

1 Dazu *Bonin* in: Jacobs/Kuhlmey/Greß/Klauber/Schwinger (Hrsg.), Pflegereport 2019, S. 61 ff.
2 Statistik der Bundesagentur für Arbeit, Berichte: Blickpunkt Arbeitsmarkt – Arbeitsmarktsituation im Pflegebereich, Nürnberg, Mai 2021, S. 18.
3 Bundesagentur für Arbeit, Statistik/Arbeitsmarktberichterstattung, Berichte: Blickpunkt Arbeitsmarkt – Fachkräfteengpassanalyse 2020, Nürnberg, Dezember 2021, S. 20 f.
4 Statistik der Bundesagentur für Arbeit, Berichte: Blickpunkt Arbeitsmarkt – Arbeitsmarktsituation im Pflegebereich, Nürnberg, Mai 2021, S. 10.
5 Gesetz zur Steuerung und Begrenzung der Zuwanderung und zur Regelung des Aufenthalts und der Integration von Unionsbürgern und Ausländern vom 30.7.2004 (BGBl I, S. 1950 ff.).
6 Zur Gesetzgebungshistorie vgl. *Kluth*, in: Kluth/Hornung/Koch, Handbuch Zuwanderungsrecht 3. Auflage 2020, § 2 Rn. 24 ff.

deutschen Migrationsrecht die Harmonisierungsbestrebungen im Recht der Europäischen Union[7] ab und wurden zielgerichtet angepasst, so z.B. durch das Arbeitsmigrationssteuerungsgesetz vom 20.12.2008[8]. Das Gesetz zur Umsetzung der Hochqualifizierten-Richtlinie[9] der Europäischen Union folgte am 1.6.2012.[10] Obgleich Deutschland zu den OECD-Ländern mit den geringsten Hürden für die Zuwanderung hochqualifizierter Arbeitskräfte gehört, fällt die dauerhafte Arbeitsmigration im internationalen Vergleich noch immer gering aus.[11]

Mit dem Ziel, die Bedarfe des Wirtschaftsstandortes Deutschland und die Fachkräftesicherung durch eine gezielte und gesteuerte Zuwanderung von Fachkräften aus Drittstaaten zu flankieren und so einen Beitrag zu einem nachhaltigen gesellschaftlichen Wohlstand zu leisten,[12] trat am 1.1.2020 das Fachkräfteeinwanderungsgesetz[13] in Kraft.[14] Gleichzeitig verkennt der Gesetzgeber aber nicht, dass es für eine gezielte und gesteuerte Steigerung der Zuwanderung von qualifizierten Fachkräften aus Drittstaaten eines kohärenten Gesamtansatzes ineinandergreifender und aufeinander abgestimmter Maßnahmen bedarf. Das Fachkräfteeinwanderungsgesetz ist dabei als Rechtsrahmen ein wesentlicher Bestandteil der von der Bundesregierung am 2. Oktober 2018 beschlossenen Eckpunkte zur Einwanderung von Fachkräften aus Drittstaaten, die darüber hinaus auch ergänzt werden (müssen) durch Maßnahmen zur Beschleunigung bei der Anerkennung ausländischer Abschlüsse, eine verstärkte Förderung des Erwerbs der deutschen Sprache im Ausland, eine gemeinsam mit der Wirtschaft

---

7 Gesetz zur Umsetzung aufenthaltsrechtlicher Richtlinien der Europäischen Union und zur Anpassung nationaler Rechtsvorschriften an den EU-Visakodex vom 22. November 2011, BGBl. I S. 2258.
8 Gesetz zur arbeitsmarktadäquaten Steuerung der Zuwanderung Hochqualifizierter und zur Änderung weiterer aufenthaltsrechtlichen Regelungen vom 20. Dezember 2008, BGBl. I S. 2846.
9 RL 2009/50/EG des Rates v. 25. Mai 2009 über die Bedingungen für die Einreise und den Aufenthalt von Drittstaatsangehörigen zur Ausübung einer hochqualifizierten Beschäftigung, ABl. L 155 v. 18. Juni 2009, S. 17.
10 BGBl. 2012 I 1224; weitere Änderungen erfolgten durch die Verordnung der Bundesregierung zur Änderung des Ausländerbeschäftigungsrechts vom 3. Mai 2013, BGBl. 2013 I S. 1449.
11 OECD (2013), Zuwanderung ausländischer Fachkräfte: Deutschland (German Version), OECD Publishing.
12 BT-Drs. 19/8285, 1.
13 BGBl. 2019 I, S. 1307.
14 Dazu im Überblick *Mävers* ArbRAktuell 2020, 81 ff.

zu erarbeitende Strategie für eine gezielte Fachkräftegewinnung und ein verbessertes Marketing sowie effizientere und transparentere Verwaltungsverfahren.[15]

2. Der Begriff der Fachkraft und der qualifizierten Beschäftigung

Mit dem Fachkräfteeinwanderungsgesetz wurde erstmals ein einheitlicher Fachkräftebegriff in § 18 Abs. 3 des Aufenthaltsgesetzes[16] eingeführt und die Einwanderungsoptionen für drittstaatsangehörige Fachkräfte neu gefasst. Der Fachkräftebegriff im deutschen Aufenthaltsrecht orientiert sich an den Bedarfen des Wirtschaftsstandortes Deutschland und umfasst daher neben akademisch qualifizierten Personen auch Personen, die eine Berufsausbildung im Ausland absolviert haben. Dieser einheitliche Fachkräftebegriff ist auch Ausdruck einer einheitlichen zuwanderungspolitischen Bedeutung,[17] schließlich fehlen in Deutschland vor allem in der Gesundheits- und Pflegebranche, den sog. MINT-Berufen, aber auch im Handwerk, nicht nur Hochschulabsolventen, sondern zunehmend auch Fachkräfte mit qualifizierten Ausbildungen unterhalb der Schwelle der akademischen Qualifikation.[18] Nach den maßgeblichen Bestimmungen im Aufenthaltsrecht besteht für Fachkräfte zunächst eine Einwanderungsoption, wenn diese über eine inländische qualifizierte Berufsausbildung (die Ausbildungsdauer muss mindestens 2 Jahre betragen) oder einen deutschen Hochschulabschluss verfügen. Der einheitliche Fachkräftebegriff beschränkt sich aber nicht nur auf inländische Berufsqualifikationen, sondern bezieht auch ausländische Qualifikationen gleichbedeutend mit ein. Um aber eine Einwanderungsoption als Fachkraft mit ausländischen Berufsqualifikationen nutzen zu können, muss eine Fachkraft mit Berufsausbildung über eine ausländische Berufsqualifikation verfügen, die einer inländischen Qualifikation gleichwertig ist. Eine Fachkraft mit akademischer Ausbildung muss einen anerkannten oder einem deutschen Hochschulabschluss vergleichbaren ausländischen Hochschulabschluss nachweisen. Die anerkannte ausländische Qualifikation stellt damit

---

15 BT-Drs. 19/8285, 3.
16 Gesetz über den Aufenthalt, die Erwerbstätigkeit und die Integration von Ausländern im Bundesgebiet in der Fassung der Bekanntmachung vom 25. Februar 2008 (BGBl. I S. 162), zuletzt geändert durch Artikel 4a des Gesetzes vom 23. Mai 2022 (BGBl. I S. 760).
17 *Hornung*, in: Kluth/Hornung/Koch (Hrsg.) Handbuch Zuwanderungsrecht, 3. Auflage 2020, § 4 Rn. 239.
18 BT-Drs. 19/8285, 3.

auch nach Inkrafttreten des Fachkräfteeinwanderungsgesetzes ein zentrales Steuerungsinstrument der Fachkräfteeinwanderung dar.[19]

Die aufenthaltsrechtlichen Möglichkeiten nach dem Aufenthaltsgesetz für Fachkräfte knüpfen weiterhin an die Ausübung einer qualifizierten Beschäftigung an. Eine qualifizierte Beschäftigung liegt vor, wenn zu deren Ausübung Fertigkeiten, Kenntnisse und Fähigkeiten erforderlich sind, die in einem Studium oder einer qualifizierten Berufsausbildung erworben werden.[20]

II. Grundlagen des Arbeitsmigrationsrechts für drittstaatsangehörige Fachkräfte

1. Rechtsgrundlagen

Der aufenthaltsrechtliche Status und die Berechtigung zur Erwerbstätigkeit in Deutschland sind zunächst abhängig von der Staatsangehörigkeit. Unionsbürger genießen uneingeschränkte Arbeitnehmerfreizügigkeit (Art. 45 AEUV) und Niederlassungsfreiheit (Art. 49 AEUV).[21] Für diesen Personenkreis sind die Regelungen des FreizügG/EU[22] anwendbar.[23] Für türkische Staatsangehörige und ihre Familienangehörigen finden die Regelungen des sog. Assoziationsrechts Anwendung.[24] Für (sonstige) Drittstaatsangehörige, die im Weiteren näher betrachtet werden, greifen die Regelungen des Aufenthaltsgesetzes. Das Aufenthaltsgesetz dient der Steuerung und Begrenzung des Zuzugs von Ausländern in die Bundesrepublik Deutschland. Es ermöglicht und gestaltet Zuwanderung unter Berücksichtigung der Aufnahme- und Integrationsfähigkeit sowie der wirtschaftlichen und arbeitsmarktpolitischen Interessen der Bundesrepublik Deutschland und regelt hierzu die Einreise, den Aufenthalt, die Erwerbstätigkeit und die Integration von Ausländern (§ 1 Absatz 1 AufenthG). Für die Einreise

---

19 *Hornung*, in: Kluth/Hornung/Koch (Hrsg.), Handbuch Zuwanderungsrecht, 3. Auflage 2020, Rn. 241.
20 § 2 Abs. 12b AufenthG.
21 Dies gilt auch für Staatsangehörige der weiteren Staaten des Europäischen Wirtschaftsraums (EWR – Island, Norwegen, Lichtenstein) und – der Sache nach – der Schweiz (§ 28 AufenthV). Die Freizügigkeitsrechte im EU-Recht erstrecken sich auch auf begleitende Familienangehörige aus Drittstaaten.
22 Gesetz über die allgemeine Freizügigkeit von Unionsbürgern vom 30. Juli 2004 (BGBl. I S. 1950, S. 1986), zuletzt geändert durch Artikel 4 des Gesetzes vom 9. Juli 2021 (BGBl. I S. 2467).
23 Dazu *Hasse*, in: v. Harbou/Weizsäcker, Einwanderungsrecht, 2. Auflage 2020, S. 131 ff.
24 Dazu *Zeran*, in: v. Harbou/Weizsäcker, Einwanderungsrecht, 2. Auflage 2020, S. 167 ff.

und den Aufenthalt benötigen Drittstaatsangehörige grundsätzlich einen Aufenthaltstitel. Relevant für erwerbsfähige Drittstaatsangehörige, die in Deutschland einer Beschäftigung[25] im Gesundheitswesen nachgehen wollen sind zunächst regelmäßig das befristet und zweckgebunden erteilte Einreisevisum und die Aufenthaltserlaubnis sowie die Blaue Karte EU.[26] Die Voraussetzungen der Erteilung der Erlaubnis zu Einreise und Aufenthalt durch die Auslandsvertretungen und Ausländerbehörden ergeben sich auch bei den genannten Aufenthaltstiteln spezifisch aus dem Aufenthaltszweck, der nachfolgend in Gestalt des Aufenthalts zum Zweck der Erwerbstätigkeit (§§ 18 ff. AufenthG) und zum Zweck der Ausbildung (§§ 16 ff. AufenthG) überblicksartig näher betrachtet werden soll.

Während die Vorrangprüfung, die in der Vergangenheit sicherstellen sollte, dass keine bevorrechtigte Person im Inland für die Vermittlung zur Verfügung steht,[27] für Fachkräfte in dem o.g. Sinn nicht zur Anwendung kommt,[28] bestehen weiterhin im Falle einer Beschäftigung im Inland die Vorgaben zur Zustimmung der Bundesagentur für Arbeit (§§ 39-42 AufenthG). Die Verordnung über die Beschäftigung von Ausländerinnen und Ausländern (Beschäftigungsverordnung – BeschV)[29] steuert die Zuwanderung ausländischer Arbeitnehmerinnen und Arbeitnehmer und bestimmt, unter welchen Voraussetzungen sie und die bereits in Deutschland lebenden Ausländerinnen und Ausländer zum Arbeitsmarkt zugelassen werden können.

2. Aufenthaltstitel für Fachkräfte: Allgemeine Erteilungsvoraussetzungen

Neben den spezifischen Einreisevoraussetzungen, die sich für Fachkräfte in Abhängigkeit der zu Grunde liegenden Qualifikation ergeben, müssen daneben allgemeine Voraussetzungen für die Erteilung eines Aufenthaltstitels vorliegen.

---

25 Im Sinne einer nichtselbstständigen Tätigkeit, insbesondere im Arbeitsverhältnis. Der Begriff der Erwerbstätigkeit bezieht gemäß § 2 Abs. 2 AufenthG neben der Beschäftigung auch die selbstständige Tätigkeit mit ein.
26 Die Aufenthaltstitel sind abschließend in § 4 Abs. 1 S. 2 AufenthG aufgezählt, dazu gehören das Einreisevisum, die Aufenthaltserlaubnis, die Blaue Karte EU, ICT-Karte, Mobiler-ICT-Karte, Niederlassungserlaubnis sowie die Erlaubnis zum Daueraufenthalt – EU.
27 Mit Inkrafttreten des FEG ist die Vorrangprüfung nur noch auf Ausnahmen beschränkt.
28 § 39 Abs. 2 S. 2 AufenthG.
29 Vom 6. Juni 2013, BGBl. I S. 1499.

So setzt die Erteilung eines Aufenthaltstitels in der Regel voraus (§ 5 AufenthG), dass der Lebensunterhalt gesichert ist, die Identität geklärt ist, kein Ausweisungsinteresse besteht, keine Gefahren von der einwanderungswilligen Person für die Interessen Deutschlands ausgehen und die Passpflicht erfüllt wird. Der Aufenthaltstitel in Gestalt der Aufenthaltserlaubnis zum Zwecke der Erwerbstätigkeit für Fachkräfte setzt darüber hinaus voraus, dass ein konkretes Arbeitsangebot vorliegt, eine angemessene Altersvorsorge im Alter ermöglicht werden kann,[30] die Bundesagentur für Arbeit zugestimmt hat, eine ggf. erforderliche Berufsausübungserlaubnis erteilt oder zugesagt wurde und die Feststellung der Gleichwertigkeit der Qualifikation vorliegt.[31] Das Zustimmungserfordernis der Arbeitsverwaltung sowie die Gleichwertigkeitsfeststellung stellen wesentliche Steuerungsinstrumente des Arbeitsmigrationsrechts dar.

a) Zustimmungserfordernis der Bundesagentur für Arbeit

Neben den §§ 4a und 18 AufenthG, enthält § 39 AufenthG mit dem Zustimmungserfordernis der Bundesagentur für Arbeit das Programm der Steuerung für die Zulassung auch von ausländischen Fachkräften zum deutschen Arbeitsmarkt. Für die Erteilung eines Aufenthaltstitels ist festgelegt, dass zunächst die Zustimmung der Bundesagentur für Arbeit einzuholen ist (sofern diese nicht durch Gesetz, in der BeschV oder in zwischenstaatlichen Vereinbarungen ausgeschlossen ist). Bei der Zustimmung handelt es sich um eine interne Beteiligung im Rahmen einer besonderen Form der Zusammenarbeit von Ausländerbehörde und Auslandsvertretung auf der einen Seite und der Bundesagentur für Arbeit auf der beschäftigungsrechtlichen Seite.[32] Bereits mit dem Zuwanderungsgesetz wurde ein doppeltes Genehmigungsverfahren abgeschafft und durch ein Verwaltungsverfahren, bei dem die Erlaubnis zum Aufenthalt und die

---

30 Gem. § 18 Abs. 2 Nr. 4 AufenthG muss in den Fällen der erstmaligen Erteilung eines Aufenthaltstitels für Fachkräfte (§§ 18a, 18b Abs. 1 AufenthG), sofern der Ausländer das 45. Lebensjahr bereits vollendet hat, die Höhe des Gehalts mindestens 55% der jährlichen Beitragsbemessungsgrenze in der allgemeinen Rentenversicherung entsprechen (Ausnahmen gem. S. 2 werden ermöglicht). Seit dem 1.1.2022 liegt die Beitragsbemessungsgrenze in der allgemeinen Rentenversicherung (Ost) bei 6.750 Euro im Monat sowie bei 7.050 Euro monatlich (West).
31 Die Grundsätze der Fachkräfteeinwanderung sowie die allgemeinen Erteilungsvoraussetzungen ergeben sich aus § 18 AufenthG.
32 Bergmann/Dienelt/*Sußmann/A. Nusser*, 13. Aufl. 2020, AufenthG § 39 Rn. 3.

Beschäftigungserlaubnis in einem Verwaltungsakt als einheitlicher Aufenthaltstitel erteilt werden, ersetzt (sog. One-Stop-Government).[33]

Eine Zustimmung der Bundesagentur für Arbeit zur Ausübung einer Beschäftigung durch eine ausländische Fachkraft gemäß den §§ 18a oder 18b AufenthG setzt zunächst voraus, dass keine Versagungsgründe gem. § 40 AufenthG vorliegen, dass ein inländisches Beschäftigungsverhältnis vorliegt und die Fachkraft nicht zu ungünstigeren Arbeitsbedingungen als vergleichbare inländische Arbeitnehmer beschäftigt wird (§ 39 Abs. 1 Nr. 1 AufenthG). Diese sog. Arbeitsbedingungsprüfung soll verhindern, dass Ausländerinnen und Ausländer zu schlechteren Arbeitsbedingungen beschäftigt werden. Im Rahmen einer Einzelfallprüfung wird geprüft, ob Gehalt, Arbeitszeiten, Urlaubsregelungen oder auch Kündigungsregelungen den Bedingungen entsprechen, wie sie inländische Arbeitnehmerinnen und Arbeitnehmer vorfinden. Maßgeblich für die Prüfung sind dabei die Voraussetzungen im Einzelfall bspw. in Abhängigkeit des Vorhandenseins von Tarifverträgen, die Einhaltung von Branchenmindestlöhnen oder, sofern dies nicht der Fall ist, ob der ortsübliche Lohn gezahlt wird. Im Gesundheitswesen schließen Bund, Gemeinden, Länder, Wohlfahrtsverbände und Kirchen sowie private Unternehmen für Krankenhäuser sowie Vorsorge- und Rehabilitationskliniken regelmäßig eigene Tarifverträge ab. Anders stellt sich die Situation aber bspw. in der ambulanten Versorgung dar. Daher ist eine Beurteilung im Einzelfall erforderlich.

Weiterhin ist für eine Zustimmung der Bundesagentur für Arbeit vorausgesetzt, dass eine Beschäftigung als Fachkraft ausgeübt wird, zu der ihre Qualifikation sie befähigt (§§ 18a, 18b Abs. 1 AufenthG) oder gemäß § 18b Abs. 2 S. 2 AufenthG eine ihrer Qualifikation angemessene Beschäftigung ausüben wird. Im Rahmen der sog. Befähigungsprüfung wird die Auswahlentscheidung des Arbeitgebers unter Einbeziehung des Anforderungsprofils der Stelle und der Qualifikation des Bewerbers überprüft. Im Ergebnis muss sowohl die Fachkraft (unabhängig davon, ob eine qualifizierte Berufsausbildung oder eine akademische Qualifikation vorliegt) in der Lage sein, die konkret angestrebte Beschäftigung auch auszuüben. Dies kann auch der Fall sein, wenn es sich um eine Tätigkeit handelt, die nicht exakt der Qualifikation entspricht oder wenn die Beschäftigung unter dem Qualifikationsprofil der einwanderungsinteressierten Person liegt. Da es sich aber um eine qualifizierte Beschäftigung handeln muss, scheidet eine Tätigkeit aus, die auch ohne Qualifikation ausgeübt werden könnte. So kann bspw. keine Zustimmung zu einem Aufenthaltstitel als

---

33 *Feldgen* ZAR 2006, 168 (172).

Fachkraft für eine im Ausland ausgebildete Pflegefachkraft im Hinblick auf eine Beschäftigung als Alltagsbegleiterin in einer Pflegeeinrichtung erteilt werden, wenn zur Ausübung dieser Tätigkeit keine Fertigkeiten, Kenntnisse und Fähigkeiten erforderlich sind, die in der zu Grunde liegenden ausländischen Berufsausbildung erworben wurden. Im Rahmen des Aufenthaltstitels Blaue Karte EU (§ 18b Abs. 2 S. 2 AufenthG), die sich auch weiterhin an Gehaltsgrenzen orientiert (vgl. dazu unten), ist der Maßstab hingegen strenger: Hier gilt ein Angemessenheitskriterium für den Vergleich zwischen Ausbildung und Beschäftigung. Beschäftigungen unterhalb des Qualifikationsniveaus sind damit nicht möglich. Sofern die Beschäftigungsverordnung nähere Voraussetzungen in Bezug auf die Ausübung der Beschäftigung vorsieht, müssen diese ebenfalls vorliegen.

b) Gleichwertigkeit der ausländischen Berufsqualifikation

Neben der Zustimmung der Bundesagentur für Arbeit bleibt auch die als (mit inländischen Standards) gleichwertig anerkannte ausländische Berufsqualifikation nach Inkrafttreten des Fachkräfteeinwanderungsgesetzes als ein weiteres zentrales Steuerungselement im Bereich der Fachkräfteeinwanderung bestehen.[34] § 18 Abs. 2 Nr. 4 AufenthG regelt, dass für die Erteilung eines Aufenthaltstitels zur Ausübung einer Beschäftigung (insbesondere für Fachkräfte nach §§ 18a, 18b und 18c AufenthG) die Gleichwertigkeit der Qualifikation *festgestellt wurde* oder ein anerkannter ausländischer oder einem deutschen Hochschulabschluss vergleichbarer ausländischer Hochschulabschluss *vorliegt*, soweit dies eine Voraussetzung für die Erteilung des Aufenthaltstitels ist. Damit wird klargestellt, dass die Gleichwertigkeit der Qualifikation im Anerkennungsverfahren durch die nach den Regelungen des Bundes oder der Länder für berufliche Anerkennung zuständige Stelle bei Aufenthaltstitelerteilung bereits festgestellt worden sein muss bzw. die Anerkennung des ausländischen oder des einem deutschen vergleichbaren ausländischen Hochschulabschluss vorliegen muss. Bei reglementierten Berufen muss die Berufsausübungserlaubnis, sofern erforderlich, vorliegen oder jedenfalls zugesagt sein (§ 18 Abs. 2 Nr. 3 AufenthG). Damit ist das sog. Anerkennungsverfahren ein vorgeschaltetes Verfahren.

In dem Erfordernis der Anerkennung und dem benannten Gleichwertigkeitskriterium spiegelt sich die Erwartungshaltung wider, wonach ausländische Fachkräfte diejenigen Kompetenzen in den inländischen Arbeitsverhältnissen

---

34 Zur rechtspolitischen Diskussion vgl. *Kolb* ZAR 2019, 169 sowie *Kolb/Lehner* ZAR 2018, 181.

einsetzen (können), die den zertifizierten deutschen Berufsbildungsinhalten entsprechen. Gleichzeitig stellt das konstitutive Erfordernis aber auch eine zentrale Hürde insbesondere für Fachkräfte dar, die über eine ausländische Berufsqualifikation außerhalb der akademischen Qualifizierung verfügen. Anders als die Entwicklungen im akademischen Bereich, die durch einen Universalisierungsgedanken bspw. in Gestalt des Bachelor-Master-Systems geprägt sind, sehen sich die zuständigen Stellen bei der Überprüfung der Gleichwertigkeit einer Berufsausbildung mit einem inländischen Referenzberuf mit international erheblich differenzierenden Bildungssystemen und Berufsbildern konfrontiert. Dem dualen System der Berufsausbildungen in Deutschland wird international ein hoher Stellenwert zugemessen, die allermeisten Staaten verfügen aber nicht über ein derart ausgestaltetes System, vielmehr herrschen schulische Ausbildungssysteme oder Systeme basierend auf „training on the job" vor, in denen der Fokus der Wissensvermittlung im unmittelbaren Arbeitsumfeld liegt. Da das deutsche Berufs- und Ausbildungssystem wesentliche Grundlage für die Bewertung ausländischer Berufsqualifikationen ist, können Qualifikationen, zu denen es in Deutschland auf Grundlage der nachweisbaren Ausbildungsinhalte keinen vergleichbaren Abschluss gibt, in der Regel nicht ohne Nachqualifikationserfordernisse mit hiesigen Berufsqualifikationen als gleichwertig befunden werden.

aa) Begrifflichkeiten: Qualifikation und Anerkennung

Wenn von der „Anerkennung ausländischer Qualifikationen" die Rede ist, ist zwischen einer im Ausland erworbene akademischen Qualifikation und einer beruflichen Qualifikation zu unterscheiden. Die akademische Anerkennung umfasst neben der Anerkennung von Schulabschlüssen und Studienleistungen inkl. Hochschulzugangsberechtigung auch die Anerkennung akademischer Grade. Die berufliche Anerkennung betrifft die Anerkennung von im Ausland erworbenen beruflichen Qualifikationen, die akademischer Natur sein können oder Ausbildungsberufe betreffen. In der Konstruktion der inländischen Anerkennungsverfahren liegt der Fokus dabei auf Qualifikationen, die im Rahmen eines formalen Berufsabschlusses erworben wurden. Die Validierung von Kompetenzen im Rahmen von Kompetenzfeststellungsverfahren, die außerhalb einer formellen Berufsausbildung erworben wurden und gleichzeitig zur Ausübung eines bestimmten Berufs befähigen, sind nicht der Regelfall.[35]

---

35 Ein Verfahren zur Feststellung beruflicher Kompetenzen ist die Qualifikationsanalyse, dazu *Neundorf*, in: v. Harbou/Weizsäcker (Hrsg.), Einwanderungsrecht, 2. Auflage 2020, S. 89 f.

Eine „Anerkennung" umfasst eine formelle Bewertung der Gleichwertigkeit der ausländischen Berufsqualifikation mit einem inländischen Referenzberuf, die am Ende des Anerkennungsverfahrens bestätigt werden kann (vollständig oder teilweise). Am Ende des Anerkennungsverfahrens steht ein schriftlicher oder elektronischer Bescheid, dessen Inhalt davon abhängt, ob der Berufszugang zu einem reglementierten Beruf begehrt wird oder ein Beruf aus dem nicht reglementierten Bereich als Referenzberuf von der zuständigen Anerkennungsstelle zu Grunde gelegt wird. Reglementierte Berufe sind berufliche Tätigkeiten, deren Aufnahme oder Ausübung durch Rechts- oder Verwaltungsvorschriften an den Besitz bestimmter Berufsqualifikationen gebunden ist. Hierzu zählen in Deutschland insbesondere Gesundheits- und Pflegeberufe aber auch Berufe der Rechtsanwältin/Rechtsanwalt, Lehrerin/Lehrer, Erzieherin/Erzieher oder Ingenieurin/Ingenieur.

Im nicht reglementierten Bereich ergeht eine Entscheidung durch die zuständige Stelle entweder durch eine Ablehnung, wenn eine Gleichwertigkeit zu einem inländischen Referenzberuf nicht festgestellt werden kann, oder durch eine volle, ggf. einer teilweisen, Anerkennung. Eine Ablehnung erfolgt dann, wenn die Feststellung der Gleichwertigkeit wegen wesentlicher Unterschiede nicht erfolgen kann. In der Begründung sind dann sowohl die vorhandenen Berufsqualifikationen als auch die wesentlichen Unterschiede zur inländischen Berufsbildung (Referenz) darzulegen. Wenn eine volle Gleichwertigkeit bescheinigt wird, entspricht dies einer bestandenen Aus- und Fortbildungsprüfung nach dem BBiG[36] bzw. einer bestandenen Gesellenprüfung nach der HwO[37]. Sofern keine volle Gleichwertigkeit bescheinigt werden kann, wird bei nachweisbaren Qualifikationen eine teilweise Gleichwertigkeit bescheinigt. So kann bspw. durch Weiterqualifizierungen im Anschluss im einem späteren Verfahren die volle Gleichwertigkeitsbescheinigung erreicht werden.

Im reglementierten Bereich kann durch den Bescheid am Ende des Anerkennungsverfahrens ebenfalls die volle, teilweise oder keine Gleichwertigkeit bescheinigt werden. Werden wesentliche Unterschiede festgestellt, dann ist basierend auf den jeweils einschlägigen Rechtsgrundlagen ein Ausgleich von Defiziten durch Ausgleichsmaßnahmen vorgesehen. Die notwendigen

---

36 Berufsbildungsgesetz vom 4. Mai 2020 (BGBl. I S. 920), zuletzt geändert durch Artikel 162 des Gesetzes vom 20. Juli 2022 (BGBl. I S. 1174).
37 Handwerksordnung in der Fassung der Bekanntmachung vom 24. September 1998 (BGBl. I S. 3074; 2006 I S. 2095), zuletzt geändert durch Artikel 2 des Gesetzes vom 9. November 2022 (BGBl. I S. 200).

Ausgleichsmaßnahmen werden durch den Bescheid festgestellt und können je nach Beruf und Herkunft der Qualifikation in Gestalt eines Anpassungslehrgangs (mit oder ohne abschließende Prüfung zu den Lehrgangsinhalten) oder einer Prüfung (Kenntnis- oder Eignungsprüfung) ausgestaltet sein.

bb) Anerkennungsverfahren

Die Verfahren zur Anerkennung ausländischer Berufsabschlüsse in Gestalt einer formellen Bewertung der Gleichwertigkeit mit einem inländischen Referenzberuf[38] sind geprägt von verschiedenen Rechtsgrundlagen auf unterschiedlichen Ebenen (Unionsrecht, Bundes- und Landesrecht). 2012 trat das Anerkennungsgesetz[39] des Bundes in Kraft mit dem Ziel, Vorgaben aus dem Unions- und Völkerrecht und bestehende Regelungen aus dem nationalen Recht umzusetzen und zusammenzuführen sowie mit dem Ziel Anerkennungsmöglichkeiten zu erweitern. Kern des Anerkennungsgesetzes ist das Berufsqualifikationsfeststellungsgesetz (BQFG)[40], das Regeln und Kriterien für die Anerkennung von bundesrechtlich geregelten Berufen[41] verbindlich regelt und einen Rechtsanspruch unabhängig von der Staatsangehörigkeit auf ein Anerkennungsverfahren eröffnet. Der Anwendungsbereich bezieht sich auf die rund 330 nicht reglementierten Ausbildungsberufe im dualen System. Für reglementierten Berufe hingegen gelten primär die Regelungen in den Fachgesetzen, so z.B. der Bundesärzteordnung[42] oder dem Pflegeberufegesetz[43]. Vor Inkrafttreten des Anerkennungsgesetzes enthielten die Berufsfachgesetze bereits Regelungen für die Anerkennung europäischer Berufsqualifikationen,[44] diese wurde mithin für Drittstaatsangehörige sowie in Drittstaaten erworbene Abschlüsse geöffnet.

---

38 *Maier*, in: Barwig/Davy/Fischer-Lescano/Hailbronner/Kluth, Solidarität, Hohenheimer Tage zum Ausländerrecht 2012, 233 (235).
39 Gesetz zur Verbesserung der Feststellung und Anerkennung im Ausland erworbener Berufsqualifikationen v. 6. Dezember 2011, BGBl I S. 2515.
40 Vom 6. Dezember 2011.
41 Die Anerkennungsgesetze der Länder enthalten gesetzliche Grundlagen für die Durchführung von Anerkennungsverfahren für landesrechtlich geregelte Berufe.
42 Bundesärzteordnung in der Fassung der Bekanntmachung vom 16. April 1987 (BGBl. I S. 1218); zuletzt geändert durch Artikel 4 des Gesetzes vom 15. August 2019 (BGBl. I S. 1307).
43 Pflegeberufegesetz vom 17. Juli 2017 (BGBl. I S. 2581); zuletzt geändert durch Artikel 9a des Gesetzes vom 11. Juli 2021 (BGBl. I S. 2754).
44 Vgl. dazu unten.

Das Anerkennungsverfahren wird in der Regel durch die Stelle geführt, die auch für die Berufsausbildung zuständig ist bzw. bei reglementierten Berufen im Rahmen der Zuständigkeit für die Erteilung der Erlaubnis für die Berufsausübung (bspw. Approbationsbehörden der Länder im Fall akademischer Gesundheitsberufe). Grundlegend ist der jeweils im Einvernehmen mit den Antragstellerinnen und Antragstellern festgelegte inländische Referenzberuf zur ausländischen Berufsqualifikation. Der Anerkennungs-Finder des Portals „Anerkennung in Deutschland" hilft beim Auffinden der konkret zuständigen Stelle und liefert den einwanderungsinteressierten Personen konkrete Informationen zum Verfahren.[45] Bei reglementierten Berufen wird der Antrag auf Gleichwertigkeitsprüfung regelmäßig als Bestandteil des Verfahrens auf Berufszulassung gestellt. Neben dem Nachweis der erforderlichen Ausbildungsinhalte sind weitere berufsspezifische Voraussetzungen nachzuweisen.[46]

Kern der Anerkennungsverfahren ist die sog. Gleichwertigkeitsprüfung, die in der Regel anhand einer Dokumentenprüfung (insbesondere auf Grundlage der Nachweise über Inhalt und Dauer der Ausbildung sowie von Nachweisen über Berufserfahrung) durchgeführt wird. Die Gleichwertigkeit kann nach Maßgabe des BQFG (bezogen auf nicht reglementierte Berufe) nur dann festgestellt werden, wenn der im Ausland erworbene Ausbildungsnachweis die Befähigung zu vergleichbaren beruflichen Tätigkeiten wie der entsprechende inländische Ausbildungsnachweis belegt und zwischen den nachgewiesenen Berufsqualifikationen und der entsprechenden inländischen Berufsbildung *keine wesentlichen Unterschiede* bestehen. Gemäß § 4 Abs. 2 BQFG liegen wesentliche Unterschiede zwischen den nachgewiesenen Berufsqualifikationen und der entsprechenden inländischen Berufsbildung vor, sofern sich der im Ausland erworbene Ausbildungsnachweis auf Fertigkeiten, Kenntnisse und Fähigkeiten bezieht, die sich hinsichtlich der vermittelten Inhalte oder auf Grund der Ausbildungsdauer wesentlich von denen unterscheiden, auf die sich der entsprechende inländische Ausbildungsnachweis bezieht (§ 4 Abs. 1 BQFG).

Das BQFG enthält auch zur Gleichwertigkeitsprüfung bei im Inland reglementierten Berufen Vorgaben, aufgrund der subsidiären Anwendung zum jeweiligen Bundesfachgesetz finden diese aber regelmäßig keine Anwendung. Dem Grunde nach gelten die Maßgaben (vgl. § 10 BGFG) aber in der Regel in modifizierter Form fort: Wenn wegen wesentlicher Unterschiede zwischen den Berufsqualifikationen keine Berufszulassung erfolgen kann, sind bei der

---

45 https://www.anerkennung-in-deutschland.de/tools/berater/de/ (Stand: 20.11.2022).
46 Vgl. dazu beispielhaft unter III.

Entscheidung über die Befugnis zur Aufnahme oder Ausübung eines im Inland reglementierten Berufs die vorhandenen Berufsqualifikationen und die wesentlichen Unterschiede gegenüber der entsprechenden inländischen Berufsbildung sowie die zur vollen Gleichwertigkeit *notwendigen Ausgleichsmaßnahmen* durch Bescheid festzustellen. Nach § 11 BQFG kommt als Ausgleichsmaßnahme ein Anpassungslehrgang (mit oder ohne abschließende Prüfung zu den Lehrgangsinhalten) oder eine Prüfung (Kenntnis- oder Eignungsprüfung) in Betracht.[47]

3. Aufenthaltstitel für Fachkräfte: Qualifikationsabhängige Voraussetzungen

Neben allgemeinen Erteilungsvoraussetzungen müssen weitere Voraussetzungen für die Erteilung eines Aufenthaltstitels in Abhängigkeit der jeweils einschlägigen Rechtsgrundlage vorliegen.

a) Fachkräfte mit Berufsausbildung

Die Erteilung einer Aufenthaltserlaubnis für Fachkräfte mit einer qualifizierten Berufsausbildung[48] gem. § 18a AufenthG setzt zunächst das Vorliegen der allgemeinen aufenthaltszweckspezifischen Erteilungsvoraussetzungen voraus (§ 18 Abs. 2 AufenthG). Sofern keine inländische Berufsqualifikation vorliegt, muss eine festgestellte gleichwertige ausländische Berufsqualifikation vorliegen. Mit dem Fachkräfteeinwanderungsgesetz ist die Beschränkung dieser Einwanderungsoption auf bestimmte Mangelberufe weggefallen, es kommt mithin unabhängig vom Beruf ausschließlich darauf an, dass eine Qualifikation vorliegt, die die Fachkraft befähigt, die angestrebte inländische Beschäftigung auch auszuüben. Auch bestimmte Mindestgehaltsgehaltsgrenzen sind nicht definiert, auf die Maßgaben der Bundesagentur für Arbeit im Rahmen der Arbeitsbedingungsprüfung sowie die Mindestgehaltsgrenzen bei älteren ausländischen Fachkräften wurde bereits an anderer Stelle hingewiesen.

b) Fachkräfte mit akademischer Ausbildung

Eine Aufenthaltserlaubnis für Fachkräfte mit Hochschulabschluss ist in § 18b Abs. 1 AufenthG geregelt und ist ebenfalls im Zusammenhang mit den dem Fachkräftebegriff (§ 18 Abs. 3 AufenthG) und den grundlegen

---

47 Zu den Gesundheitsberufen vgl. unter III.
48 Zu den Begriffen Fachkraft (§ 18 Abs. 3 AufenthG) und qualifizierte Berufsausbildung (§ 2 Abs. 12a AufenthG) vgl. bereits oben.

Erteilungsvoraussetzungen zu lesen (§ 18 Abs. 2 AufenthG). Die Erteilung einer Aufenthaltserlaubnis setzt das Vorliegen einer akademischen Ausbildung in Gestalt eines abgeschlossenen inländischen oder vergleichbaren ausländischen Hochschulabschlusses voraus (§ 18 Abs. 3 Nr. 2 AufenthG). Die formelle Anerkennung des Hochschulabschlusses ist entsprechend der bereits dargelegten Grundsätze dann erforderlich, wenn sich das Arbeitsplatzangebot auf einen reglementierten Beruf bezieht. Maßgeblich sind die Feststellungen, die im Rahmen des Berufszulassungsverfahrens getroffen werden. Bei Berufen außerhalb des reglementierten Bereichs kann eine Vergleichbarkeit der ausländischen akademischen Qualifikation mit einem deutschen Hochschulabschluss unter Beiziehung der Datenbank „anabin"[49] erreicht werden. Sofern keine Einträge vorhanden sind, kommt eine individuelle Zeugnisbewertung bei der ZAB (Zentralstelle für Ausländisches Bildungswesen) in Betracht. Mit dem Fachkräfteeinwanderungsgesetz wurde die Unterscheidung nach Regelungsbereichen unter der Differenzierung in Abhängigkeit des Vorliegens eines inländischen Hochschulabschlusses und eines ausländischen Hochschulabschlusses aufgegeben. Die Zustimmung der Bundesagentur für Arbeit ist in beiden Fällen erforderlich, eine diesbzgl. Privilegierung von Inlandsabsolventen findet mithin nicht mehr statt. Gleichzeitig findet nunmehr die Vorrangprüfung in beiden Fallgestaltungen keine Rolle mehr.

Sofern die Voraussetzungen der Blauen Karte EU vorliegen, besteht ein Anspruch auf die Erteilung dieses Aufenthaltstitels, der in § 18b Abs. 2 AufenthG geregelt ist. Diese besondere Einwanderungsoption beruht auf den Vorgaben der Hochqualifizierten-Richtlinie (RL 2009/50/EG). Neben dem Angemessenheitskriterium, wonach es sich um eine Beschäftigung handeln muss, die sich als angemessene Beschäftigung zur Hochschulausbildung darstellt, ist der wesentliche Unterschied zur Aufenthaltserlaubnis nach § 18b Abs. 1 AufenthG in der Voraussetzung eines Mindestgehalts sowie in Abhängigkeit davon den abweichenden Vorgaben zur Zustimmung der Bundesagentur für Arbeit zu sehen. Eine Zustimmung ist dann entbehrlich, sofern die Fachkraft ein Gehalt in Höhe von mindestens zwei Dritteln der jährlichen Bemessungsgrenze in der allgemeinen Rentenversicherung erhält.[50] Für akademisch qualifizierte Fachkräfte mit einer Qualifikation in sog. Mangelberufen gilt nach § 18b Abs. 2 S. 2 AufenthG

---

49 Informationsportal der Kultusministerkonferenz zur Anerkennung ausländischer Bildungsabschlüsse, abrufbar unter: https://anabin.kmk.org/anabin.html (Stand: 20.11.2022).
50 Vgl. Fn. 30.

eine abweichende, abgesenkte Gehaltsgrenze von 52% der Beitragsbemessungsgrenze der allgemeinen Rentenversicherung. Mangelberufe in diesem Sinne sind Berufe, die zu den Gruppen 21, 221 und 25 nach den Empfehlungen der Kommission vom 29. Oktober 2009 über die Verwendung der Internationalen Standardklassifikation der Berufe[51] gehören (im Wesentlichen die sog. MINT-Berufe, also Berufe im Bereich Mathematik, Informatik, Naturwissenschaft und Technik sowie Medizin und Architekten). In diesem Fällen muss die Bundesagentur für Arbeit zustimmen.

4. Aufenthaltserlaubnis für Fachkräfte zum Zweck der Arbeitsplatzsuche

Sowohl ausländische Fachkräfte mit einer akademischen Qualifikation als auch ausländische Fachkräfte mit einer Berufsausbildung können sich erlaubt auf Grundlage einer Aufenthaltserlaubnis zum Zweck der Arbeitsplatzsuche im Inland aufhalten. Dieser Aufenthaltszweck ist von weitreichender Bedeutung, setzt doch ein Aufenthaltstitel für Fachkräfte bereits ein konkretes Arbeitsplatzangebot voraus.[52] War die Arbeitsplatzsuche erfolgreich, kann die sich anschließende Aufenthaltserlaubnis im Inland beantragt werden, eine vorherige Ausreise ist entbehrlich (§ 39 S. 1 Nr. 1 AufenthV).

Die Aufenthaltserlaubnis zur Arbeitsplatzsuche, die bis zu 6 Monate erteilt werden kann, setzt voraus, dass der Lebensunterhalt gesichert ist (§ 20 Abs. 4 AufenthG), Kenntnisse der deutschen Sprache vorliegen[53] und sich die Suche auf einen Arbeitsplatz bezieht, zu dessen Ausübung ihre Qualifikation befähigt. Die Aufenthaltserlaubnis berechtigt zur Ausübung von Probebeschäftigungen bis zu zehn Stunden je Woche.[54] Eine Beteiligung der Bundesagentur für Arbeit ist entbehrlich, die zuständige Auslandsvertretung führt eine Plausibilitätsprüfung durch.[55]

---

51 ABl. L 292 vom 10.11.2009, S. 31.
52 *Ponert/Tollenaere*, in v. Harbou/Weizsäcker (Hrsg.), Einwanderungsrecht, 2. Auflage 2020, S. 44.
53 In der Regel auf dem Niveau B1 des Gemeinsamen Europäischen Referenzrahmens für Sprachen, AH BMI FEG, Ziff. 20.1.1.3.
54 § 20 Abs. 1 S. 4, Abs. 2 S. 2 AufenthG.
55 *Ponert/Tollenaere*, in v. Harbou/Weizsäcker (Hrsg.), Einwanderungsrecht, 2. Auflage 2020, S. 45.

5. Aufenthaltserlaubnis zum Zweck der Anerkennung ausländischer Berufsqualifikationen

Die Aufenthaltstitel für Fachkräfte setzen nach §§ 18a, 18b AufenthG voraus, dass ausländische Berufsqualifikationen bereits im Zeitpunkt der Aufenthaltstitelerteilung im Wege eines formalen Anerkennungsverfahrens festgestellt sind. Das Anerkennungserfordernis bringt in Ansehung der komplexen Berufsbilder und abweichenden Berufsbildungssysteme für einwanderungsinteressierte Personen aber hohe Hürden mit sich, so dass bereits ab 2015 eine Möglichkeit für Drittstaatsangehörige eröffnet wurde, um nach Deutschland einzureisen und sich im Inland spezifisch zum Zweck aufzuhalten, die Voraussetzungen für die Anerkennung zu schaffen. Auch das Fachkräfteeinwanderungsgesetz legt den Fokus nicht nur auf Aufenthaltsmöglichkeiten für Fachkräfte (mit anerkannter ausländischer Berufsqualifikation), sondern auch auf Einreisen beruflich qualifizierter Ausländerinnen und Ausländer, die die Voraussetzungen eines Aufenthalts als Fachkraft in der Folge des Bestehens von wesentlichen Unterschieden zum inländischen Referenzberuf noch nicht erfüllen. Die Aufenthaltsoption nach § 16d AufenthG stellt diese Brücke zur Aufnahme einer Fachkrafttätigkeit in Deutschland dar, da Qualifizierungsmaßnahmen im Inland durchgeführt werden können und gleichzeitig eine Beschäftigung ermöglicht wird.[56]

Die Erteilung der Aufenthaltserlaubnis für 18 Monate (verlängerbar um 6 Monate) setzt voraus, dass der Qualifizierungsmaßnahme entsprechende deutsche Sprachkenntnisse, in der Regel mindestens hinreichende deutsche Sprachkenntnisse (Niveau A2 GER) vorliegen und entsprechend nachgewiesen werden können (§ 16d Abs. 1 S. 2 Nr. 1 AufenthG). Die Qualifizierungsmaßnahme im Inland muss schließlich geeignet sein, die Anerkennung der ausländischen Berufsqualifikation auch zu ermöglichen (vgl. § 16d Abs. 1 S. 2 Nr. 2 AufenthG). Die Geeignetheit wird durch die Ausländerbehörde, die Auslandsvertretung sowie die Bundesagentur für Arbeit (bei überwiegend betrieblichen Qualifizierungsmaßnahmen) ggf. unter Hinzuziehung der Einschätzung der zuständigen Anerkennungsstelle geprüft. Grundlage sind jeweils die Feststellungen im Anerkennungsbescheid. Zu Qualifizierungsmaßnahmen zählen Anpassungs- und Ausgleichsmaßnahmen in theoretischer und praktischer Form (Praktika im Betrieb, theoretische Lehrgänge, Mischformen), Vorbereitungskurse auf

---

56 *Hornung*, in Kluth/Hornung/Koch (Hrsg.), Handbuch Zuwanderungsrecht, 3. Aufl. 2020, § 4 Rn. 340. Zu dieser Möglichkeit vgl. auch den Beitrag von *Kolb* und *Wohlfarth* in diesem Band.

Prüfungen und Sprachkurse. Bei reglementierten Berufen sind regelmäßig Anpassungslehrgänge oder eine abzulegende Prüfung erforderlich, wobei auch entsprechende Vorbereitungskurse sowie Sprachkurse umfasst sind.[57] Gemäß § 16d Abs. 5 AufenthG kann die Aufenthaltserlaubnis auch isoliert zum Ablegen von Prüfungen zur Anerkennung einer ausländischen Berufsqualifikation erteilt werden, sofern die Antragstellerin/der Antragsteller über deutsche Sprachkenntnisse verfügt, die der abzulegenden Prüfung entsprechen.

Während des Aufenthalts zum Zweck der Anerkennung ausländischer Berufsqualifikationen kann eine von der Qualifizierungsmaßnahme unabhängige Beschäftigung von bis zu 10 Stunden je Woche ausgeübt werden. Die Voraussetzungen einer zeitlich nicht eingeschränkten Beschäftigung richten sich nach § 16d Abs. 2 AufenthG: Danach muss die Beschäftigung in einem Zusammenhang mit den in der späteren Beschäftigung (auf Grundlage der anerkannten Berufsqualifikation) verlangten berufsfachlichen Kenntnissen stehen. Die konkreten Arbeitsplatzangebote sowohl für eine spätere Beschäftigung in dem anzuerkennenden Beruf, ggf. für den von der beantragten Berufsausübungserlaubnis erfassten Beruf, als auch für die neben der Qualifizierungsmaßnahme geplante Beschäftigung müssen vorliegen. Die Bundesagentur für Arbeit prüft dann den erforderlichen Zusammenhang, obgleich es sich nicht um einen engen Zusammenhang handeln muss.[58] Zur Vermeidung von Missbrauch – Zweck der Aufenthaltserlaubnis ist es, die Anerkennung der ausländischen Berufsqualifikation zu erreichen – muss die Beschäftigung die spätere Ausübung einer seiner Berufsqualifikation entsprechenden Beschäftigung fachspezifisch begünstigen und dem Ausländer zusätzliche berufsfachliche Fähigkeiten vermitteln, die für die angestrebte Beschäftigung in dem anzuerkennenden Beruf von Vorteil sind.[59] Ein derartiger Zusammenhang kann vorliegen, wenn beim Anerkennungsziel Arzt/Ärztin eine Beschäftigung als Pflegehelfer/Pflegehelferin ausgeübt wird oder beim Anerkennungsziel Apothekerin/Apotheker z. B. einer Beschäftigung als pharmazeutisch-kaufmännischer Angestellte/Angestellter nachgegangen wird.

Ebenfalls zum Zweck der Anerkennung einer ausländischen Berufsqualifikation enthält § 16d Abs. 3 AufenthG eine weitere Aufenthaltsoption für 2 Jahre, in der gleichzeitig die Ausübung einer qualifizierten Beschäftigung (obgleich der Nachweis des Vorliegens der Eigenschaft als Fachkraft im Sinne des AufenthG

---

57 AH FEG BMI, Ziff. 16d 0.2.
58 BT-Drs. 19/8285, 93.
59 So BT-Drs. 18/4097, 40.

noch nicht erbracht wurde) in einem im Inland nicht reglementierten Beruf, zu der die Qualifikation befähigt, erlaubt werden kann. Neben Sprachkenntnissen ist Voraussetzung, dass die für die berufliche Anerkennung zuständige Stelle festgestellt hat, dass schwerpunktmäßig Fertigkeiten, Kenntnisse und Fähigkeiten in der betrieblichen Praxis fehlen. Der Arbeitgeber muss sich in diesem Fall verpflichten, den Ausgleich der von der zuständigen Stelle festgestellten Unterschiede innerhalb dieser Zeit zu ermöglichen. Das Gleichwertigkeitskriterium ist demnach noch nicht maßgeblich im Einreisezeitpunkt, sondern wird im Rahmen des Fachkräfteeinwanderungsgesetzes zeitlich flexibel auf einen späteren Zeitpunkt verlagert.[60] Kann der Ausgleich erfolgreich absolviert werden, ist ein Übergang in einen Aufenthaltstitel für Fachkräfte (§§ 18, 18a AufenthG) vorgesehen.

Mit dem Fachkräfteeinwanderungsgesetz wurde in § 16d Abs. 4 AufenthG zugleich eine neue Rechtsgrundlage zum Zweck der Anerkennung ausländischer Berufsqualifikationen geschaffen, die eine Grundlage für staatlich organisierte Arbeitsmigration in Gestalt von Vermittlungsabsprachen der Bundesagentur für Arbeit mit den Arbeitsverwaltungen der Herkunftsländer schafft. Die im Ausland qualifizierten Arbeitskräfte sollen so die Möglichkeit erhalten an die inländischen Arbeitsbedingungen herangeführt werden und gleichzeitig der Erwerb weiterer Qualifikationen mit dem Ziel der Feststellung der Gleichwertigkeit mit einem inländischen Referenzberuf ermöglicht werden. Hingewiesen wird an dieser Stelle auf § 16d Abs. 4 S. 1 Nr. 1 AufenthG, der in Anknüpfung an den bestehenden Fachkräftebedarf Vermittlungsabsprachen in reglementierten Berufen im Gesundheits- und Pflegebereich aufgreift. Die Einreisen beruhen auf den Vorgaben der jeweiligen Vermittlungsabsprache, das Anerkennungsverfahren wird dann im Inland durchgeführt. Vorbild für die Regelung ist die Vermittlung von Pflegekräften im Rahmen des Programms Triple Win.[61] Über dieses Programm werden durch die Bundesagentur für Arbeit (Zentrale Auslands- und Fachvermittlung) gemeinsam mit der Gesellschaft für Internationale Zusammenarbeit und in Kooperation mit den Arbeitsverwaltungen der Herkunftsländer seit 2013 erfolgreich Pflegefachkräfte aus Drittstaaten (u.a. aus Bosnien-Herzegowina, den Philippinen, Tunesien) für den deutschen Arbeitsmarkt gewonnen. Diese Möglichkeit der Fachkräftegewinnung berücksichtigt in einem besonderen Maße die bereits benannten Hürden bei der Fachkräfteeinwanderung, die in Gestalt von

---

60 *Kolb* ZAR 2020, 267 (269); *Lehner* RdJB 2019, 126 (136); *Lehner/Kolb* ZAR 2018, 181 (184).
61 BT-Drs. 19/8285, 93.

Sprachbarrieren und langwierigen Anerkennungsverfahren auftreten auch nach Inkrafttreten des Fachkräfteeinwanderungsgesetzes.

6. Regelungen für Personen ohne Berufsausbildung

Lediglich benannt werden sollen an dieser Stelle bestehende Einwanderungsmöglichkeiten auch in Gesundheitsberufen nach dem AufenthG für Personen, die noch keine ausländische Berufsausbildung absolviert haben. So sind in den §§ 16 ff. AufenthG die Aufenthaltstitel zum Zweck der Ausbildung normiert, die durch das Fachkräfteeinwanderungsgesetz zum Teil deutlich ausgebaut wurden. Auch der Zugang von Drittstaatsangehörigen zur Ausbildung dient der allgemeinen Bildung und der internationalen Verständigung ebenso wie der Sicherung des Bedarfs des deutschen Arbeitsmarktes an Fachkräften (§ 16 Abs. 1 S. 1 AufenthG). So ist unter den spezifisch im AufenthG geregelten Voraussetzungen die Erteilung einer Aufenthaltserlaubnis nach § 16a zum Zweck der betrieblichen Aus- und Weiterbildung (§ 16a Abs. 1), zum Zweck der schulischen Berufsausbildung (§ 16a Abs. 2 AufenthG), zum Zweck des Studiums (§ 16b AufenthG), zum Zweck eines Praktikums nach der EU-Richtlinie 2016/801 (§ 16e AufenthG), zum Zweck der Teilnahme an Sprachkursen, Schüleraustauschs und des Schulbesuchs (§16f AufenthG) und zum Zweck der Studienbewerbung sowie zur Suche nach einem Ausbildungsplatz zur Durchführung einer qualifizierten Berufsausbildung (§ 17 AufenthG), vorgesehen.

Weitergehend ist ein privilegierter Arbeitsmarktzugang für bestimmte Staatsangehörige ohne Anknüpfung an bestimmte Qualifikationserfordernisse geregelt. Dieser Ansatz entspricht nicht dem Ansatz des Fachkräfteeinwanderungsgesetzes, dass bestimmte Qualifikationserfordernisse vor der Einreise bereits voraussetzt.[62] § 19c Abs. 1 AufenthG i.V.m. § 26 BeschV erfasst dabei für zwei nach Staatsangehörigkeiten näher bestimmten Personengruppen einen privilegierten Zugang zu jedem Beschäftigungsniveau (und damit unabhängig von den persönlichen Berufsqualifikationen) in Deutschland.[63] Vor Erteilung eines Aufenthaltstitels auf Grundlage des § 19c AufenthG und § 26 BeschV ist allerdings eine Vorrangprüfung durchzuführen. Auf der Grundlage von § 26 Abs. 1 BeschV kann Staatsangehörigen u.a. der auch im Rahmen des Visumsverfahrens privilegierten Staaten (§ 41 Abs. 1 AufenthV, sog. „Best-Friends") eine Aufenthaltserlaubnis ohne Mindestqualifikationsniveau – weder in Gestalt

---

62 Vgl. dazu auch *Kolb* ZAR 2020, 267 ff.
63 Dazu *Ponert/Tollenaere*, in: v. Harbou/v. Weizsäcker (Hrsg.), Einwanderungsrecht, 2. Auflage 2020, S. 34 f.

persönlicher Qualifikationsvoraussetzungen noch einem Mindestqualifikationsniveau der zu besetzenden Stelle – nach § 19c AufenthG erteilt werden.[64] Das qualifikatorische Element fehlt auch bei der sog. „Westbalkan-Regelung" (Aufenthaltserlaubnis gem. § 19c AufenthG i.V.m. § 26 Abs. 2 BeschV,) wonach für Staatsangehörige von Albanien, Bosnien und Herzegowina, Kosovo, Montenegro, Nordmazedonien und Serbien in den Jahren 2021 bis einschließlich 2023 Zustimmungen mit Vorrangprüfung zur Ausübung jeder Beschäftigung erteilt werden können. Die Anzahl der Zustimmungen ist auf bis zu 25.000 je Kalenderjahr begrenzt und darf nicht erteilt werden, wenn der Antragsteller in den letzten 24 Monaten vor Antragstellung Leistungen nach dem Asylbewerberleistungsgesetz bezogen hat.[65]

III. Grundlagen der Anerkennung ausländischer Berufsqualifikationen im Gesundheitsbereich

Den Anerkennungsverfahren kommt insbesondere im Gesundheitsbereich vor dem Hintergrund des Fachkräftemangels eine spezifische Bedeutung zu. Die Vorgaben zur Anerkennung in akademischen Heilberufen und Gesundheitsfachberufen sind unter Berücksichtigung der Komplexität der Bestimmungen nicht einfach zu erfassen und können daher an dieser Stelle nicht vollumfänglich abgebildet werden. Beispielhaft wird nachfolgend an einzelnen Stellen Bezug genommen auf die Referenzberufe Arzt/Ärztin Humanmedizin sowie Pflegefachmann/frau.

1. Anerkennungsstatistik

Die Entwicklung bei der Nachfrage an Anerkennungsentscheidungen ist insbesondere im Gesundheitsbereich sehr dynamisch. So sind in den Berufen der Gesundheits- und Krankenpflege beispielsweise die Antragszahlen im Jahr 2018 gegenüber dem Vorjahr 2017 um mehr als 30 % auf 11.490 Anträge gestiegen.[66] Sie stellen damit mit Abstand die antragsstärksten Berufe im Bereich der bundesrechtlich geregelten Berufe dar. Fast die Hälfte der Abschlüsse hierzu wurde in den Ländern Bosnien und Herzegowina, Serbien oder auf den Philippinen

---

64 Das betrifft die Staaten Andorra, Australien, Israel, Japan, Kanada, Republik Korea, Monaco, Neuseeland, San Marino, das Vereinigte Königreich und die Vereinigten Staaten von Amerika.
65 BeckOK AuslR/*Klaus* BeschV § 26 Rn. 22 ff.; *Klaus* ZAR 2021, 93.
66 BMBF (Hrsg.) Bericht zum Anerkennungsgesetz 2019, S. 8.

erworben.[67] Von den 31.536 Anträgen auf Anerkennung einer ausländischen Berufsqualifikation im Jahr 2019 und 2020 waren als antragsstärkste Berufe im Bereich der reglementierten Berufe Anträge auf Anerkennung als Gesundheits- und Krankenpflegerin inkl. Pflegefachmann/frau (2020: 12.819 Anträge) sowie Arzt/Ärztin (2020: 5.703 Anträge) zu verzeichnen. Insgesamt rund 74 % aller Anerkennungsanträge wurden 2020 in einem medizinischen Gesundheitsberuf gestellt.[68] 2018 wurden im Vergleich 6.162 Anträge auf Anerkennung im Referenzberuf Arzt/Ärztin gestellt. Hier wurde die ausländische Berufsqualifikation in den meisten Fällen in Syrien und Rumänien erworben.[69]

2. Rechtsgrundlagen

Die anwendbaren Rechtsgrundlagen und somit auch die Ausgestaltung der Anerkennungsverfahren der ausländischen Qualifikationen für akademische Heilberufe und reglementierte Gesundheitsfachberufe hängen grundsätzlich nicht von der Staatsangehörigkeit und dem Aufenthaltsstatus des Antragstellers/ der Antragstellerin ab. Die für den Bereich der Anerkennung im Unionsrecht maßgeblichen Vorgaben gelten aber grundsätzlich nur für Unionsbürgerinnen und Unionsbürger.

So regelt die EU-Berufsanerkennungsrichtlinie (RL 2005/36/EG)[70] in der EU, dem Europäischen Wirtschaftsraum und der Schweiz[71] die Anerkennung und Koordinierung der reglementierten Berufe und schafft somit die

---

67 Ebd. Grund sind die bilateralen Vermittlungsabsprachen zwischen der BA und den Arbeitsverwaltungen der Länder zur Gewinnung von Pflegefachkräften für den deutschen Arbeitsmarkt, die durch das Projekt „Triple Win" umgesetzt werden. Des Weiteren gehören Bosnien und Herzegowina sowie Serbien und Albanien zu den Staaten, für die seit Ende 2015 die sog. „Westbalkanregelung" Anwendung findet. Vgl. dazu bereits oben.
68 Zusammengefasst im Factsheet, Ergebnisse des BIBB-Anerkennungsmonitorings, 2021.
69 BMBF (Hrsg.) Bericht zum Anerkennungsgesetz 2019, S. 38.
70 Richtlinie 2005/36/EG des Europäischen Parlaments und des Rates vom 7. September 2005 über die Anerkennung von Berufsqualifikationen vom 7. September 2005 (ABl. L 255 vom 30. September 2005, 22), zuletzt geändert durch die Richtlinie 2013/55/EU, die eine automatische Anerkennung der Berufsqualifikationen für bestimmte Berufe und eine Anerkennung durch den Europäischen Berufsausweis für einige andere Berufe einführte.
71 Abkommen zwischen der Europäischen Gemeinschaft und ihren Mitgliedstaaten einerseits und der Schweizerischen Eidgenossenschaft andererseits über die Freizügigkeit, ABl. EG, L 114 vom 30. April 2002, 6.

Voraussetzungen für die Wahrnehmung der Rechte für Unionsbürgerinnen und Unionsbürger aus der Arbeitnehmerfreizügigkeit, Niederlassungsfreiheit und Dienstleistungsfreiheit. Danach ist für diesen Personenkreis im Hinblick auf die Ausübung eines reglementierten Berufs in einem anderen EU-Mitgliedstaat für bestimmte Berufe basierend auf den einheitlichen Ausbildungsstandards in der EU (Arzt/Ärztin, Zahnarzt/Zahnärztin, Tierarzt/Tierärztin, Apotheker/Apothekerin, Krankenschwester und Krankenpfleger, Hebamme und Entbindungspfleger, Architekt/Architektin) eine automatische Anerkennung der im Anhang der Berufsanerkennungsrichtlinie aufgelisteten Berufsqualifikationen vorgesehen. In diesen Berufen entfalten die im Rahmen des Anerkennungsverfahrens einzureichenden Nachweise mithin die gleiche Wirkung wie die entsprechenden inländischen Berufsausbildungsnachweise. Außerhalb dieser Berufe ist für alle anderen reglementierten Berufe eine individuelle Prüfung der Gleichwertigkeit der beruflichen Qualifikation durch die zuständigen Anerkennungsstellen erforderlich. In diesen Fällen kann bei Vorliegen wesentlicher Unterschiede die Anerkennung mit Auflagen (bspw. das Absolvieren eines Anpassungslehrgangs oder das erfolgreiche Bestehen einer Eignungsprüfung) versehen werden, ein Ausgleich durch Berufserfahrung oder Zusatzqualifikationen ist teilweise möglich.

Für Antragsteller in Anerkennungsverfahren aus Drittstaaten ist eine automatische Anerkennung nicht vorgesehen, vielmehr richten sich maßgeblichen Vorgaben nach den einschlägigen Berufsfachgesetzen, sekundär dem Berufsqualifikationsfeststellungsgesetz.

3. Rechtliche Grundlagen der Anerkennung ärztlicher Ausbildungsnachweise aus Drittstaaten

Für die Ausübung einer ärztlichen Tätigkeit ist eine Erlaubnis in Gestalt einer gültigen Approbation erforderlich. Die Approbationsbehörden der Bundesländer sind die zuständigen Stellen für den Berufszugang und daher auch für die Anerkennungsverfahren. Maßgeblich für die Anerkennungsverfahren sind die Bestimmungen in der Bundesärzteordnung (BÄO)[72] sowie der Approbationsordnung für Ärzte (ÄApprO)[73]. Dabei gelten die Maßgaben nach § 3 Abs. 1 BÄO auch für einwanderungsinteressierte Personen aus dem Ausland. Danach darf

---

72 Bundesärzteordnung in der Fassung der Bekanntmachung vom 16. April 1987 (BGBl. I S. 1218), zuletzt geändert durch Artikel 4 des Gesetzes vom 15. August 2019 (BGBl. I S. 1307).
73 Approbationsordnung für Ärzte vom 27. Juni 2002 (BGBl. I S. 2405), zuletzt geändert durch Artikel 2 der Verordnung vom 22. September 2021 (BGBl. I S. 4335).

der die Antragstellerin/der Antragsteller sich nicht eines Verhaltens schuldig gemacht haben, aus dem sich ihre/seine Unwürdigkeit oder Unzuverlässigkeit zur Ausübung des ärztlichen Berufs ergibt, nicht in gesundheitlicher Hinsicht zur Ausübung des Berufs ungeeignet sein und die Person muss über die für die Ausübung der Berufstätigkeit erforderlichen Kenntnisse der deutschen Sprache verfügen.

Auch wenn die Sprachkenntnisse kein spezifischer Bestandteil des Anerkennungsverfahrens sind, müsse diese dennoch zur Gewährleistung der Patientensicherheit auf dem Niveau B2 des Europäischen Referenzrahmens für Sprachen für die Erteilung der Approbation und der Berufserlaubnis nachgewiesen werden. Bei akademischen Heilberufen ist zudem in den allermeisten Bundesländern eine Fachsprachenprüfung über Fachsprachkenntnisse auf dem Niveau C1 erforderlich.

Ein Ausbildungsnachweis aus Drittstaaten kann nur dann anerkannt werden, wenn die Gleichwertigkeit zur inländischen Ausbildung auf Grundlage der eingereichten Dokumente festgestellt werden kann.[74] Der Ausbildungsstand ist als gleichwertig anzusehen, wenn die ausländische Ausbildung keine wesentlichen Unterschiede gegenüber der Ausbildung aufweist, die in der BÄO und in der ÄApprO geregelt ist. Wesentliche Unterschiede liegen gemäß § 3 Abs. 2 S. 3 Nr. 1 BÄO vor, wenn die Ausbildung des Antragstellers/der Antragstellerin sich hinsichtlich der beruflichen Tätigkeit auf Fächer bezieht, die sich wesentlich von der inländischen Ausbildung unterscheiden. Können Defizite nicht ausgeglichen werden, dann muss eine Kenntnisprüfung absolviert werden.[75] Die Kenntnisprüfung orientiert sich dabei an dem Inhalt der staatlichen Abschlussprüfung und dient dem Nachweis, dass die Antragstellerin/der Antragsteller über die zur Berufsausübung erforderlichen Kenntnisse und Fähigkeiten verfügt. Im Ergebnis bezieht sich der Prüfungsinhalt (mündlich und praktisch) mithin also nicht nur auf die Defizite, die im Rahmen der Gleichwertigkeitsprüfung aufgezeigt werden konnten, sondern bezieht die wesentlichen Kernfächer und Krankheitsbilder aus der inländischen medizinischen Ausbildung (vgl. im Einzelnen § 37 ÄApprO i.V.m. § 3 Abs. 3 S. 3 BÄO) ein.

---

74 Zu den erforderlichen Antragsunterlagen vgl. § 34 ÄApprO.
75 Anders als nach den unionsrechtlichen Vorgaben ist eine automatische Anerkennung nicht möglich. Auch eine Eignungsprüfung, die in Gestalt einer mündlich-praktischen Prüfung unter Berücksichtigung der festgestellten Defizite abgehalten wird, ist nicht vorgesehen. Vgl. dazu § 36 Abs. 1 ÄApprO i.V.m. § 3 Abs. 2 S. 7 BÄO.

Eine Kenntnisprüfung kommt auch in Betracht, wenn die Prüfung des Antrags nur mit unangemessenem zeitlichen oder sachlichen Aufwand möglich ist, weil die erforderlichen Unterlagen und Nachweise aus Gründen, die nicht in der Person der Antragsteller liegen, von diesen nicht vorgelegt werden können. Aufgrund der mehrmonatigen Dauer, die mit der Dokumentenprüfung im Anerkennungsverfahren einhergehen kann, wird in der Praxis in einigen Bundesländern den Antragstellern/ Antragstellerinnen die Möglichkeit eingeräumt, unter Verzicht auf die Durchführung der Gleichwertigkeitsprüfung in Abweichung zur gesetzlichen Ausgestaltung direkt eine Kenntnisprüfung zu absolvieren.[76] Damit kann ein mehrere Monate andauerndes Anerkennungsverfahren abgekürzt werden, jedenfalls soweit Prüfungstermine und entsprechende Vorbereitungsmaßnahmen in den Bundesländern auch zeitnah zur Verfügung gestellt werden können.[77] Bis zum Abschluss der Entscheidung über die Approbation kann eine auf max. 2 Jahre beschränkte vorübergehende Berufserlaubnis beantragt werden (§ 10 Abs. 2 BÄO).

Lt. BIBB-Anerkennungsmonitoring bestehen 88 % der Ärztinnen und Ärzte die Kenntnisprüfung spätestens mit dem dritten Versuch, obgleich erhebliche Abweichungen bei den zuständigen Stellen bestehen.[78]

4. Rechtliche Grundlagen der Anerkennung nach dem Pflegeberufegesetz

Auch bei den Gesundheitsfachberufen außerhalb der akademischen Qualifikation handelt es sich um reglementierte Berufe, die Regelungen für die Anerkennung beruhen auch hier auf spezifischen Berufsfachgesetzen. Mit dem Außerkrafttreten des Krankenpflegegesetzes (KrpflG)[79] und Altenpflegesetzes (AltpflG)[80] zum 31.12.2019 und dem Inkrafttreten des Pflegeberufegesetzes

---

76 BMBF (Hrsg.), Bericht zum Anerkennungsgesetz 2019, S. 42.
77 BMBF (Hrsg.), Bericht zum Anerkennungsgesetz 2018, S. 45.
78 Ebd., S. 43 sowie ausf. Koch/Atanassov/ Erbe, Die Kenntnisprüfung im Anerkennungsverfahren bei den akademischen Heilberufen (Schwerpunkt Humanmedizin). Ergebnisse des BIBB-Anerkennungsmonitorings. Bonn 2019.
79 Gesetz über die Berufe in der Krankenpflege (Krankenpflegegesetz - KrPflG) vom 16. Juli 2003 (BGBl. I S. 1442); zuletzt geändert durch Artikel 12 des Gesetzes vom 15. August 2019 (BGBl. I S. 1307); aufgehoben durch Artikel 15 des Gesetzes vom 17. Juli 2017 (BGBl. I S. 2581).
80 Gesetz über die Berufe in der Altenpflege in der Fassung der Bekanntmachung vom 25. August 2003 (BGBl. I S. 1690); zuletzt geändert durch Artikel 14 des Gesetzes vom 15. August 2019 (BGBl. I S. 1307); aufgehoben durch Artikel 15 des Gesetzes vom 17. Juli 2017 (BGBl. I S. 2581).

(PflbG)[81] zum 01.01.2020 wurden drei Berufsbilder zu einem beruflichen Abschluss der Pflegefachfrau bzw. des Pflegefachmannes zusammengeführt. Gemäß § 66a PflBG gelten für Anerkennungsverfahren bis zum 31.12.2024 Übergangsfristen, wonach die Entscheidung über einen Antrag auf Anerkennung einer ausländischen Berufsausbildung auch auf Grundlage der Vorschriften des KrpflG oder des AltpflG getroffen werden kann.[82]

Wer die Berufsbezeichnung „Pflegefachfrau" oder „Pflegefachmann" führen will, bedarf einer Erlaubnis. Die Voraussetzungen für die Erlaubniserteilung nach § 2 PflBG gelten auch für Drittstaatsangehörige, die die zugrundeliegende ausländische Berufsqualifikation in Deutschland anerkennen lassen müssen, um eine Aufenthaltserlaubnis nach § 18a AufenthG erhalten zu können. Die Erlaubnis zum Führen der Berufsbezeichnung ist auf Antrag zu erteilen, wenn die antragstellende Person sich nicht eines Verhaltens schuldig gemacht hat, aus dem sich die Unzuverlässigkeit zur Ausübung des Berufs ergibt, sie nicht in gesundheitlicher Hinsicht zur Ausübung des Berufs ungeeignet ist und über die für die Ausübung des Berufs erforderlichen Kenntnisse der deutschen Sprache (B2 des GERR) verfügt. Eine in einem Drittstaat erworbene Berufsqualifikation kann nach § 40 Abs. 1 PflBG nur dann anerkannt werden, wenn die Gleichwertigkeit des Ausbildungsstandes gegeben ist, mithin also keine wesentlichen Unterschiede zwischen der ausländischen Berufsqualifikation und dem inländischen Referenzberuf bestehen. Das Vorliegen wesentlicher Unterschiede wird anhand von bestimmten Themenbereichen und praktischen Ausbildungsbereichen geprüft. Themenbereiche oder Bereiche der praktischen Ausbildung unterscheiden sich dann wesentlich, wenn die nachgewiesene ausländische Ausbildung der antragstellenden Person wesentliche inhaltliche Abweichungen hinsichtlich der Kenntnisse und Fähigkeiten aufweist, die eine wesentliche Voraussetzung für die Ausübung des Berufs der Pflegefachfrau oder des Pflegefachmanns, der Gesundheits- und Kinderkrankenpflegerin oder des Gesundheits- und Kinderkrankenpflegers oder der Altenpflegerin oder des Altenpflegers in Deutschland sind (§ 40 Abs. 2 PflBG). Werden wesentliche Unterschiede durch die zuständige Stelle bescheinigt und können Defizite bspw. durch formal gültige Berufserfahrungszeiten nicht ausgeglichen werden oder kann die Gleichwertigkeit nur mit unangemessenem zeitlichen oder sachlichen Aufwand festgestellt werden,

---

81 Gesetz über die Pflegeberufe vom 17. Juli 2017 (BGBl. I S. 2581), zuletzt geändert durch Artikel 9a des Gesetzes vom 11. Juli 2021 (BGBl. I S. 2754).
82 Die Entscheidung hat Auswirkungen auf die Ausgestaltung der Ausgleichsmaßnahmen für den Fall, dass eine Anerkennung nicht stattfinden kann.

weil die erforderlichen Unterlagen und Nachweise aus Gründen, die nicht in der antragstellenden Person liegen, von dieser nicht vorgelegt werden können, ist ein gleichwertiger Kenntnisstand nachzuweisen. Dieser Nachweis wird durch eine Kenntnisprüfung, die sich auf den Inhalt der staatlichen Abschlussprüfung erstreckt, oder einen höchstens dreijährigen Anpassungslehrgang erbracht, der mit einer Prüfung über den Inhalt des Anpassungslehrgangs abschließt. Die antragstellende Person hat das Recht, zwischen der Kenntnisprüfung und dem Anpassungslehrgang zu wählen.[83] Grundlegend dürfte der Bescheid sein, aus dem sich die wesentlichen Unterschiede ergeben müssen und der Auskunft darüber gibt, weshalb ein gleichwertiger Ausbildungsstand nicht festgestellt werden kann.

Für den Fall, dass die Bearbeitung des Antrags auf Anerkennung der Berufsbezeichnung nach dem PflbG gestellt wird, finden die Kenntnisprüfung sowie die theoretischen und praktischen Phasen des Anpassungslehrgangs regelmäßig in den Einrichtungen statt, die auch Ausbildungen in der generalistischen Pflegeausbildung anbieten. Die konkreten Einzelheiten dürften regelmäßig in Abstimmung mit dem zukünftigen Arbeitgeber stattfinden.

47,5 Prozent aller Anträge in Gesundheitsfachberufen wurden im Jahr 2018 mit voller Gleichwertigkeit beschieden, bei rund 1/3 ging die erfolgreiche Absolvierung einer Ausgleichsmaßnahme voraus. Bei 50,1 Prozent erging im Jahr 2018 ein Bescheid über die Auflage einer Ausgleichsmaßnahme.[84]

5. Herausforderungen bei der Durchführung von Anerkennungsverfahren in Gesundheitsberufen aus dem Ausland heraus

Praktisch sind mit der Durchführung der komplexen Visums- und Anerkennungsverfahrens aus dem Ausland heraus für einwanderungsinteressierte Drittstaatsangehörige insbesondere bezogen auf Gesundheitsberufe verschiedenste Hürden verbunden, die ohne Beratung und Betreuung nur schwer zu meistern sind.[85] So muss beispielhaft zunächst die für die Durchführung des Anerkennungsverfahrens zuständige Stelle identifiziert werden und die für die

---

83 Soweit ein ausländischer Ausbildungsnachweis als Pflegefachfrau oder Pflegefachmann aus einem Drittstaat bereits in einem EU-Mitgliedstaat oder EWR-Staat anerkannt wurde, besteht die Wahl zwischen einem Anpassungslehrgang und einer Eignungsprüfung, § 41 Abs. 3 PflbG.
84 BMBF (Hrsg.), Bericht zum Anerkennungsgesetz 2018, S. 40.
85 BMBF (Hrsg.), Bericht zum Anerkennungsgesetz 2019, S. 77.

Dokumentenprüfung erforderlichen Unterlagen müssen vollständig und übersetzt vorliegen, Kopien müssen teilweise amtlich beglaubigt sein. Neben den anfallenden Kosten ist auch die mehrmonatige Dauer des Anerkennungsverfahrens entsprechend einzuplanen, die bis zur vollständigen Anerkennung bei festgestellten Defiziten aufgrund wesentlicher Unterschiede auch durch Wartezeiten bis zur Absolvierung einer Kenntnisprüfung oder eines Anpassungslehrgangs zusätzlich verlängert werden kann. Eine wichtige Rolle kommt dabei der mit dem Fachkräfteeinwanderungsgesetz eingerichteten „Zentralen Servicestelle Berufsanerkennung" (ZSBA) bei der Zentralen Auslands- und Fachvermittlung der BA zu. Sie soll bestehende Beratungsangebote ergänzen und richtet sich an im Ausland lebende Fachkräfte, welche von dort aus einen Antrag auf Anerkennung der ausländischen Berufsqualifikation stellen. Die Servicestelle hat zum Ziel, Anerkennungsverfahren transparenter und effizienter zu gestalten und fungiert als zentraler Ansprechpartner für einwanderungsinteressierte Fachkräfte. Eine Beschleunigung soll schließlich auch durch das mit dem Fachkräfteeinwanderungsgesetz eingeführte beschleunigte Fachkräfteverfahren (§ 81a AufenthG) herbeigeführt werden.

IV. Fazit

Drittstaatsangehörige sind bereits gegenwärtig ein unverzichtbarer Bestandteil für die Deckung des Fachkräftebedarfs, der sich in Deutschland im Bereich der Gesundheitsberufe auch für die Zukunft weiterhin abzeichnet. Das Arbeitsmigrationsrecht wurde auch durch das Fachkräfteeinwanderungsgesetz insbesondere für beruflich qualifizierte Drittstaatsangehörige weiter liberalisiert und bietet ausländischen Fachkräften umfassende Möglichkeiten des Aufenthalts in Deutschland. Dieser fortgesetzte Trend der Liberalisierung zeichnet sich aber nicht in diesem Maße im Bereich der Anerkennung ausländischer Berufsqualifikationen ab. Vielmehr ist darin eine Engstelle zu sehen, die einen schnellen Migrationsprozess hindert und durch die komplexe Ausgestaltung der Anerkennungsverfahren zur Verunsicherung der migrationswilligen Fachkräfte führen kann. Gleichzeitig tragen mittlerweile eine Vielzahl an Informations- und Unterstützungsangeboten dazu bei, die Regelungen und Anforderungen im Inland an die Anerkennung ausländischer Berufsqualifikationen transparent aufzuarbeiten, um den Entscheidungsprozess ausländischer Fachkräfte bestmöglich unterstützen zu können. Beispielhaft sollen an dieser Stelle das Internetportal „Anerkennung in Deutschland", die Etablierung der „Gutachtenstelle für Gesundheitsberufe" (GfG) bei der Zentralstelle für Ausländisches Bildungswesen, die Telefon-Hotline „Arbeiten und Leben in Deutschland" des BAMF sowie die Zentrale Servicestelle Berufsanerkennung (ZSBA) benannt werden. Nicht zuletzt tragen die Beratungsstellen im In- und Ausland dazu bei, dass qualifizierte ausländische Fachkräfte im In- und Ausland zu allen Fragen der Anerkennung beraten werden.

Die Absenkung weiterer Hürden bei der Anerkennung von Bildungs- und Berufsabschlüssen aus dem Ausland ist auch das erklärte der Bundesregierung,[86] obgleich dies unter Wahrung der hohen Qualitätsstandards in den Gesundheitsberufen im Inland sowie in Anerkennung der international abweichenden Berufsbildungssysteme keine einfache Aufgabe darstellen dürfte. Wichtige Schritte auf dem Weg zur Vereinheitlichung der Verfahren und Verwaltungspraxis sowie der Bündelung von Kompetenzen wurden bereits in der Vergangenheit bspw. durch die Einrichtung der Gutachtenstelle für Gesundheitsberufe (GfG) und die Verordnung zur Durchführung und zum Inhalt von Anpassungsmaßnahmen sowie zur Erteilung und Verlängerung von Berufserlaubnissen in Heilberufen des Bundes[87] bereits umgesetzt und werden stetig vorangetrieben. Allein mit dem Ausbau weiterer Beratungs- und Unterstützungsstrukturen für einwanderungsinteressierte Personen und notwendigerweise auch für Arbeitskräfte suchende Arbeitgeber, wird eine Beschleunigung nur in einem begrenzten Maß erreicht werden können. Letztendlich müssen auch die personellen Kapazitäten in den zuständigen Stellen für die Antragsbearbeitung dem Bedarf entsprechend ausgerichtet werden.

Bedarfsgerecht müssen auch die Strukturen aufgebaut werden, die für Nachqualifizierungsmaßnahmen im Rahmen der Aufenthaltserlaubnis gemäß § 16d AufenthG zum Zweck der Anerkennung der im Ausland erworbenen Berufsqualifikation erforderlich sind. Die gezielte Gewinnung von Einrichtungen für die Durchführung von Ausgleichsmaßnahmen bspw. in Krankenhäusern oder Altenpflegeeinrichtungen für zukünftige Pflegefachfrauen und Pflegefachmänner muss flächendeckend im Bundesgebiet erfolgen, um dem Fachkräftebedarf bestmöglich begegnen zu können. Eine gezielte Unterstützung der betrieblichen Strukturen zur Förderung einer nachhaltigen Integration der ausländischen Mitarbeitenden kann dazu beitragen, dass auch mittelständische und kleinere Betriebe sich für neue Wege der Fachkräftegewinnung öffnen.

Der Fokus auf effiziente Anerkennungsverfahren, die einen Aufenthalt von ausländischen Fachkräften auf Grundlage der §§ 18a, 18b AufenthG ermöglichen,

---

86 Koalitionsvertrag 2021 – 2025 zwischen der Sozialdemokratischen Partei Deutschlands (SPD), BÜNDNIS 90 / DIE GRÜNEN und den Freien Demokraten (FDP), S. 33.
87 HeilBAV vom 02.08.2013 (BGBl I S. 3005).

sollte schließlich auch nicht dazu führen, dass andere erfolgversprechende aufenthaltsrechtliche Möglichkeiten aus dem Blickfeld geraten. So besteht bspw. bei der Absolvierung einer Berufsausbildung im Inland keine Notwendigkeit mehr für die Durchführung eines komplexen Anerkennungsverfahrens, sprachliche Hürden stehen einem Berufseinstieg ebenfalls nicht mehr im Weg. Insbesondere mit Blick auf die Deckung des Fachkräftebedarfs in nicht-akademischen Gesundheitsberufen, stellt § 16a AufenthG in Gestalt einer Aufenthaltserlaubnis zum Zweck der betrieblichen Aus- und Weiterbildung eine vielversprechende, obgleich voraussetzungsvolle, Rechtsgrundlage dar, die durch flankierende Maßnahmen, bspw. durch berufsspezifische Stipendien, entsprechend aufgewertet werden kann.

Charlotte Wohlfarth / Holger Kolb

„Selecting by Origin" zur Vermeidung von Brain Drain? Migrationspolitische Überlegungen mit besonderer Berücksichtigung des Gesundheitssektors[*]

Steter Begleiter vieler Diskussionen über Anlage und Ausrichtung der Erwerbsmigrationspolitik eines Landes ist die Sorge, dass durch entsprechende An- bzw. Abwerbeanstrengungen in den Herkunftsländern dringend gebrauchte Arbeitskräfte fehlen und sich die zwischen Anwerbe- und Herkunftsländern von Erwerbsmigranten bestehenden Unterschiede im wirtschaftlichen Entwicklungsstand verfestigen oder gar verstärken. Dies gilt auch und gerade für Sektoren der allgemeinen Daseinsvorsorge und dabei besonders für das Gesundheitswesen und damit einen Bereich, der seit jeher im Zentrum der Anwerbeaktivitäten zahlreicher Einwanderungsländer steht. Zur Bekämpfung eines solchen Brain Drains bzw. zur Kompensation der Folgen werden seit vielen Jahren verschiedene politische Maßnahmen diskutiert. Im Zentrum dieses Beitrages wird auf einen bestimmten Ansatz der Brain Drain-Bekämpfung eingegangen: die entwicklungspolitisch motivierte Berücksichtigung der Herkunftsländer der Bewerber im Rahmen der erwerbsmigrationspolitischen Auswahlprozesse.

I. Einleitung: Das Gesundheitswesen als Epizentrum von Sorgen über einen durch Erwerbsmigration ausgelösten oder verstärkten Brain Drain

Fragen nach den Auswirkungen einer gezielten Anwerbung von Fachkräften v.a. aus Entwicklungsländern beschäftigen seit vielen Jahren Sozial- und Wirtschaftswissenschaften. Dabei zeigen sich im Zeitverlauf verschiedene Konjunkturen der Einschätzung, wie sich Migration und Entwicklung gegenseitig beeinflussen und zueinander verhalten. Einer v.a. in den 1970er Jahren dominanten ‚pessimistischen' Phase, in der Erwerbsmigration v.a. als Treiber einer die bestehenden Ungleichheiten zwischen Industrie- und Entwicklungsländern

---

[*] Der vorliegende Beitrag bringt lediglich die private Auffassung der Verfasser zum Ausdruck.

weiter verschärfenden Abwärtsspirale betrachtet wurde, folgte eine Phase eines entwicklungspolitischen Migrationsoptimismus, der v.a. die durch Migrationsprozesse möglichen finanziellen Rücküberweisungen und Optionen von Technologie- und Wissenstransfer aus Industrie- in Entwicklungsländer als entwicklungsförderlich herausstellte.[1] Von diesen Konjunkturen weitgehend verschont blieb jedoch der Gesundheitssektor. Die für bestimmte Sektoren und dabei v.a. für den IT-Sektor[2] dokumentierten Erfolgsgeschichten eines durch die Migration von Fachkräften aus Entwicklungs- in Industrieländer gezündeten Entwicklungsboosters sind im Gesundheitssektor kaum oder gar unmöglich. Für diesen gilt, wie für kaum einen anderen Sektor, dass eine in Entwicklungsländern ausgebildete und in Industrieländer migrierende Fachkraft zumindest in der Mehrheit der Fälle nicht nur einen fiskalischen Verlust darstellt, sondern angesichts eines weltweit und v.a. in Entwicklungs- und Schwellenländern diagnostizierten Mangels an Gesundheitspersonal[3] potenziell auch die Qualität der heimischen Daseinsvorsorge reduziert, indem bestehende Fachkräfteengpässe verschärft werden. Dies hat zur Folge, dass vor allem für den Gesundheitssektor und konkret für Fachkräfte in den medizinischen Heilberufen das Bedürfnis besteht, über Antworten auf die Frage nachzudenken, wie mit den negativen Folgen aktiver Anwerbung entsprechender Fachkräfte aus Entwicklungsländern in Industrieländer umzugehen ist.[4]

Diese Frage ist insofern politisch relevant, als die internationale Migration von ärztlichem und pflegerischem Personal quantitativ äußerst bedeutsam ist: Nach Angaben der OECD war 2015/16 etwa ein Viertel der in den Mitgliedstaaten tätigen Ärztinnen und Ärzte nicht in dem Land geboren, in dem sie aktuell arbeiten; beim Pflegepersonal war es 2017/18 etwa ein Sechstel.[5] In Deutschland hat

---

1 Dazu zentral *de Haas*, IMR 2010, 227. Siehe auch und darauf Bezug nehmend *SVR*, Migrationsland, 2011, S. 207-208 sowie *Groß*, in: Weizsäcker/von Harbou, Einwanderungsrecht, 2. Aufl., 2020, Rn. 47, *Hunger*, in: Thränhardt/Hunger, Migration im Spannungsfeld von Globalisierung und Nationalstaat, 2003, S. 58-75, *Bast*, in: Dann/Kadelbach/Kaltenborn, Entwicklung und Recht, 2014, S. 232-235, *Parusel*, Abschottungs- und Anwerbestrategien, 2010, S. 248-251 und m.w.N. *Kemnitz*, Görres-Gesellschaft, Staatslexikon, 8. Auflage 2019.
2 Vgl. exemplarisch *Hunger*, JCPA 2004, 99.
3 *WHO*, Global Strategy on Human Resources for Health, 2016, S. 40–46.
4 Vgl. auch *Kluth*, ZAR 2022, 1 (2), *Berlit*, ZAR 2018, 229 (230) sowie mit anderer Akzentuierung *Däubler*, ZRP 2015, 66 (67).
5 *OECD*, Contribution of Migrant Doctors and Nurses to Tackling COVID-19 Crisis in OECD Countries, 2020, S. 3.

sich die Zahl der berufstätigen Ärztinnen und Ärzte mit einer ausländischen Staatsangehörigkeit im letzten Jahrzehnt mehr als verdoppelt (von knapp 22.000 Ende 2010 auf über 56.000 Ende 2020), sie machen mittlerweile rund 14 Prozent der Ärzteschaft aus.[6] In der Pflege waren Ende 2020 rund 220.000 ausländische Staatsangehörige beschäftigt, das waren rund 12 % aller Beschäftigten.[7] 2013 lag die Zahl mit rund 80.000 Personen noch weniger als halb so hoch.[8] Die Migration von Gesundheitsfachkräften findet häufig – wenn auch nicht ausschließlich – entlang des Einkommensgefälles statt, d.h. aus Entwicklungs- und Schwellenländern in Richtung der Industrieländer. Die wichtigsten Herkunftsländer zugewanderter Ärzte in der OECD sind Indien, China und Pakistan, jene von zugewanderten Pflegekräften die Philippinen, Indien und Polen.[9]

Antworten auf die Frage des Umgangs mit einem einwanderungsinduzierten Brain Drain können dabei aus vielen Bereichen und Politikfeldern kommen. Eine Zeitlang besonders prominent diskutiert wurde dabei eine spezielle Brain Drain-Steuer.[10] Eine Antwort kann aber auch aus dem Bereich des Migrationsrechts kommen, auf das sich der folgende Beitrag konzentrieren wird. Dabei soll es nicht nur um bereits bestehende und in Deutschland in Aufenthaltsgesetz (AufenthG) und Beschäftigungsverordnung (BeschV) verankerte Normen gehen, sondern angesichts der für die anstehende Legislaturperiode angekündigten migrationspolitischen Neuerungen auch Thema sein, welche rechtspolitischen Optionen in diesem Zusammenhang ergriffen werden könnten. Gemein haben die dargestellten Überlegungen, dass das Herkunftsland des Bewerbers und damit ein askriptives Merkmal, das im Rahmen der Erwerbsmigrationspolitik grundsätzlich eher eine untergeordnete Rolle spielt, als Steuerungskriterium (neues) Gewicht erhält und damit eine Politik eines entwicklungspolitisch motivierten „Selecting by Origin"[11] entsteht.

---

6 *Bundesärztekammer*, Ärztestatistik, 2020.
7 Gesundheits- und Krankenpflege und Altenpflege, BT-Drs. 19/32157, S. 6.
8 BT-Drs. 19/2455, S. 3.
9 OECD 2020, S. 6.
10 *Bhagwati*, The brain drain and taxation, 1976, siehe auch *Poutvaara*, CESifo Economic Studies 2004, 663.
11 In Anlehnung an und aufbauend auf *Joppke*, Selecting by Origin, 2004.

II. ‚Selecting by Origin' mit wem? Die Auswahl der erfassten Herkunftsländer

Vor der Frage nach der Ausgestaltung und Umsetzung von Regeln, die über eine Berücksichtigung des Herkunftslands als Ausschluss- oder Auswahlkriterium negative Folgen für die Herkunftsländer zu verhindern suchen, stellt sich als Vorfrage die nach den Methoden und Mechanismen einer solchen Länderauswahl. Das wichtigste internationale Dokument zur Migration von Gesundheitsfachkräften und damit auch der Ausgangspunkt einer Erwerbsmigrationspolitik, die aus entwicklungspolitischer Motivation[12] das Herkunftsland als Steuerungskriterium zum Einsatz bringt, ist der 2010 von den Mitgliedsstaaten der Weltgesundheitsorganisation (WHO) vereinbarte *Global Code of Practice on the International Recruitment of Health Personnel*. Dieser fordert die Unterzeichnerstaaten u.a. auf, eine „aktive Rekrutierung" von Gesundheitspersonal aus Ländern mit einem „kritischen Mangel" („critical shortage") an Gesundheitspersonal zu unterbinden (Art. 5, Nr. 1).[13] Während der Kodex selbst weder eine Definition des Merkmals eines kritischen Mangels noch eine Liste von betroffenen Ländern enthält, wurde dieser Artikel gemeinhin auf eine Liste von Ländern aus dem Weltgesundheitsreport 2006 bezogen.[14] Diese enthielt 57 Staaten, in

---

12 Der Einbau länderspezifischer Steuerungselemente muss dabei nicht unbedingt einer entwicklungspolitischen Motivation unterliegen, auch wenn solche Motive in einer Mehrzahl der Fälle einem solchen Einbau zugrunde liegen dürften. Vorstellbar ist aber, und darauf weist *Thym*, ZAR 2022, 139 (141) hin, bspw. auch Bewerber aus Herkunftsländern, die mit den deutschen Behörden bei der Rückführung von illegal in Deutschland aufhältigen Staatsangehörigen kooperieren, bei der Punkteverteilung zu privilegieren. Siehe dazu auch der Vorschlag eines temporären Arbeitsvisums gegen Kaution, das zunächst auf solche afrikanischen Herkunftsländer beschränkt würde, die eine uneingeschränkte Rücknahme ihrer aus Deutschland ausreisepflichtigen Staatsangehörigen zusagen. Zu diesem Vorschlag *SVR*, Gemeinsam gestalten, 2020, S. 107.
13 Zugleich wird in Art. 3 das Recht von Gesundheitsfachkräften auf internationale Mobilität bekräftigt, s. dazu u. a. *Angenendt/Clemens/Merda*, Der WHO-Verhaltenskodex, 2014, S. 3–4. *Clemens/Dempster*, Ethical Recruitment of Health Workers, 2021, S. 5–8 argumentieren, dass der WHO-Kodex keinesfalls jegliche Migration oder auch Rekrutierung von Gesundheitspersonal aus den gelisteten Ländern verbiete, sondern lediglich einseitige private Anwerbeaktivitäten, wohingegen bilaterale Vereinbarungen zwischen Herkunfts- und Zielstaat zum Zweck der Fachkräftevermittlung durchaus möglich seien (vgl. die entsprechende Regelung in Deutschland unter 3.). Wichtig sei, dass hierbei die Interessen des Herkunftsstaates ausreichend berücksichtigt würden.
14 *WHO*, The World Health Report 2006, S. 11–13.

denen die Dichte an Ärzten, Krankenpflegern und Hebammen im entsprechenden Berichtsjahr bei weniger als 2,28 pro 1.000 Einwohnern lag und zugleich weniger als 80 Prozent aller Geburten von einer medizinischen Fachkraft begleitet wurden.[15] Im Jahr 2021 veröffentlichte die WHO eine neue Liste, die *Health Workforce Support and Safeguards List*, die ab dato für die Anwendung des Kodex zugrunde gelegt werden soll.

Mit der Überarbeitung der zugrundeliegenden Länderliste änderten sich Anfang 2021 nicht nur der Name, sondern auch die Kriterien, anhand derer Länder der Liste zugeteilt werden. Seit 2021 wird ein Land dann auf die Liste gesetzt, wenn der *Universal Health Coverage Index*[16] weniger als 50 Punkte beträgt und zugleich die Dichte an Gesundheitspersonal unter dem globalen Median liegt (z.Zt. 4,86 pro 1.000 Einwohner). Die Liste soll in Zukunft anhand dieser Kriterien regelmäßig aktualisiert werden. In der Folge hat sich die Zusammensetzung der Liste deutlich geändert (s. auch unter 3.): Die Zahl der gelisteten Länder sank von 57 auf 47; einige bedeutende Herkunftsländer wie Kenia, Marokko, Indien, Indonesien und Peru wurden gestrichen, nicht zuletzt aufgrund signifikanter Fortschritte im Bereich der allgemeinen Gesundheitsversorgung in diesen Ländern in den letzten Jahrzehnten.

Diese Veränderung der Kriterien für die Länderauswahl weist darauf hin, dass die Frage, welche Länder besonders vor einem Brain Drain geschützt werden müssen bzw. welche Kriterien hierbei angelegt werden, und damit die für eine entwicklungspolitische ‚Selecting by Origin'-Frage entscheidende Vorfrage

---

15 Dabei wurde der erste Wert aus dem zweiten abgeleitet: Der Zielwert von 80 Prozent begleiteten Geburten wurde gemäß den vorliegenden Daten durchschnittlich ab einem Schwellenwert von 2,28 Fachkräften pro 1.000 Einwohnern erreicht. Diese Kriterien wurden als wissenschaftlich nicht ausreichend fundiert kritisiert, s. *Angenendt/Clemens/Merda* 2014, S. 4–5. Die Analyse in *WHO* 2006 war ursprünglich nicht migrationspolitisch motiviert, sondern diente dem Monitoring im Kontext der Millennium-Entwicklungsziele. Im Vereinigten Königreich existierte bereits seit 2001 ein ähnlicher Verhaltenskodex, der dem staatlichen Gesundheitsdienst NHS eine aktive Anwerbung von Fachkräften aus Entwicklungsländern untersagte. Die entsprechende Liste umfasste 2007 154 Staaten. Die empirischen Auswirkungen auf die Migration von Gesundheitspersonal ins Vereinigte Königreich sind jedoch schwer abzuschätzen, s. *Buchan/McPake/Mensah/Rae*, Does a Code Make a Difference, 2009.
16 Der Index misst die Verfügbarkeit von grundlegender medizinischer Versorgung und nimmt einen Wert zwischen 0 und 100 Punkten an. Der weltweite Durchschnitt (gewichtet) liegt 2019 bei 68 Punkten, s. *WHO*, Tracking Universal Health Coverage, 2021, S. 4–19.

weniger leicht zu beantworten ist, als es auf den ersten Blick erscheinen mag. So ist zwar unumstritten, dass eine höhere Dichte an medizinischem Personal typischerweise mit einer besseren medizinischen Versorgung der Bevölkerung einhergeht (und in der Folge mit einem besseren Gesundheitszustand, der an Indikatoren wie der Lebenserwartung oder der Säuglingssterblichkeit bemessen werden kann). Doch wo genau der Grenzwert liegt bzw. ab wann eine unterdurchschnittliche Fachkräftedichte problematisch ist, ist empirisch kaum festzumachen. Dies hat auch damit zu tun, dass der länderspezifisch ausgewiesene Wert der Fachkräftedichte isoliert als Indikator für Qualität und Zugang zu medizinischer Versorgung nur sehr eingeschränkt taugt. Ausgeblendet von dieser Größe bleiben für die Frage der Versorgungsqualität wichtige Informationen wie die lokale und regionale Konzentration und Verteilung von Fachkräften innerhalb eines Landes und die Frage, in welchem Umfang medizinische Fachkräfte außerhalb des Gesundheitssystems arbeiten. Fraglich ist die Eignung der Fachkräfteanzahl als (alleiniger) Indikator für den Zustand des Gesundheitssystems in einem Land zudem, weil damit andere Faktoren ausgeblendet bleiben. Selbst bei einer in absoluter Zahl niedrigen Anzahl von medizinischen Fachkräften kann es bei einer unzureichenden finanziellen Ausstattung des Gesundheitssystems zu einer hohen Arbeitslosigkeit in dieser Gruppe kommen, Hindernisse und Begrenzungen der Abwanderung würden in solchen Situationen nicht nur ins Leere laufen, sondern ggf. sogar kontraproduktiv sein. Dass auch eine hohe Verfügbarkeit von Gesundheitsfachkräften mit einer nur mittelmäßigen Versorgung einhergehen kann, zeigt das Beispiel der Philippinen: Das weltweit wichtigste Herkunftsland international mobiler Pflegekräfte und Partnerland Deutschlands im Programm *Triple Win* zur Anwerbung von Pflegekräften weist laut *Universal Health Coverage Index* mit 55 von 100 Punkten nur eine unterdurchschnittliche grundlegende Gesundheitsversorgung auf.[17] Die festgelegten Grenzwerte erfassen auch nicht die Effekte von Abwanderung. So sind Länder wie Rumänien, das innerhalb der letzten 15 Jahre bedeutende Anteile seiner Ärzteschaft verloren hat,[18] oder die Staaten des Westbalkans, aus denen viele Pflegekräfte auswandern, mit Blick auf die globalen Mindeststandards nicht von Personalknappheit betroffen. Dies ändert aber nichts daran, dass es in den betroffenen Ländern für die lokale Bevölkerung durchaus spürbare negative Auswirkungen gibt. Eine Orientierung an der WHO-Liste mag also Länder, in denen die Gesundheitsversorgung

---

17 WHO, Tracking Universal Health Coverage, 2021, S. 93.
18 Laut OECD liegt die Auswanderungsrate unter rumänischen Ärztinnen und Ärzten bei etwa einem Drittel, s. OECD 2020, S. 6–7.

weit unterhalb von Mindeststandards liegt, zu einem gewissen Teil vor Brain Drain schützen (zu den Limitationen der aktuellen Regelung s. u.). Dies heißt im Umkehrschluss aber keineswegs, dass alle nicht gelisteten Länder eine umfangreiche Abwanderung von Fachkräften mit Blick auf die dortige Gesundheitsversorgung problemlos verkraften könnten.

Um umgekehrt Länder zu identifizieren, aus denen eine Abwanderung ethisch zu rechtfertigen ist, wird oft auf die demografische Entwicklung und die Arbeitslosenquote rekurriert.[19] Wenn viele junge Leute auf den Arbeitsmarkt strömen und dort nicht absorbiert werden können, so die Argumentation, bedeute eine Abwanderung von einigen der arbeitslosen Fachkräfte ins Ausland nicht nur keinen Verlust für das Herkunftsland, sondern ggf. sogar einen Gewinn aufgrund durch die Abwanderung vermiedener Transferleistungen und die Möglichkeit von Rücküberweisungen. Auch diese Betrachtung ist jedoch oft zu kurz gegriffen, da sektorale und regionale Unterschiede keine Berücksichtigung finden. Zudem müsste nicht nur die reine Quantität der Abwanderung bzw. des Abwanderungspotenzials betrachtet werden, sondern auch die Frage, welche Qualifikations- und Erfahrungsstufen betroffen sind. Denn der Verlust an Humankapital, der entsteht, wenn eine erfahrene Spezialistin das Land verlässt, die in Forschung und Lehre tätig war (und deren Profil auf den Arbeitsmärkten potenzieller Zielländer womöglich besonders nachgefragt ist), ist ungleich größer, als wenn es um eine Absolventin ohne Berufserfahrung geht.

Unabhängig von statistisch-technischen Problemen der Identifikation von Ländern, die zum Anwendungsfeld eines entwicklungspolitisch motivierten ‚Selecting by Origin'-Ansatzes werden sollen, stellen sich normative und ethische Fragen.[20] Heikel ist aus dieser Perspektive der Ausschluss einzelner Herkunftsländer von bestimmten Formen der Erwerbsmigration deshalb, da er die individuelle Entscheidungsfreiheit von Fachkräften aus den jeweiligen Ländern beschränkt. Den Betroffenen werden aufgrund ihrer Herkunft Möglichkeiten genommen, über den Weg der Migration ein höheres Einkommen zu erzielen, sich beruflich weiterzuentwickeln oder Arbeitserfahrungen im Ausland zu sammeln. Auch der WHO-Verhaltenskodex betont das Recht auf internationale Mobilität und die möglichen positiven Folgen, die eine bilaterale Zusammenarbeit für Herkunfts- und Zielstaaten haben kann.

---

19 S. bspw. *Braeseke/Lingott/Rieckhoff/Pörschmann-Schreiber*, Kriterien zur Analyse von Drittstaaten zur Gewinnung von Auszubildenden für die Pflege, 2020, S. 49–53.
20 Siehe dazu bspw. *Oberman,* Ethics 2013, 427.

Aus diesen Ausführungen wird deutlich: Eine Entscheidung, bestimmte Herkunftsländer aus entwicklungspolitischen Motiven in der Erwerbsmigrationspolitik besonders zu berücksichtigen – sei es über positive oder negative Diskriminierung – ist mit Schwierigkeiten und Zielkonflikten verbunden und kann allenfalls ein Baustein einer Migrations- und Entwicklungspolitik zur Verhinderung negativer Folgen von Brain Drain sein, darüber hinausgehende Maßnahmen und Abwägungen aber nicht ersetzen. In den Bereich des deutschen rechtlichen Rahmens fallende Regelungen einer solchen positiven oder negativen Diskriminierung im Sinne eines ‚Selecting by Origin' werden im Folgenden detaillierter dargestellt.

III. Das länderspezifische Vermittlungsmonopol der Bundesagentur für Arbeit für Gesundheits- und Pflegeberufe

Nahezu vollständig dem unter I.) beschriebenen Erkenntnisinteresse dieses Beitrags, speziell auf den Gesundheitssektor abzielende und dabei über rechtliche Sonderregelungen Personen ausgewählter Staatsangehörigkeiten adressierende Maßnahmen des Ausländerrechts in den Blick zu nehmen, entspricht das in § 38 BeschV für ausgewählte und in einer Anlage zu dieser Norm aufgeführte Länder festgeschriebene Vermittlungsmonopol der Bundesagentur für Arbeit (BA) für Beschäftigungen in Gesundheits- und Pflegeberufen. Damit wird der bereits erwähnten Vorgabe des Verhaltenskodexes der WHO nachgekommen, eine private Anwerbung von Arbeitskräften in Gesundheits- und Pflegeberufen aus bestimmten Ländern[21] nicht zuzulassen. Arbeitsverhältnissen, die gegen die Vorgaben des § 38 BeschV verstoßen und damit konkret solchen Arbeitsverhältnissen im Gesundheits- und Pflegebereich, die auf der Grundlage einer privaten Anwerbung und Arbeitsvermittlung aus den gelisteten Ländern zustande gekommen sind, muss die BA die Zustimmung verweigern. Dies gilt auch für betriebliche Ausbildungen[22] sowie für die Anwerbung für die Durchführung von Bildungsmaßnahmen zur Anerkennung der beruflichen Qualifikation.[23]

---

21 Entscheidend ist dabei nicht die Staatsangehörigkeit, sondern der Aufenthaltsstaat der entsprechenden Person mit der Folge, dass auch ein Staatsbürger eines nicht auf der Liste enthaltenen Staates, der jedoch in einem ‚Listenstaat' als Fachkraft im Gesundheits- und Pflegebereich arbeitet, erfasst ist. Siehe dazu BeckOK AuslR/*Breidenbach* BeschV § 38 Rn. 5.
22 BVerwGE 167, 98 = DÖV 2020, 494.
23 Der diese Optionen regelnde § 16d AufenthG erfuhr durch das FKEG (s. u. Fn. 30) eine signifikante Ausweitung und Aufwertung. Siehe Hailbronner Ausländer-R/*Hailbronner*

Die Regelung, die als Rechtsfolge die Versagung der Zustimmung der BA vorsieht[24], läuft zudem auch bei Beschäftigungen, für die keine Zustimmung der BA erforderlich ist[25], nicht ins Leere. Bei zustimmungsfreien Beschäftigungen entfaltet die Norm im Zusammenspiel mit § 39 BeschV eine rechtliche Wirkung in der Form, dass ein Verstoß gegen § 38 BeschV als Ordnungswidrigkeit i.S.d. § 404 Abs. 2 Nr. 9 SGB III angesehen wird.[26]

Nicht vom Regelungsgehalt des § 38 BeschV umfasst ist jedoch die eigenverantwortliche Bewerbung von Gesundheitsfachkräften, die sich in einem der in der Anlage zu der Norm aufgeführten Ländern aufhalten. Rechtsfolge ist entsprechend kein Beschäftigungsverbot, sondern lediglich der Ausschluss privatwirtschaftlicher Anwerbeanstrengungen. Folglich handelt es sich dabei um eine klassische Kompromisslösung, die einerseits einen Brain Drain und damit durch Fachkräftemigration verursachte Rückschläge für das Gesundheitswesen bestimmter Länder verhindern, andererseits individuelle Lebens- und damit auch Wanderungsentscheidungen auch von Gesundheitsfachkräften aus Entwicklungsländern respektieren will. Entsprechend begrenzt dürfte die mit dieser Norm erzielbare entwicklungspolitische Wirkung ausfallen.

Dies gilt noch viel mehr, als sich die Zusammensetzung der WHO-Liste und infolgedessen auch die in der Anlage zu § 38 BeschV geführte Liste erst kürzlich deutlich verändert hat (s. o.).[27] Dabei ist weniger entscheidend, dass sich die Zahl der insgesamt auf der Liste geführten Länder von 57 auf 47 reduziert hat. Wichtiger ist vielmehr, welche 17 Länder von der Liste gestrichen und welche 7 Staaten neu aufgenommen wurden. Denn zu den gestrichenen Ländern gehören nicht nur bevölkerungsreiche, sondern auch seit vielen Jahren als Exporteure von Gesundheitsfachkräften agierende Länder wie Indien, Indonesien und

---

§ 16d Rn. 7-9, BeckOK MigR/*Hänsle* AufenthG § 16d Rn. 1, Bergmann/Dienelt/*Bergmann* AufenthG § 16d Rn. 5,

24 Dabei handelt es sich um eine gebundene Entscheidung, behördliches Ermessen auf Seiten der BA besteht nicht. BeckOK AuslR/*Breidenbach* BeschV § 38 Rn. 6.
25 Zustimmungsfrei erteilt wird bspw. ein Aufenthaltstitel nach § 18b Abs. 2 S. 1 AufenthG. Akademische Fachkräfte des Gesundheitssystems fallen jedoch im Rahmen der Vergabe einer Blauen Karte in den Anwendungsbereich des § 18b Abs. 2 S. 2 AufenthG, der zwar reduzierte Gehaltsgrenzen, aber im Gegensatz zu S. 1 eine Zustimmung der BA voraussetzt.
26 *Lutz*, in Offer/Mävers, BeschV, § 39, Rn. 10.
27 Die Änderung erfolgte durch die siebte Verordnung zur Änderung der Beschäftigungsverordnung (BGBl. I, Nr. 27, v. 4. Juni 2021).

Marokko.²⁸ Die Länder hingegen, für die ein entsprechendes Rekrutierungsmonopol der BA hinsichtlich von Beschäftigten im Gesundheits- und Pflegesektor neu eingeführt wurde, sind mit Ausnahme des Sudan, der als Herkunftsland von Beschäftigten im Gesundheitswesen zumindest für Deutschland aber bislang noch an keiner Stelle als relevant in Erscheinung getreten ist, allesamt Klein- und Kleinststaaten²⁹ mit der Folge, dass der Anwendungsbereich des BA-Rekrutierungsmonopols durch die Neugestaltung deutlich stärker gesunken ist, als die Reduktion von 57 auf 47 Länder es vermuten lässt.

Insgesamt handelt es sich bei § 38 BeschV um eine sehr milde Form einer entwicklungspolitischen ‚Selecting by Origin'-Überlegung und dies in zweierlei Hinsicht: Zum einen beschränkt sich der herkunftsländerspezifische Ansatz nicht auf Einwanderung von Gesundheitsfachkräften als solche, sondern lediglich auf eine bestimmte Form der Rekrutierung, die Anwerbung durch private Akteure; zum anderen findet diese auf eine bestimmte Organisation der Einwanderung beschränkte Idee mittlerweile nur noch Anwendung auf eine in Quantität und hinsichtlich ihrer Bedeutung als Herkunftsländer deutlich reduzierte Liste von Ländern.

IV. Die Verordnungsermächtigung zur Erteilungsversagung von Blauen Karten in § 42 Abs. 2 Nr. 6 AufenthG

Zumindest in Deutschland hat sich die Blaue Karte EU und damit die Vorschrift des § 19a a.F. bzw. seit Inkrafttreten des Fachkräfteeinwanderungsgesetzes (FKEG)³⁰ § 18b Abs. 2 AufenthG n.F. zu einem zentralen Rückgrat der deutschen Erwerbsmigrationspolitik entwickelt.³¹ In den entsprechenden Richtlinien,

---

28 Außerdem von der Liste gestrichen und damit geöffnet für eine private Rekrutierung für Beschäftigte in Gesundheits- und Pflegeberufen wurden Bhutan, El Salvador, Honduras, der Irak, Kambodscha, Kenia, die Komoren, Laos, Myanmar, Nicaragua, Ruanda, Sambia und Simbabwe. Für eine Gegenüberstellung s. *Clemens/Dempster*, 2021, S. 10–11.
29 Neben dem Sudan neu hinzugefügt und damit für eine entsprechende und außerhalb der BA stattfindende Rekrutierung geschlossen wurden Gabun, Kiribati, Mikronesien, die Solomonen, Südsudan und Vanuatu.
30 BGBl. I Nr. 31 v. 20.8.2019.
31 *SVR*, Steuern, was zu steuern ist, 2018, S. 41; Dörig MigrationsR-HdB/*Mastmann/ Offer*, § 13, Rn. 8; *Ponert/Tollenaere*, in: Weizsäcker/von Harbou, Einwanderungsrecht, 2. Aufl., 2020, Rn. 57.

deren primäres Ziel es ist, eine Antwort auf die Einwanderungsofferten klassischer Einwanderungsländer wie den USA, Kanada und Australien zu geben, und die entsprechend hauptsächlich wirtschaftspolitisch motiviert sind, wird ein möglicher negativer Zusammenhang zwischen aktiver Anwerbung von Arbeitskräften und dadurch bedingten oder verstärkten Rückschlägen für die Entwicklung der Herkunftsländer nicht negiert, sondern an verschiedenen Stellen als ein Problem zumindest benannt. Außerdem wird den Mitgliedsstaaten die Option verschafft, auch eine über die Blaue Karte laufende Einwanderung aus einer entwicklungspolitischen Motivation zu beschränken.[32] Bezogen auf die Blaue Karte und damit einen in Deutschland besonders wichtigen Zugang für Erwerbsmigranten existiert in § 42 Abs. 2 Nr. 6 AufenthG eine Verordnungsermächtigung, mittels derer das Bundesministerium für Arbeit und Soziales (BMAS) über die BeschV auch ohne Zustimmung des Bundesrates Berufe festlegen kann, in denen für Angehörige bestimmter Staaten die Erteilung einer Blauen Karte EU zu versagen ist, weil im Herkunftsland ein Mangel an qualifizierten Arbeitnehmern in diesen Berufsgruppen besteht.[33] Von dieser Option eines ‚Blaue Karte-Bannes' für bestimmte in ausgewählten Berufen arbeitende Staatsangehörige ist bislang in Deutschland noch nicht Gebrauch gemacht worden. Gegenüber der unter 3.) dargestellten Variante einer lediglich auf einen bestimmten Modus der Zuwanderung abzielenden Politik eines entwicklungspolitisch motivierten ‚Selecting by Origin' unterscheidet sich der Weg über ein Erteilungsverbot insofern, als sich ein solches Verbot nicht auf Konstellationen, in denen der Migrationsvorgang durch Rekrutierungsaktivitäten privater Akteure initiiert wird, beschränkt, sondern unabhängig von der Organisation der Migration Wirkung entfalten würde und dies ggf. auch für Berufe außerhalb des Gesundheitswesens.

---

32 ErwGr. 22 sowie Art. 3 Abs. 3 Richtlinie 2009/50/EG des Rates vom 25. Mai 2009 über die Bedingungen für die Einreise und den Aufenthalt von Drittstaatsangehörigen zur Ausübung einer hochqualifizierten Beschäftigung sowie ErwGr. 41 in der die RL 2009/50/EG zum 19.11.2023 ablösenden Richtlinie 2021/1883/EU des Europäischen Parlamentes und des Rates vom 20.10.2021 über die Bedingungen für die Einreise und den Aufenthalt von Drittstaatsangehörigen zur Ausübung einer hoch qualifizierten Beschäftigung und zur Aufhebung des Richtlinie 2009/50/EG des Rates. Zur neuen Richtlinie allgemein *Klaus*, ZAR 2022, 19 sowie *Wolf/Wusterhausen*, ZAR 2022, 10. Kritisch zu den Auswirkungen der Blauen Karte auf entwicklungspolitische Ziele *Asensio*, ZAR 2010, 175, ähnlich auch *Bast*, in: Dann/Kadelbach/Kaltenborn, Entwicklung und Recht, 2014, S. 238-240.
33 Vor Inkrafttreten des FKEG bestand diese Verordnungsermächtigung in identischer Form in § 19a Abs. 2 Nr. 3 AufenthG a.F.

Hingegen besteht im Gegensatz zum in § 38 BeschV festgeschriebenen Rekrutierungsverbot eine Beschränkung auf die Blaue Karte, die daneben bestehenden erwerbsmigrationsrechtlichen Möglichkeiten sind nicht umfasst. Die Tatsache, dass in der 10jährigen Geschichte der Blauen Karte in Deutschland bislang von der Möglichkeit, die Erteilung einer Blauen Karte für Angehörige bestimmter Staaten in ausgewählten Berufen auszuschließen, nicht Gebrauch gemacht wurde, deutet zumindest an, dass der damit verbundene Weg als wenig erfolgreich eingestuft wird.

V. Die Länderauswahl im Rahmen des § 16d Abs. 4 AufenthG

Ein zentrales Merkmal des FKEG war die Stärkung von Optionen der Einreise zur Nachqualifikation in solchen Fällen, in denen die im Ausland erworbene Qualifikation nicht als gleichwertig zu deutschen Standards anerkannt werden kann. Teil der in § 16d AufenthG zusammengefassten Normen zur Nachqualifikation ist mit Abs. 4 eine länderspezifische Komponente, die vor Inkrafttreten des FKEG lediglich in Projektform organisierte Verfahren der Arbeitskräftegewinnung mit einer gesetzlichen Grundlage ausstattet.[34] Die Relevanz dieser Norm für den im Rahmen nicht nur dieses Beitrages, sondern des ganzen Bandes im Zentrum stehenden Gesundheitssektor zeigt sich bereits daran, dass Nr. 1 exklusiv auf reglementierte Berufe im Gesundheits- und Pflegesektor abstellt, während andere Berufe lediglich in einer berufsgruppenoffenen Restkategorie in Nr. 2 aufgeführt sind. Dogmatisch kennzeichnend für § 16d Abs. 4 AufenthG ist vor allem die Substitution der für andere Normen der Einreise zur Nachqualifikation konstitutiven Erteilungsvoraussetzung eines individuellen Defizitbescheids. Dieser wird ersetzt durch eine Absprache der BA mit der Arbeitsverwaltung des Herkunftslandes über eine Anwerbung zur Nachqualifikation[35] mit der Folge, dass für entsprechend ausgebildete Angehörige von Staaten, mit denen die BA Nachqualifikationsabkommen abgeschlossen hat und die im Rahmen des vereinbarten Kontingentes erfasst sind, die Einreise zur Nachqualifikation und darüber vermittelt ein im Falle eines erfolgreichen Abschlusses der Nachqualifikation möglicher längerfristiger Verbleib deutlich erleichtert wird.

---

34 Kluth/Hornung/Koch, ZuwanderungR-HdB/*Hornung*, § 4 Rn. 242, 351; *Langenfeld/Lehner*, ZAR 2020, 215 (220); *Marx*, Das neue Fachkräfteeinwanderungsgesetz, 2020, Rn. 54; Hailbronner Ausländer-R/*Hailbronner* § 16d Rn. 25.
35 Dazu ausführlich Kluth/Berlit/Hoppe JBMigR/*Lehner/Kolb*, S. 463-486.

Damit aufgezeigt ist eine weitere Option, über eine hier als ‚Selecting by Origin'-Ansatz beschriebene Politik die Kriterien der Staatsangehörigkeit bzw. des Aufenthaltslandes in erwerbmigrationsrechtliche Auswahlprozesse miteinzubeziehen. Durch den Abschluss bzw. den Ausschluss eines Abschlusses entsprechender Vereinbarungen zwischen der BA und den Arbeitsverwaltungen bestimmter Länder besteht die Option, entwicklungspolitische Erwägungen in die Ausrichtung der Erwerbsmigrationspolitik zu integrieren. Grundlage der Verhandlung bilateraler Vermittlungsabsprachen ist eine ebenfalls durch die BA durchgeführte Potenzialanalyse, die berufsgruppenspezifisch Fokusländer für die Fachkräftegewinnung in Drittstaaten identifizieren soll. Dabei Berücksichtigung findet wiederum – und damit zeigt sich eine Verbindung zu dem unter 3.) angesprochenen Weg – die oben genannte WHO-Liste mit der Folge, dass ohne weitere Erörterung von Kriterien wie der beruflichen und qualifikatorischen Anschlussfähigkeit der potenziellen Arbeitskräfte im Pflegesektor in Deutschland auf der WHO-Liste geführte Länder von vornehrein als Vertragspartner im Rahmen des § 16d Abs. 4 AufenthG ausscheiden. Die im Sommer 2021 abgeschlossene Vereinbarung mit Indonesien über die Rekrutierung und Vermittlung von indonesischen Pflegekräften für Krankenhäuser, Kliniken und Pflegeeinrichtungen in Deutschland wäre entsprechend ohne die Korrektur der WHO-Liste, über die unter 3.) berichtet wurde, nicht möglich gewesen.

Mit § 16d Abs. 4 AufenthG aufgezeigt ist eine weitere entwicklungspolitisch motivierte ‚Selecting by Origin'-Variante, die Staatsangehörigen in bestimmten Berufs-/Länderkombinationen und dabei auch und besonders Gesundheitsfachkräften aus Ländern mit einer angespannten Versorgungssituation einen bestimmten Pfad der Einreise zum Zweck der Aufnahme einer Erwerbstätigkeit verschließt. Entscheidende Stellschraube ist hier die Identifikation möglicher Partnerländer, die unter Berücksichtigung entwicklungspolitischer Erwägungen erfolgt und entsprechend durch einen Ausschluss bestimmter Länder eine den Abschluss von Abkommen und damit auch die Einwanderung zur Nachqualifikation über den Weg der Vermittlungsabsprache ausschließende Vorauswahl trifft.[36]

---

36 Vgl. der im Auftrag des Bundeswirtschaftsministeriums erarbeitete Analyserahmen zur Auswahl möglicher Partnerländer bei der Rekrutierung von Auszubildenden für die Pflege, *Braeseke et al.*: Kriterien zur Analyse von Drittstaaten zur Gewinnung von Auszubildenden für die Pflege, 2020, S. 49–53. Dabei soll u. a. die demografische Situation, das Erwerbspersonenpotenzial und die bevölkerungsbezogene Pflegepersonalquote berücksichtigt werden. Wenn die „Personalressourcen im Gesundheitswesen (aktuell

VI. Die Länderzugehörigkeit als Kriterium in einem Punktesystem

Die die Bundesregierung in der 20. Legislaturperiode tragenden Parteien haben für den Bereich der Migrationspolitik ein ambitioniertes Programm vereinbart. Dazu gehört auch, „auf Basis eines Punktesystems eine zweite Säule [zu] etablieren, um Arbeitskräften zur Jobsuche den gesteuerten Zugang zum deutschen Arbeitsmarkt zu ermöglichen."[37] Unabhängig von der Frage, ob die damit angekündigte Beschränkung des Anwendungsbereichs des Punktesystems auf den Bereich der Arbeitsplatzsuche angesichts in diesem Segment bereits bestehender Regelungen wirklich sinnvoll ist[38], bietet ein Punktesystem, das das „dem deutschen Verwaltungsrecht entsprechende lineare System aus Tatbestand und Rechtsfolge"[39] durch die Möglichkeit der Kumulation von Punkten und die Substitution einzelner Merkmale durch andere ersetzt, die Option, auch das Kriterium des Herkunftslandes einfließen zu lassen und damit innerhalb eines Punktesystems und damit eines Teilbereichs des Erwerbsmigrationsrechts entwicklungspolitische Überlegungen zur Geltung zu bringen. Offenbleiben muss und nicht beurteilt werden kann die Frage nach der entwicklungspolitischen Wirksamkeit einer Berücksichtigung des Herkunftslandes als Punktesystemkriterium. Hier interessieren – entkoppelt von der Frage der Auswirkungen einschließlich möglicher unintendierter Nebenwirkungen – lediglich unterschiedliche und an entwicklungspolitischen Vorstellungen orientierte regelungstechnische Optionen.

Die Diskussion über die Einführung eines Punktesystems zur Steuerung der Erwerbsmigration nach Deutschland ist schon relativ alt. Damit beschäftigt hat sich bereits vor mehr als zwei Dekaden die als Süßmuth-Kommission bekannt gewordene Unabhängige Kommission Zuwanderung.[40] Zudem war ein solches System bereits Teil des 2002 verabschiedeten und vom Bundesverfassungsgericht[41]

---

oder perspektivisch) knapp sind, ist das jeweilige Land eher nicht in die engere Wahl einzubeziehen" (S. 52).
37 Mehr Fortschritt wagen, Koalitionsvertrag zwischen SPD, Bündnis'90/Die Grünen und FDP, S. 33.
38 Zumindest zweifelnd *Thym*, ZAR 2022, 139 (142).
39 Dörig MigrationR-HdB/*Mastmann/Offer*, § 13, Rn. 12.
40 *Unabhängige Kommission Zuwanderung*, Zuwanderung gestalten, Integration fördern, 2001, S. 87-95.
41 BVerfGE 106, 310 = NJW 2003, 339. Vgl. dazu *Renner* NJW 2003, 332 und *Kramer* JuS 2003, 645.

schließlich aus formalen Gründen für verfassungswidrig erklärten Zuwanderungsgesetzes.[42] In § 20 Abs. 3 Nr. 6 AufenthG-E wird das Herkunftsland als ein für die Auswahl der Zuwanderungsbewerber vorzusehendes Kriterium genannt, in welcher Form dies geschehen sollte – und ob die Berücksichtigung des Herkunftslandes des Bewerbers innerhalb eines Punktesystems dazu führen sollte, die Anwerbung von Fachkräften aus solchen Sektoren zu verhindern, in denen (auch) in den Herkunftsländern ein Mangel herrscht - wird jedoch auch in der Gesetzesbegründung nicht weiter ausgeführt.[43] Angesichts der Tatsache, dass alle drei die Bundesregierung in der 20. Legislaturperiode tragenden Parteien sich in der Vergangenheit als Befürworter der Einführung eines Punktesystems zu erkennen gegeben haben, ist die im Koalitionsvertrag erfolgte Vereinbarung der Einführung eines solchen Systems nicht überraschend. Gleichwohl dürften sich ampelintern die Vorstellungen über die konkrete Ausgestaltung eines solchen Systems nicht unerheblich unterscheiden – und dies gilt auch für die Frage, ob das Herkunftsland in den Katalog der für die Punktevergabe herangezogenen Kriterien Berücksichtigung finden sollte.

Seit vielen Jahren als Befürworter eines Punktesystems geäußert hat sich die FDP, allerdings liegen von Partei und Fraktion keine ausformulierten Gesetzentwürfe vor, aus denen detaillierte Vorstellungen zur Funktionsweise und konkret zum Zusammenspiel mehrerer Kriterien innerhalb eines solchen Systems ersichtlich werden würden. Als mögliche Kriterien in Anträgen genannt werden „Bildungsgrad, Deutsch- oder auch gute Englischkenntnisse, Alter, Berufserfahrung und der aktuelle Fachkräftebedarf am Arbeitsmarkt"[44], das Herkunftsland als Kriterium ist dabei nicht vorgesehen. Entwicklungspolitische Erwägungen, die bspw. auch auf in den Herkunftsländern sich durch Anwerbung verschärfende Arbeitskräfteknappheiten im Bereich der gesundheitlichen Daseinsvorsorge eingehen könnten, bleiben in den Anträgen generell ausgeklammert.

Von der Bundestagsfraktion der SPD liegt ein ebenfalls die Einführung eines Punktesystems vorsehender Gesetzentwurf aus den ersten Tagen der 19. Legislaturperiode und damit einer Zeit vor, als die spätere Regierungsfraktion noch davon ausgehen musste, in der Opposition einer ‚Jamaika-Regierung' aus CDU/

---

42 BGBl. 2002 I 1946. Dazu *Wollenschläger* ZRP 2001, 459.
43 BR-Drs. 921/01.
44 BT-Drs. 19/4832 sowie BT-Drs. 19/9924, S. 7. Zu den Problemen, in einem solchen System, sowohl das Alter als auch die Berufserfahrung zu berücksichtigen siehe schon *Zimmermann/Bauer/Bonin/Fahr/Hinte*, Arbeitskräftebedarf bei hoher Arbeitslosigkeit, 2002, S. 203.

CSU, Bündnis'90/Die Grünen und FDP gegenüberzustehen. Enthalten sind dazu auch detaillierte Einlassungen zu Aufbau und Wirkungsweise des Systems. Im Begründungstext wird zwar eingegangen auf „die Sorge, durch gezielte Einwanderung in den Herkunftsländern einen sog. Braindrain zu verursachen"[45], dieser Sorge wird angesichts der Abwanderung von qualifizierten Arbeitskräften entgegenwirkenden Effekten wie finanziellen Rücküberweisungen und Technologie- und Wissenstransfer nicht weiter nachgegangen und findet daher auch keinen materiellrechtlichen Niederschlag. Als für die Ausgestaltung eines Punktesystems heranzuziehende Kriterien genannt werden Berufsqualifikationen, Sprachkenntnisse, Alter, Integrationsaspekte, Berufserfahrung und das Vorliegen eines Arbeitsplatzangebotes.[46] Eine Steuerung über die Berücksichtigung des Herkunftslandes als Kriterium ist dagegen nicht vorgesehen.

In Form eines in ein Punktesystem integrierten ‚Selecting by Origin'-Ansatzes am weitesten vorgewagt hat sich bislang die Fraktion von Bündnis90/Die Grünen.[47] Im Rahmen eines Antrages wurde der Bundestag bereits in der 17. Legislaturperiode dazu angehalten, die Bundesregierung dazu aufzufordern, „das geltende Aufenthaltsrecht um ein Modell zur kriteriengesteuerten Arbeitskräfteeinwanderung zu ergänzen, welches einerseits den Bedürfnissen der Migrantinnen und Migranten gerecht wird, andererseits aber auch die Entwicklungspotentiale der Herkunftsländer wahrt." Gelingen solle dies durch „u. a. eine Steuerung anhand bestimmter *Herkunftsländer* und Berufsgruppen."[48] Näher konkretisiert wird diese Idee im Begründungstext zum Antrag. Um dem Umstand einer besonderen „entwicklungspolitische[n] Verantwortung" gerecht zu werden, wird konkret vorgeschlagen, „in ein solches Punktesystem – neben den üblichen Kriterien – auch die Variable „Herkunftsland" einzuführen, um damit „solche Herkunftsstaaten (wie z. B. Schwellenländer oder Länder sog. mittleren Einkommens) bei der Punktevergabe" zu bevorzugen, „bei denen negative Auswirkungen einer Fachkräfteanwerbung von vornherein nicht zu erwarten sind."[49] Unbeantwortet bleiben jedoch die an ein solches Vorhaben direkt anschließenden Fragen nach dem Umfang einer solchen Privilegierung und der

---

45 BT-Drs. 19/44, S. 12-13. Kritisch zu dem Entwurf allgemein *Offer*, ZAR 2017, 29 und *SVR*, Stellungnahme zum Entwurf für ein Einwanderungsgesetz der SPD-Bundestagsfraktion, 2017.
46 BT-Drs. 19/44, S. 6.
47 Siehe dazu auch *Kolb*, ZAR 2022, 151 (153-154).
48 BT. Drs. 17/13555, S. 3 (Hervorhebung der Autoren).
49 BT. Drs. 17/13555, S. 6.

Erstellung und der empirischen Grundlage einer Liste mit den entwicklungspolitisch unbedenklichen Ländern bzw. Länder-/Berufskonstellationen.

Unterbleiben kann und muss an dieser Stelle eine politische Bewertung und ein Urteil über den Gerechtigkeitsgehalt eines durch einen solchen Vorschlag eingeführten Punkte-Malus für Länder ohne entsprechenden ‚entwicklungspolitischen Persilschein' und damit verbundener Startnachteile für viele Antragsteller aus dem afrikanischen Kontinent (ggf. mit Ausnahme des Maghreb und Südafrikas). In dem Antrag mittelbar darauf eingegangen wird zwar durch die Versicherung, „dass – diskriminierungsrechtlich einwandfrei – keine Antragstellerin bzw. kein Antragsteller *allein* wegen ihres/seines Herkunftslandes von einer Zuwanderung nach Deutschland ausgeschlossen würde"[50], das Problem länderspezifisch unterschiedlicher Ausgangschancen wird damit allerdings nicht gelöst.

In einer aktuelleren parlamentarischen Initiative der Fraktion, die aber über einen bloßen Antrag hinausgeht und in Form eines konkreten Gesetzesvorschlags gekleidet ist, fehlen hingegen konkrete Vorschläge zur Ausgestaltung eines Punktesystems und damit auch zur Frage der Berücksichtigung entwicklungspolitischer Überlegungen innerhalb eines solchen Systems. In diesem Vorschlag soll nicht nur die Frage der Gewichtung der innerhalb eines Punktesystems zur Anwendung kommenden Kriterien, sondern auch die Auswahl der Kriterien an eine externe „Einwanderungskommission" verlagert werden.[51] Die „Staatsangehörigkeit der aufzunehmenden Ausländer" wird dabei als Punktesystem-Kriterium nicht verworfen, sondern explizit als mögliches Kriterium genannt, jedoch klargestellt, dass dies lediglich „dann in Betracht" kommen soll, „wenn es zur Erfüllung der Vorgaben internationaler Organisationen, insbesondere der Weltgesundheitsorganisation, oder zur Wahrung des Rechts auf Entwicklung der Herkunftsstaaten erforderlich ist." Diese Klarstellung, die die Bedeutung der Weltgesundheitsorganisation und damit des Gesundheitssektors hervorhebt, kann man durchaus als Option sehen, zumindest in diesem Sektor über länderdiskriminierende Maßnahmen entwicklungspolitisch durch den Versuch, einen Brain Drain zu verhindern, zu agieren. Als klarer Auftrag der Kommission festgeschrieben ist zudem die Berücksichtigung der „entwicklungspolitische[n] Nachhaltigkeit deutscher Migrationspolitik"[52], was auch dadurch sichergestellt

---

50 BT. Drs. 17/13555, S. 6 (Hervorhebung der Autoren).
51 BT-Drs. 18/11854, S. 9. Kritisch dazu *Kolb/Lehner*, ZAR 2017, 270 (274) sowie *Uznanski*, ZAR 2022, 156 (158).
52 BT-Drs. 18/11854, S. 18.

werden soll, dass in der mit der Aufgabe der Ausgestaltung des Punktesystems betrauten Kommission innerhalb der Gruppe der Wissenschaftler neben der Arbeitsmarkt-, Migrations- und Integrations- auch Vertreter aus dem Bereich der Entwicklungsforschung zu beteiligen sind.[53] Ob mit einer institutionalisierten Beteiligung der Entwicklungsforschung an einer ‚Einwanderungs-‘ bzw. ‚Punktesystem-Kommission‘ ein Präjudiz für einen Ansatz eines ‚Selecting by Origin‘ zumindest für den Gesundheitssektor einhergehen würde, ist aber offen.

VII. Fazit: Brain Drain-Verhinderung im Ausländerrecht – mehr Fragen als Antworten

Im deutschen Erwerbsmigrationsrecht und in den rechtspolitischen Diskussionen zu diesem Teilgebiet stehen Erwägungen, wie die erwerbsmigrationspolitischen Ziele einer möglichst effizienten Anwerbung ausländischer Fachkräfte mit entwicklungspolitischen Erwägungen in Einklang zu bringen sind, nicht im Zentrum. Gleichwohl finden sich an verschiedenen Stellen des Rechts und auch in den rechtspolitischen Diskussionen entsprechende Ansatzpunkte mit jeweils unterschiedlichen Wirkungsüberlegungen und Steuerungsmechanismen. Bei aller beobachtbarer Heterogenität hinsichtlich der strukturellen Anlage dieser Maßnahmen zeigen sich jedoch v.a. die Grenzen eines im Bereich des Ausländerrechts verankerten Ansatzes, negative Folgen der Migration für die Herkunftsländer zu reduzieren. Jenseits der normativen Grundsatzfrage, inwieweit es seitens eines Anwerbelandes zulässig sein soll, Individuen die Migration in dieses mit Verweis auf die Notwendigkeit ihres Verbleibes im Herkunftsland zumindest zu erschweren oder gar zu untersagen, stellt sich als Vorfrage der rechtstechnischen Ausgestaltung die Identifikation der Länder-/Berufskombinationen, die von entwicklungspolitisch motivierten Einwanderungsbeschränkungen erfasst werden sollten. Die dafür erforderlichen Daten sind jedoch vielfach nur eingeschränkt verfügbar und zudem nicht in der Lage, als Grundlage allgemeiner und länderspezifischen Besonderheiten Rechnung tragender Regeln zu dienen. Vor diesem Hintergrund kann es dann auch nicht überraschen, dass das Aufenthaltsrecht als Ort von Maßnahmen zur Brain Drain-Reduzierung bislang nur eine sehr untergeordnete Rolle spielt und sich dies trotz eines durchaus umfangreichen Reformprogramms für die anstehende Legislaturperiode vermutlich auch nicht ändern wird.

---

53 BT-Drs. 18/11854, S. 24.

Roman Lehner

Der Kampf um die besten Köpfe (auch im Gesundheitsbereich) – Ist Deutschland gut aufgestellt?[*]

I. Einleitung

„Deutschland ist kein Einwanderungsland". Dieser Satz hat einwanderungspolitische Debatten in Deutschland über lange Zeit geprägt und sich dabei stets als rechtspolitischer Hemmschuh erwiesen.[1] Heute ist er lange überwunden und in der breiten Mitte der Gesellschaft darf es als „common sense" gelten, dass Deutschland ein Einwanderungsland ist und, noch viel wichtiger, auch eines sein will. Zum Ausdruck kommt dies zum einen in § 1 Abs. 1 S. 2 AufenthG[2], wonach das Ziel des Aufenthaltsgesetzes auch darin besteht, die „Zuwanderung unter Berücksichtigung der Aufnahme- und Integrationsfähigkeit sowie der wirtschaftlichen und arbeitsmarktpolitischen Interessen der Bundesrepublik Deutschland" zu ermöglichen und zu gestalten. Deutet die Gestaltungskomponente in Richtung des Anliegens einer umfassenden Migrationssteuerung, welche mit dem Begleitziel der Migrationsbegrenzung in § 1 Abs. 1 S. 1 AufenthG ebenfalls zum Gesetzeszweck erhoben wird, so weist die Ermöglichungskomponente in eine dezidiert migrationsfreundliche Richtung. Es entsteht tendenziell ein Spannungsverhältnis zwischen dem Begrenzungs- und dem Ermöglichungsanliegen, welches freilich dadurch aufgelöst werden kann, dass unbegrenzte Einwanderung auch (oder gerade) in einer Einwanderungsrechtsordnung keinen Platz haben kann, da das Recht von vornherein einhegende, voraussetzende, unterscheidende und somit unweigerlich begrenzende Wirkungen entfalten muss. Zum anderen bietet das Aufenthaltsrecht seit Inkrafttreten des

---

[*] Der Autor ist Privatdozent am Institut für Öffentliches Recht an der Georg-August-Universität Göttingen und vertritt derzeit den Lehrstuhl für Öffentliches Recht und Staatsphilosophie an der Ludwig-Maximilians-Universität München (Minister a.D. RiBVerfG Prof. Dr. Peter M. Huber).
[1] Siehe bereits *Langenfeld/Lehner*, ZAR 2020, 215.
[2] Gesetz über den Aufenthalt, die Erwerbstätigkeit und die Integration von Ausländern im Bundesgebiet (AufenthG) idF der Bekanntmachung vom 25.2.2008 (BGBl. I S. 162), zuletzt geändert durch Gesetz vom 23.5.2022 (BGBl. I, S. 760).

Fachkräfteeinwanderungsgesetzes[3] zum 1. Januar 2020 nun selbst einen zusätzlichen Orientierungspunkt, der hilft, die Spannungslage zwischen Zuwanderungsbegrenzungs- und Zuwanderungsermöglichungsanliegen zu moderieren. Mit § 18 Abs. 1 AufenthG ist durch das Fachkräfteeinwanderungsgesetz eine weitere Zielbestimmungsnorm hinzugetreten, welche für den besonderen Bereich der Fachkräftezuwanderung die allgemeine Zielnorm des § 1 Abs. 1 AufenthG sachbereichsspezifisch konkretisiert. Nach S. 1 orientiert sich die „Zulassung ausländischer Beschäftigter […] an den Erfordernissen des Wirtschafts- und Wissenschaftsstandortes Deutschland unter Berücksichtigung der Verhältnisse auf dem Arbeitsmarkt". Diese Normaussage bietet im Vergleich zum Aussagegehalt des § 1 Abs. 1 S. 2 AufenthG keinen substanziellen Mehrwert, wenngleich die standortpolitische Dimension mit Blick auf den globalen ökonomischen Wettbewerb besonders betont wird.[4] Bedeutsamer ist demgegenüber die Vorschrift des § 18 Abs. 1 S. 2 AufenthG. Hiernach dienen die „besonderen Möglichkeiten für ausländische Fachkräfte […] der Sicherung der Fachkräftebasis und der Stärkung der sozialen Sicherungssysteme." Dass das Gesetz „besondere" Zuwanderungsmöglichkeiten für Fachkräfte bereithält, zeigt sich darin, dass die §§ 18 ff. AufenthG die Fachkräftezuwanderung, ausgehend vom ebenfalls neu definierten einheitlichen Fachkräftebegriff (§ 18 Abs. 3 AufenthG), in das Zentrum der erwerbsbezogenen Migration stellen, diese als Regelfall festlegen (wohingegen die qualifikationsunabhängige Zuwanderung in den deutschen Arbeitsmarkt nach § 19c Abs. 1 AufenthG als Ausnahmekategorie der besonderen Freischaltung durch den Beschäftigungsverordnungsgeber bedarf) und für Fachkräfte privilegierte Verfestigungsmöglichkeiten vorsehen (§ 18c AufenthG),[5] dies auch über die Gruppe der Blue-Card-Inhaber[6] (§ 18b

---

3   Vom 15.8.2019 (BGBl. I, S. 1307).
4   Daneben ist die Bezugnahme auf den Wissenschaftsstandort Deutschland als Innovation zu nennen, hierzu *Lehner*, in: Hailbronner, AuslR, 122. EL 2022, § 18 AufenthG, Rn. 34.
5   Siehe *Lehner*, in: Hailbronner, AuslR, 122. EL 2022, § 18 AufenthG, Rn. 38.
6   Zugrundeliegend für die sog. Blue-Card-Regelung ist die Richtlinie 2009/50/EG des Rates vom 25.5.2009 über die Bedingungen für die Einreise und den Aufenthalt von Drittstaatsangehörigen zur Ausübung einer hochqualifizierten Beschäftigung (ABl. L 155/17), inzwischen abgelöst durch die Richtlinie (EU) 2021/1883 des Europäischen Parlaments und des Rates vom 20.10.2021 über die Bedingungen für die Einreise und den Aufenthalt von Drittstaatsangehörigen zur Ausübung einer hoch qualifizierten Beschäftigung und zur Aufhebung der Richtlinie 2009/50/EG des Rates (ABl. L 382/1). Zu den Änderungen vgl. *Klaus*, ZAR 2022, 19 ff.; *Wolf/Wusterhausen*, ZAR 2022, 10 ff. Zu alledem vgl. auch bereits *Lehner*, in: ZAR 2022, 144.

Abs. 2 AufenthG), für welche besonders günstige Verfestigungsoptionen europarechtlich gefordert[7] sind (vgl. § 18c Abs. 2 AufenthG), hinaus (§ 18c Abs. 1 AufenthG). Dazu gehört auch, dass die Ersterteilungsdauer von Aufenthaltserlaubnissen für Fachkräfte nach § 18 Abs. 4 AufenthG im Regelfall (bei unbefristeten Arbeitsverhältnissen) vier Jahre beträgt, exakt diese Frist ist gem. § 18c Abs. 1 S. 1 Nr. 1 AufenthG als Regelvoraufenthaltsdauer für die Erteilung einer Niederlassungserlaubnis, also eines unbefristeten Aufenthaltstitels (vgl. § 9 AufenthG), vorgesehen. Die hier für Fachkräfte angelegte „Synchronisierung von Zuwanderungs- und Verfestigungsoption"[8] vermittelt für den Regelfall somit ein hohes Maß an Planungssicherheit für zuwandernde Fachkräfte. Hervorzuheben ist die „Sicherung der Fachkräftebasis" als durch § 18 Abs. 1 S. 2 AufenthG vorgegebenes Steuerungsziel. Die, unter demographischen Wandlungsbedingungen evident notwendige, „Erhaltung des qualifizierten Erwerbspersonenpotenzials"[9] wird somit in den Blick genommen und in kaum einem anderen Bereich ist die diesbezügliche Potenzialnot stärker wahrnehmbar als im Gesundheitssektor.

II. Reformüberlegungen und Entwicklung

Die Parteien überbieten sich seit einigen Jahren mit mehr oder weniger sinnvollen Vorschlägen[10] zur Reform des Einwanderungsrechts und der Gesetzgeber hat im Jahr 2019 mit dem Fachkräfteeinwanderungsgesetz zwar keinen großen Wurf hingelegt, man muss hier aber sagen: Zum Glück![11] Denn die Strukturen und Grundannahmen, die mit dem Zuwanderungsgesetz von Jahr 2005[12] angelegt wurden und über mehr als 15 Jahre etabliert und verfestigt worden sind, hatten sich bis dato, dies ist sicherlich kein populärer Befund, durchaus bewährt.

---

7 Vgl. Art. 16 f. Richtlinie 2009/50/EG.
8 *Lehner*, in: Hailbronner, AuslR, 122. EL 2022, § 18 AufenthG, Rn. 37.
9 *Lehner*, in: Hailbronner, AuslR, 122. EL 2022, § 18 AufenthG, Rn. 41.
10 Vgl. den Entwurf eines Gesetzes zur Einführung eines Einwanderungsgesetzes der Bundestagsfraktion von Bündnis 90/Die Grünen (BT-Drs. 18/11854) sowie den Entwurf der SPD-Fraktion für ein Einwanderungsgesetz (BT-Drs. 19/44); hierzu näher *Lehner/Kolb*, ZRP 2017, 34 ff.; *dies.*, ZAR 2017, 270 ff.; *Offer*, ZAR 2017, 29 ff.
11 So zum damaligen Referentenentwurf für ein Fachkräfteeinwanderungsgesetz: *Lehner/Kolb*, Zum Glück kein großer Wurf, F.A.Z.-Einspruch vom 28.11.2018.
12 Gesetz zur Steuerung und Begrenzung der Zuwanderung und zur Regelung des Aufenthalts von Unionsbürgern und Ausländern (Zuwanderungsgesetz) vom 30.7.2004 (BGBl. I, S. 1950).

Deutschland, kein Einwanderungsland? Heute hört man diesen Satz gelegentlich auch noch, wenngleich mit einer ganz anderen Stoßrichtung. Deutschland sei noch immer kein richtiges Einwanderungsland, es werde dringendst ein Einwanderungsgesetz benötigt, ein modernes, versteht sich. Es ist hier nicht der Ort, um über all die Mythen und Fehlannahmen zu sprechen, die den einwanderungspolitischen Diskurs in Deutschland prägen.[13] Über einige lohnt es sich gleichwohl zu sprechen, weil sie bei der Beantwortung der Frage, ob Deutschland für den Wettbewerb um die besten Köpfe (und Hände!), auch mit Blick auf den Gesundheitsbereich, gut aufgestellt ist, eine wichtige Rolle spielen. Im Herbst 2021 konnte man in einem der „TV-Trielle" der Kanzleramtsanwärter einen kleinen, aber spitzen Streit darüber beobachten, ob Deutschland wirtschaftsmigrationsrechtlich gut aufgestellt ist. Die andere Seite habe gar kein echtes Interesse an Fachkräfteeinwanderung, war von der grünen Kanzlerkandidatin zu vernehmen. Man habe sich doch gerade erst ein modernes Einwanderungsgesetz gegeben, replizierte der Kandidat der Unionsparteien. Eine vermittelndes Thesenbündel könnte hier wie folgt lauten: Tatsächlich verfügt die Bundesrepublik Deutschland inzwischen über ein überaus modernes Fachkräfteeinwanderungsgesetz, das sich im internationalen Vergleich[14] sehen lassen kann. Vieles liegt bei der Fachkräfteeinwanderung gleichwohl noch im Argen, von der Zielgröße von 400.000 Fachkräften im Jahr, welche die Bundesagentur für Arbeit gerade erst definiert hat und von der nur ein Teil durch innereuropäische Fachkräftemigration gedeckt werden kann, ist der Zuwanderungsstandort Deutschland recht weit entfernt. Dass der Hauptgrund dafür darin zu sehen wäre, dass die gesetzlichen Vorgaben unzureichend, im Sinne des § 1 Abs. 1 S. 2 AufenthG also nicht hinreichend ‚zuwanderungsermöglichend' seien, wird man allerdings nicht behaupten können, obgleich gewisse ungenutzte Ermöglichungspotenziale sowohl im Bereich der angebotsorientierten Zuwanderung als auch in der Frage des Umgangs mit der in § 18 Abs. 2 Nr. 4 AufenthG angelegten Hürde der qualifikatorischen Gleichwertigkeitsanerkennung, einem zentralen Nadelöhr der Fachkräftezuwanderung im nicht-akademischen Fachkräftesegment, bestehen.

---

13 Vgl. zur besseren Einordnung etwa *Langenfeld/Lehner*, ZAR 2020, 215 ff.; *Lehner*, in: ZAR 2022, 144 ff.
14 Vgl. *Sachverständigenrat für Integration und Migration*, Unter Einwanderungsländern: Deutschland im internationalen Vergleich, Jahresgutachten 2015.

III. Regelungsrahmen

1. Ausgangslage

Will man die Ermöglichungspotenziale des Fachkräftezuwanderungsrechts gerade auch mit Blick auf den Gesundheitsbereich validieren, lohnt es sich, die historische Entwicklung des Erwerbsmigrationsrechts jedenfalls skizzenhaft zu beleuchten. Die sog. Aufnahmestoppausnahmeverordnung[15] von 1990 als ausländerbeschäftigungsrechtliches Steuerungsinstrument sowie die zeitgleich erlassene Arbeitsaufenthaltsrechtsverordnung[16] als aufenthaltsrechtliches Parallelinstrument[17] haben seinerzeit ein klares Signal gesendet. Es blieb bei dem Anwerbestopp für Arbeitsmigranten, welcher 1973 die bis dato bestehende „Gastarbeiter"-Zuwanderung in den deutschen Arbeitsmarkt angehalten hatte, es wurden aber einige Ausnahmetatbestände in das System eingezogen, dies waren freilich nur wenige, diese waren restriktiv gefasst und verkörperten eine ganz und gar arbeitsmarktpolitisch defensive Stoßrichtung. Nach § 5 Nr. 7 der Aufnahmestoppausnahmeverordnung konnte eine Arbeitserlaubnis erteilt werden für „Krankenschwestern und -pfleger, Kinderkrankenschwestern und -pfleger sowie Altenpfleger[n] aus europäischen Staaten mit beruflicher Qualifikation und ausreichenden deutschen Sprachkenntnissen, sofern der Ausländer von der Bundesanstalt für Arbeit aufgrund einer Absprache mit der Arbeitsverwaltung des Herkunftslandes über das Verfahren, die Auswahl und die Vermittlung vermittelt worden ist." Pflegekräfte aus außereuropäischen Staaten konnten hingegen nur nach Deutschland kommen, wenn sie deutscher Abstammung waren oder bereits früher in Deutschland als Pflegekraft beschäftigt waren, wobei eine Ausbildung als Pflegekraft in Deutschland hier nicht als ausreichende Vorbeschäftigung galt, genauso wenig die Absolvierung eines freiwilligen sozialen Jahres. Diese Regelung zielte auf europäische Drittstaatsangehörige, also insbesondere Angehörige der ost- und mittelosteuropäischen Staaten, deren Zuwanderungsmöglichkeiten heute über das Freizügigkeitsrecht der Europäischen Union[18] determiniert werden, die mithin heute über das Gebrauchmachen ihre

---

15 Vom 21.12.1990 (BGBl. I, S. 3012).
16 Vom 18.12.1990 (BGBl. I, S. 2994).
17 Zur verfahrensmäßigen Zusammenführung von ausländerrechtlicher und ausländerbeschäftigungsrechtlicher Erlaubniserteilung auf Basis des Konzepts einer „one-stop-agency" vgl. näher den Beitrag von *Neundorf* in diesem Band.
18 Die deutschen Umsetzungsregelungen finden sich im Gesetz über die Freizügigkeit von Unionsbürgern (Freizügigkeitsgesetz/EU, FreizügG/EU) vom 30.7.2004 (BGBl. I, S. 1950, 1986), zuletzt geändert durch Gesetz vom 9.7.2021 (BGBl. I, S. 2467).

Arbeitnehmerfreizügigkeitsrechte nach Deutschland kommen können und insofern dem Steuerungszugriff des Aufenthaltsrechts nicht unterliegen (vgl. § 1 Abs. 2 Nr. 1 AufenthG).

2. Freizügigkeitsrecht

Die soeben angesprochene Fachkräftemigration aus Osteuropa spielt natürlich gerade im Gesundheitsbereich eine große Rolle und es gilt an dieser Stelle noch einmal festzuhalten, dass sich dieser Bereich der Fachkräftemigration außerhalb des Systems des Aufenthaltsgesetzes, wie es zuletzt durch das Fachkräfteeinwanderungsgesetz reformiert wurde, befindet. Alle Bemühungen um ein modernes Einwanderungsgesetz zielen also von vornherein auf die Arbeitsmigration von Drittstaatsangehörigen, also von ausländischen Personen, die nicht Bürger der Europäischen Union (und auch nicht eines EWR-Staates[19] oder der Schweiz[20]) sind. Der einwanderungsrechtliche Fokus muss also, wenn man vom Westbalkan (vgl. hier zudem § 26 Abs. 2 BeschV) absieht, heute automatisch auf den außereuropäischen Bereich gerichtet sein. Man kann es auch gar nicht oft genug betonen. Deutschland hat einen einwanderungspolitischen Standortvorteil, von dem Kanada, die USA oder Australien nur träumen können. Als integraler Bestandteil des europäischen Binnenmarktes, der über die Grundfreiheiten der Unternehmen aber auch der Bürgerinnen und Bürger strukturiert wird, sind wir Teil eines riesigen, durch Freizügigkeitsrechte geprägten europäischen Arbeitsmarktes.[21]

Der europäische Arbeitsmarkt ist wanderungsrechtlich nicht steuerungsbedürftig, denn die Arbeitnehmerfreizügigkeitsrechte sind subjektive Rechte, die a priori bestehen, und deren Einschränkung rechtfertigungsbedürftig ist. Die innereuropäische Fachkräftemigration ist aber auch nicht steuerungszugänglich, d.h., Deutschland kann einwanderungsregulativ wenig tun, um seine Attraktivität für europäische Fachkräfte zu erhöhen. Das Ermöglichungspotenzial für Gesundheitsfachkräfte aus europäischen Staaten ist damit nicht nur nicht

---

19 Vgl. § 12 FreizügG/EU. Zum Europäischen Wirtschaftsraum (EWR) gehören Norwegen, Liechtenstein und Island.
20 Gem. § 28 der Aufenthaltsverordnung (AufenthV) vom 25.11.2004 (BGBl. I, S. 2945), zuletzt geändert durch Verordnung vom 20.8.2021 (BGBl. I, S. 3682) sind Schweizerbürger, welche auf Grundlage des Freizügigkeitsabkommens zwischen der EU und der Schweiz freizügigkeitsberechtigt sind, vom Erfordernis eines Aufenthaltstitels (§ 4 Abs. 1 AufenthG) befreit.
21 Zu diesem Aspekt *Langenfeld/Lehner*, ZAR 2020, 215 (216).

gesetzlich steigerbar, es besteht im Grunde auch in der Sache kein Bedarf zu einer weiteren rechtlichen Öffnung, denn die subjektivrechtliche Architektur des unionalen Arbeitnehmerfreizügigkeitsrechts, die sich der staatlichen Steuerung entzieht, hat auch zur Folge, dass die Zuwanderung in den Gesundheitsarbeitsmarkt eines anderen Mitgliedstaats, wie Deutschland, ohne weiteres möglich ist. Entscheidend für eine etwaige Steigerung der Fachkräftezuwanderung aus europäischen Staaten wäre also allein die Erhöhung der Attraktivität des deutschen Arbeitsmarkts, etwa in Hinblick auf die Beschäftigungsbedingungen im Gesundheitssektor. Angesichts der im Laufe der EU-Mitgliedschaft der ostmitteleuropäischen und südosteuropäischen Staaten beobachtbaren Angleichungstendenzen in den Lohnstrukturen, die sich vermutlich in der Zukunft immer weiter zumindest in Richtung einer relativen Nivellierung bewegen werden, dürfte es auf Dauer jedenfalls nicht genügen, sich darauf zu verlassen, dass schlechten Beschäftigungsbedingungen und Vergütungsstrukturen etwa im deutschen Pflegebereich noch viel schlechtere Beschäftigungsbedingungen und Vergütungsstrukturen in anderen Staaten gegenüberstehen.

Die unilaterale Steuerungsunfähigkeit innerhalb des europäischen Migrationsraums wirkt sich im Übrigen auch auf die sogenannte Brain-Drain-Problematik aus, die im Gesundheitsbereich ihren wichtigsten Anwendungsfall haben dürfte. Überlegungen zur Berücksichtigung etwa der Ärztedichte oder ähnlicher Faktoren in einzelnen Herkunftsstaaten zur Ausrichtung von Fachkräfteanwerbungspolitiken[22] können also von vornherein nur die eigentlich einwanderungsrechtliche, mithin die auf Drittstaatsangehörige zielende Steuerungssystematik betreffen. Zuwanderung von Gesundheitsfachkräften aus EU-Staaten kann also auch unilateral nicht begrenzt werden, selbst dann nicht, wenn sich Deutschland aus politischen oder gar moralischen Gründen heraus verpflichtet sähe, diese zu limitieren.

Dieser Befund der unilateralen Steuerungsuntauglichkeit innereuropäischer Wirtschaftsmigration betrifft im Übrigen spiegelbildlich auch die, wenn man so sagen möchte, Auswanderungssteuerung. Abgesehen davon, dass Ausreisefreiheit und Auswanderungsfreiheit menschenrechtlich an sich geschützt sind,[23]

---

22 Vgl. hierzu auch die Überlegungen von *Kolb* und *Wohlfarth* in diesem Band.
23 Vgl. Art. 13 der Allgemeinen Erklärung der Menschenrechte (AEMR) vom 10.12.1948, Resolution 217 (III) der Generalversammlung der Vereinten Nationen; Art. 12 Abs. 2 des Internationalen Pakts über bürgerliche und politische Rechte (UN-Zivilpakt) vom 19.12.1966 (BGBl. 1973 II, S. 1533); Art. 2 Nr. 2 Protokoll Nr. 4 zur Konvention zum Schutz der Menschenrechte und Grundfreiheiten (ZP 4 EMRK) in der Fassung der Bekanntmachung vom 22.10.2010 (BGBl. II, S. 1198, 1220).

verhält sich das Freizügigkeitsrecht auch in der emigratorischen Perspektive gegenüber den öffentlichen Interessen des Auswanderungsstaates, etwa dem Interesse an dem Erhalt eines leistungsfähigen Gesundheitssystems, eigenartig indifferent. Ein europäischer Staat kann seine Ärztinnen und Ärzte rechtlich nicht daran hindern, das Land zu verlassen. Gewisse indirekte Hemmnisse können allerdings europarechtlich zulässig sein. Der Europäische Gerichtshof hat im Jahr 2017 in der Rechtssache *Federspiel*[24] befunden, dass eine nationale Regelung, die die Rückforderung von 70 % einer gewährten Ausbildungsbeihilfe für eine medizinische Ausbildung in solchen Fällen vorsieht, in denen der Absolvent einer damit verbundenen Pflicht zur Ableistung eines mindestens fünfjährigen Gesundheitsdienstes im Heimatstaat nicht nachkommt, europarechtlich nicht zu beanstanden ist. Die südtirolische Landesregelung, um die es im Fall ging, betraf die Erteilung von Ausbildungsbeihilfen, welche für Facharztausbildungen an italienischen Universitäten außerhalb Südtirols beziehungsweise bei den zuständigen Ausbildungsstellen in Österreich vorgesehen waren, vor dem Hintergrund, dass in Südtirol selber keine Facharztausbildungen möglich sind. Die aus Südtirol stammende Frau Federspiel musste für den Erhalt des südtirolischen Stipendiums eine Verpflichtungserklärung abgeben, wonach sie nach Abschluss ihrer Ausbildung in Österreich innerhalb eines Zeitraums von zehn Jahren für mindestens fünf Jahre im öffentlichen Gesundheitsdienst in Südtirol tätig sein würde, andernfalls sie das Stipendium zu großen Teilen zurückzahlen müsse. In dieser Verpflichtung sah sie nach Abschluss ihrer Ausbildung eine Verletzung ihrer Arbeitnehmerfreizügigkeit, sie wollte also direkt in Österreich bleiben. Der Gerichtshof betonte, dass grundsätzlich das Ziel, eine ausgewogene, allen zugängliche ärztliche und klinische Versorgung aufrecht zu erhalten, ein Grund sein kann, um eine Einschränkung von Grundfreiheiten zu rechtfertigen.[25] Die spezielle Regelung aus Südtirol erwies sich hier auch als verhältnismäßig. Dabei spielte für den Gerichtshof eine entscheidende Rolle, dass die Pflicht, als Facharzt in Südtirol arbeiten zu müssen, zeitlich begrenzt ist und im Übrigen gänzlich entfällt, wenn für den betreffenden Arzt in Südtirol in diesem Zeitraum keine Facharztstelle verfügbar ist.[26]

Diese Entscheidung ist von Bedeutung, weil sie zeigt, dass der Europäische Gerichtshof den anerkannten Rechtfertigungsgrund des Schutzes der

---

24 EuGH, Rs. C-419/16 – *Sabine Simma Federspiel. /. Provincia autonoma di Bolzano und Equitalia Nord SpA.*
25 EuGH, Rs. C-419/16, Rn. 42 ff.
26 EuGH, Rs. C-419/16, Rn. 47.

öffentlichen Gesundheit[27] auch mit Blick auf Beschränkungen der Freizügigkeitsrechte von Ärztinnen und Ärzten heranzuziehen bereit ist. Dieser Befund fügt sich in die Erkenntnis, wonach inzwischen europarechtlich auch geklärt ist, dass die Reservierung eines bestimmten Prozentsatzes von Medizinstudienplätzen für Bildungsinländer, also für Studienbewerber, die im Inland ihre Hochschulzugangsberechtigung erworben haben, zulässig sein kann, wenn eine solche Regelung nachweislich zum Schutz der öffentlichen Gesundheit erforderlich ist.[28] Solche Regelungen, wie sie etwa in Österreich und Belgien anzutreffen sind, dürfen also eingesetzt werde, um sicherzustellen, dass Länder, die keinen besonders restriktiven Zugang zum Medizinstudium vorsehen, nicht dadurch benachteiligt werden, dass Staatsangehörige aus Ländern, bei denen der Zugang zum Medizinstudium restriktiv ausgestaltet ist, in die erstgenannten Länder ausweichen, um dann aber nach Abschluss des Studiums wieder in die Heimat zurückzukehren.

Bereits im Jahr 2000 hat der Europäische Gerichtshofs in der Rs. *Haim*[29] zudem festgestellt, dass eine nationale Regelung, die für Erteilung der Approbation an Ärzte aus anderen EU-Staaten voraussetzt, dass die inländische Verkehrssprache ausreichend beherrscht wird, europarechtlich nicht zu beanstanden ist. Der Gerichtshof stellte dies fest im Fall eines italienischen Staatsangehörigen, der sein Zahnarztdiplom in der Türkei erworben hatte, und daher nicht in den Anwendungsbereich der damaligen Zahnarzt-Anerkennungsrichtlinie[30] fiel. Mit Blick auf den unmittelbaren Gehalt der Arbeitnehmerfreizügigkeit konstatierte der Gerichtshof: „Die Gewährleistung der Verständigung des Zahnarztes mit seinen Patienten sowie mit den Verwaltungsbehörden und Berufsorganisationen stellt insoweit […] einen zwingenden Grund des allgemeinen Interesses dar, der es rechtfertigt, die Kassenzulassung eines Zahnarztes von sprachlichen Voraussetzungen abhängig zu machen. Sowohl das Gespräch mit den Patienten als auch die Einhaltung der im Aufnahmemitgliedstaat für Zahnärzte geltenden Berufsregeln und Rechtsvorschriften wie auch die Erfüllung der administrativen Aufgaben verlangen nämlich eine angemessene Kenntnis der Sprache

---

27 Vgl. Art. 45 Abs. 3 AEUV.
28 EuGH, Rs. C-147/03 – *Kommission/Österreich*; vgl. auch Rs. C-73/08 – *Bressol u.a./ Communauté française*. Vgl. zu alledem bereits Lehner, in: RdJB 2019, 126 (129).
29 EuGH, Rs. C-424/97 – *Salomone Haim. /. Kassenzahnärztliche Vereinigung Nordrhein*.
30 Richtlinie 78/686/EWG des Rates vom 25. Juli 1978 für die gegenseitige Anerkennung der Diplome, Prüfungszeugnisse und sonstigen Befähigungsnachweise des Zahnarztes und für Maßnahmen zur Erleichterung der tatsächlichen Ausübung des Niederlassungsrechts und des Rechts auf freien Dienstleistungsverkehr, AB. L 233/1.

dieses Staates."[31] In Hinblick auf die Zahnarzt-Anerkennungsrichtlinie wäre dieser Befund allerdings heikel gewesen, denn diese sah in ihrem Art. 18 Abs. 3 lediglich vor, dass die Mitgliedstaaten dafür Sorge tragen sollten, dass die Ärzte aus anderen EU-Staaten, in ihrem eigenen Interesse und auch im Interesse der Patienten, die Sprachkenntnisse erwerben, die sie für die Ausübung ihrer Berufstätigkeit im Aufnahmestaat brauchen. Der Spracherwerb war also nicht als conditio sine qua non für die Approbation formuliert. Dies ist heute anders. Art. 53 der geltenden allgemeinen Anerkennungsrichtlinie[32] sieht vor, dass Personen, deren Berufsqualifikationen anerkannt wird, über die Sprachkenntnisse verfügen müssen, die für die Ausübung ihrer Berufstätigkeit im Aufnahmemitgliedstaat erforderlich sind.

Man kann an dieser Stelle als Zwischenbefund festhalten: Das Freizügigkeitsrecht der Europäischen Union, in welches die EWR-Staaten und die Schweiz in unterschiedlicher Weise eingebunden sind, entzieht sich von vornherein dem Steuerungsanspruch des nationalen Gesetzgebers sowohl in der Einwanderungs- wie in der Auswanderungsperspektive. Steuerungspolitisch intervenieren könnte allenfalls der europäische Gesetzgeber, der grundsätzlich befugt ist die Freizügigkeitsrechte auszugestalten und zu konkretisieren, wobei der Kernbestand der Freizügigkeitsrechte unangetastet bleiben muss.[33] Gewisse staatliche Einflussnahmemöglichkeiten lässt das Freizügigkeitsrecht, wie gezeigt, aber offen, dies betrifft die Berücksichtigung der nationalen Versorgungssicherheit bei der Ausgestaltung von Ausbildungsbeihilfen und im Bereich der Hochschulzulassung sowie die Sprachvoraussetzungen, wie sie im Bereich der heilkundlichen Berufsausübung gewiss auch besonders bedeutsam sind. Der Wanderungssaldo mit Blick auf die EU-Binnenmigration zu Gunsten Deutschlands liegt in den letzten Jahren in der Größenordnung zwischen 100.000 und 200.000 Personen

---

31 EuGH, Rs. C-424/97, Rn. 59.
32 Richtlinie 2005/36/EG des Europäischen Parlaments und des Rates vom 7. September 2005 über die Anerkennung von Berufsqualifikationen, ABl. L 255/22. Art. 53 lautet: „Personen, deren Berufsqualifikation anerkannt wird, müssen über die Sprachkenntnisse verfügen, die für die Ausübung ihrer Berufstätigkeit im Aufnahmemitgliedstaat erforderlich sind." Zu dieser Richtline und zum Anerkennungssystem insgesamt näher *Kämmerer/Kerkemeyer*, in: Enzyklopädie Europarecht, Band 10, Europäischer Freizügigkeitsraum – Unionsbürgerschaft und Migration, 2. Aufl. 2020, § 11, Rn. 25 ff.
33 Zum Spannungsfeld instruktiv: *Blanke/Böttner*, in: Niedobitek (Hrsg.), Grundlagen und Politiken der Union, 2. Aufl. 2020, § 13, Rn. 276 f.

zugunsten Deutschlands,[34] es besteht hier also ein positiver Saldo. Die Tendenz dürfte wahrscheinlich in der Zukunft eher abnehmend sein, dies vor allem auch, wenn man die demographische Lage in den meisten EU-Staaten berücksichtigt, die vor allem in den Hauptherkunftsstaaten von Gesundheitsfachkräften (z.B. in Rumänien und Bulgarien) der deutschen Lage frappierend ähnelt. Mehr noch: Es steht zu befürchten, dass die etablierte Auswanderungskultur in diesen Ländern gerade bei Medizinern und in den Pflegeberufen die demographische Lage dort weiter verschlechtert. Die Abwanderung vornehmlich junger Menschen verstärkt geradezu zwangsläufig die demographische Krise in einzelnen Herkunftsstaaten, die hiervon ausgehenden negativen Auswirkungen auf die heimische Wirtschaft könnten gegebenenfalls wieder mehr qualifizierte Menschen veranlassen, ihre heimatlichen Arbeitsmärkte zu verlassen usw. Der allgemeine Geburtenrückgang erweist sich jedenfalls als gesamteuropäisches Problem und manche gehen so weit zu sagen, dass die Zielmarken für den Fachkräftebedarf perspektivisch ganz überwiegend durch Drittstaatsangehörige abgedeckt werden müssten.[35]

3. Aufenthaltsrecht

Der Gesamtwanderungssaldo zu Gunsten Deutschlands beträgt pro Jahr circa 300.000-400.000 Personen,[36] von denen nach dem Vorgesagten etwa die Hälfte auf EU-Binnenmigration entfällt, die andere Hälfte also ungefähr auf die Migration von Drittstaatsangehörigen. Während man bei der Zuwanderung von EU-Bürgern zu einem großen Teil davon ausgehen kann, dass es sich um Arbeits- oder Ausbildungsmigration handelt, wenngleich Arbeitsmigration hier gerade nicht mit qualifizierter Arbeitsmigration gleichzusetzen ist,[37] ist bei den Drittstaatsangehörigen die Situation eine andere; nur etwas mehr 10 % der Zuzüge von Drittstaatsangehörigen erfolgen aus Gründen der Erwerbstätigkeit,

---

34 Im Jahr 2019 betrug der Saldo +161.133, siehe *Graf*, Freizügigkeitsmonitoring, Jahresbericht 2019, Berichtsreihen des BAMF zu Migration und Integration – Reihe 1, 2020, S. 11.
35 Vgl. die entsprechenden Bedarfsschätzungen vgl. etwa *Fuchs/Kubis/Schneider*, Zuwanderungsbedarf aus Drittstaaten in Deutschland bis 2050, 2015, S. 1 (6); hierzu bereits *Langenfeld/Lehner*, ZAR 2020, 215 (216 f.).
36 Im Jahr 2019 betrug der Saldo +327.060, siehe *Bundesamt für Migration und Flüchtlinge (BAMF)*, Migrationsbericht 2019: Zentrale Ergebnisse, S. 2.
37 Dies infolge des im Rahmen der europarechtlichen Arbeitnehmerfreizügigkeit weit gefassten Arbeitnehmerbegriffs, siehe hierzu statt vieler *Blanke/Böttner*, in: Niedobitek (Hrsg.), Grundlagen und Politiken der Union, 2. Aufl. 2020, § 13, Rn. 363 ff.

ungefähr gleich viele zum Zwecke von Studium oder Ausbildung,[38] so dass man sagen kann, dass ungefähr ein Drittel der Migration von Drittstaatsangehörigen im weiteren Sinne als auf Fachkräftegewinnung ausgerichtet eingestuft werden kann. Bei den Drittstaatsangehörigen besteht also, zumindest in der Theorie, noch ein erhebliches Steigerungspotenzial.

Hier ist also das Einwanderungsrecht mit Blick auf Drittstaatsangehörige angesprochen, wofür das deutsche Recht maßgeblich ist, dass für den Bereich der hochqualifizierten Zuwanderer, relevant ist dies im vorliegenden Zusammenhang für die Ärztinnen und Ärzte, mit der Blue-Card-RL[39] ein europäischer Steuerungsansatz verfolgt wird. Freilich verbietet dieser es den Mitgliedstaaten nicht, noch großzügigere Einwanderungsregeln für qualifizierte Fachkräfte aufzustellen.[40] Sie können darüber hinaus auch insgesamt ein eigenes Einwanderungssystem verfolgen und Drittstaatsangehörigen, die an sich für eine Blaue Karte in Betracht kämen, einen anderen, nationalen Titel erteilen. Der Vorschlag der Kommission zur Reform der Richtlinie aus dem Jahr 2016[41] sah zwar eine so genannte Hierarchielösung vor, nach der bei Vorliegen der Voraussetzungen für die Erteilung einer blauen Karte zwingend nur diese zu erteilen sei,[42] in den finalen Trilog-Verhandlungen wurde diese Position aber im Interesse der Mitgliedstaaten, die zum Teil an ihren parallelen Systemen, in Österreich etwa die rot-weiß-rot Karte,[43] festhalten wollten, aufgegeben. Art. 3 Abs. 3 der Blue-Card-RL sieht übrigens vor, dass diese nicht Anwendung finden soll auf Personen, die aus ethischen Gründen nicht von EU-Staaten aus Entwicklungsländern rekrutiert werden dürfen, sofern eine solche Beschränkung in einem

---

38 Aufenthaltstitel zu Erwerbszwecken im ersten Halbjahr 2019: 76.783, zu Ausbildungszwecken 74.51, siehe *Graf*, Wanderungsmonitoring: Bildungs- und Erwerbsmigration nach Deutschland. Halbjahresbericht 2019, Berichtsreihen des BAMF zu Migration und Integration – Reihe 1, 2020, S. 4. Hierzu bereits *Langenfeld/Lehner*, ZAR 2020, 215 (216 f.).
39 O. Fußn. 6.
40 Dies folgt aus Art. 3 Abs. 4 der Blue-Card-Richtlinie. Vgl. hierzu *Herzog-Schmidt/Lehner*, in: Thym/Hailbronner, EU Immigration and Asylum Law, 3rd Edition 2022, Chapter 12, Art. 3, Rn. 16: „Article 3(4) allows Member States to maintain or establish national provisions granting an alternative access to a residence permit for highly qualified employment. National law may provide for more or less favourable conditions."
41 COM(2016) 378 final.
42 Hierzu *Langenfeld/Kolb*, in: EuZW 2016, 527 (529).
43 Vgl. hierzu *Sachverständigenrat für Integration und Migration*, Unter Einwanderungsländern: Deutschland im internationalen Vergleich, Jahresgutachten 2015, S. 36 ff.

Abkommen der EU mit einem Drittstaat vorgesehen ist. Allerdings sind solche Abkommen bislang nicht geschlossen worden.[44] Hieran anknüpfend sieht Art. 8 Abs. 4 der Blue-Card-RL vor, dass Mitgliedstaaten die Erteilung einer blauen Karte auch im Einzelfall verweigern dürfen, um einen übermäßigen Fachkräftemangel im Heimatstaat der betreffenden Person zu verhindern. Auch von dieser Möglichkeit wird allerdings praktisch kein Gebrauch gemacht.[45]

Stellt man nun die Frage nach der Verortung der zentralen Probleme, so lassen sich drei Hauptfelder identifizieren, auf welche sich die rechtspolitische Diskussion zunächst konzentrieren sollte. In Bezug auf das Segment der Pflegekräfte ist zunächst zu konstatieren, dass der klassische Anerkennungsansatz auf praktische Hürden trifft, die aus der vielfach bestehenden Diskrepanz zwischen den auf hohem Niveau formalisierten Ausbildungsstandards in Deutschland, in welche hinein die Zuwanderung erfolgen soll, und den demgegenüber bisweilen absinkenden, vor allem aber oftmals auch weniger formalisierten Standards in den Herkunftsstaaten resultieren. Das inländische Bestreben, grundsätzlich nur qualifizierte Fachkräfte zuzulassen, die im Ausland zu Standards, die zu den hiesigen vergleichbar sind, ausgebildet wurden, stößt sich an einem vielfach entgegenstehenden Realbefund. Das Modell der Nachqualifikation in Deutschland (§ 16d AufenthG) erscheint demgegenüber daher als pragmatischer und zielführender Ansatz, um einerseits an den formalen Standards festhalten zu können und andererseits Zuwanderung trotz Nichterfüllung dieser Standards im Zuwanderungszeitpunkt[46] zu ermöglichen. Man könnte vielleicht von einer Zuwanderung in die Qualifikationsstandards sprechen und aus Sicht Deutschlands als Ziel- und Anwerbestaat ist dieses Vorgehen ganz sicher ein Gewinn. Ob es auch ein Gewinn für alle ist, wie der schillernde Begriff „Triple-Win"[47] suggeriert, darf allerdings bezweifelt werden. Qualitative sozialwissenschaftliche Untersuchungen legen etwa nahe, dass vietnamesische Pflegekräfte, die in Deutschland zumeist in Richtung Altenpflege nachqualifiziert werden, Schwierigkeiten haben würden, nach einer gewissen Zeit nach Vietnam zurückzukehren, um dort, so

---

44 Siehe *Herzog-Schmidt/Lehner*, in: Thym/Hailbronner, EU Immigration and Asylum Law, 3rd Edition 2022, Chapter 12, Art. 3, Rn. 15.
45 Näher dazu *Herzog-Schmidt/Lehner*, in: Thym/Hailbronner, EU Immigration and Asylum Law, 3rd Edition 2022, Chapter 12, Art. 8, Rn. 6.
46 Näher dazu *Lehner/Kolb*, ZAR 2018, 181 (183 ff.). Vgl. auch weiterführend *Kolb*, ZAR 2019, 169 ff.
47 Zum Nachqualifikationskomplex und den sog. „Triple-Win"-Programmen näher *Lehner/Kolb*, JMigR 1 (2020), 465 sowie die Beiträge von *Kolb* und *Wohlfahrt* sowie von *Neundorf* in diesem Band.

ja das Idealbild, etwa auf Leitungsebene im Pflegesektor zu arbeiten.[48] Da die Altenpflege in Vietnam in großen Teilen durch Familienarbeit übernommen wird, löst sich der in Deutschland erlangte Qualifikationsvorteil danach tendenziell wieder in Luft auf. Das zirkulär gedachte Migrationsmodell erweist sich also in der Realität eher als echtes Einwanderungsmodell, und hier muss rechtspolitisch die Frage aufgeworfen werden, ob eine Zuwanderungspolitik derartige Realitäten dauerhaft ausblenden sollte.

Zweitens ist zu konstatieren, dass der Zuwanderungsstandort Deutschland, nicht nur im Gesundheitswesen, sondern in allen Bereichen, mit den großen klassischen Einwanderungsländer konkurriert und sich hier einem bereits heute harten Wettbewerb um qualifizierte Kräfte stellen muss. Angesichts des Umstands, dass die demographische Tendenz in allen Industrienationen, bei den gleichwohl zu beobachtenden Unterschieden, ähnlich gelagert scheint, dürfte sich dieser Wettbewerb künftig überdies sogar noch weiter verschärfen. Die Frage, wie ein Einwanderungssystem regulativ ausgestaltet ist, dürfte hierbei allerdings gar nicht eine allzu große Rolle spielen. Es ist ein reiner Mythos, dass ein Punktesystem, also ein allein auf Humankapital setzendes System, dem in Deutschland herrschenden sogenannten nachfragebasierten System, wonach grundsätzlich nur bei Vorliegen eines verbindlichen Arbeitsplatzangebots (§ 18 Abs. 2 Nr. 1 AufenthG) die Zuwanderung erfolgen kann, überlegen sei. Im Gegenteil: Kanada, das gelobte Land aller Befürworter von Punktesystemen, hat inzwischen innerhalb seines Systems das Vorliegen eines Arbeitsvertrages mit einem kanadischen Arbeitgeber so hoch gewichtet, dass eine Zuwanderung ohne Arbeitsplatzzusage nur noch sehr schwer möglich ist.[49] Umgekehrt hat

---

48 Sehr instruktiv *Lipowsky*, Triple Win durch zirkuläre Care-Migration? Eine qualitative Studie zur Perspektive vietnamesischer Pflegefachkräfte in der stationären Altenpflege in Deutschland, 2016, abrufbar unter: https://www.wusgermany.de/de/wus-service/wus-aktuelles/wus-foerderpreis/wus-foerderpreis-2017/triple-win-durch-zirkulaere-care-migration-eine-qualitative-studie-zur-perspektive-vietnamesischer. Vgl. hierzu bereits *Lehner/Kolb*, JMigR 1 (2020), 465 (485).
49 Siehe *Sachverständigenrat für Integration und Migration*, Unter Einwanderungsländern: Deutschland im internationalen Vergleich, Jahresgutachten 2015, S. 35 f.: Danach wurde „der ‚Humankapital-Kern' aufgelöst" zugunsten eines Modells, in dem das Vorhandensein eines „arranged employments" (alternativ einer Qualifikation für einen Mangelberuf) als Vorbedingung für die Teilnahme an der Punkteauswahl überhaupt vorgesehen ist. Zu den Gemeinsamkeiten des deutschen und des kanadischen Systems *Kolb/Klausmann*, ZAR 2013, 239 ff. Zu alledem bereits *Lehner*, in: ZAR 2022, 144 (146), Fn. 32.

das deutsche System an verschiedenen Stellen humankapitalbasierte Ansätze integriert und erlaubt etwa hochqualifizierten die Zuwanderung zum Zwecke der Arbeitsplatzsuche, wenn auch begrenzt für sechs Monate und ohne die Möglichkeit, während dieser sechs Monate in Deutschland anderweitig zu arbeiten (§ 20 Abs. 2 AufenthG). Mit dem Fachkräfteeinwanderungsgesetz[50] wurde diese Suchmöglichkeit auch auf beruflich Qualifizierte (§ 20 Abs. 1 AufenthG) ausgedehnt.[51] Man muss allerdings sagen, dass in der Praxis diese sogenannten Suchtitel keine große Rolle spielt, mitunter gar von hochqualifizierten Lebensgefährten von Bluecard-Berechtigten genutzt werden, um den Partner oder die Partnerin für sechs Monate nach Deutschland begleiten zu können. Eine Arbeitsplatzsuche findet dann oftmals gar nicht statt. In vielen Fällen ist auch die Beantragung eines Schengen-Visums vorteilhaft, sofern die Erteilungsvoraussetzungen vorliegen, denn in der Praxis erweisen sich die Botschaftsverfahren zur Erteilung eines nationalen Visums, welches zur Einreise auf Grundlage des § 20 AufenthG erforderlich ist, demgegenüber als übermäßig zeitraubend. Insgesamt jedenfalls, so kann festgehalten werden, geht der internationale Trend ganz klar weg von den rein humankapitalbasierten Systemen hin zu Mischsystemen,[52] auch insoweit kann sich das deutsche Einwanderungsrecht mit anderen Systemen also durchaus messen.

Auf Grundlage der Erkenntnis, dass die regulativen Voraussetzungen also als weniger gewichtig erscheinen, als dies der rechtspolitische Diskurs der vergangenen Jahre vermuten ließe, müsste die politische und gesellschaftliche Auseinandersetzung viel stärker auf die weichen Zuwanderungsfaktoren konzentriert sein. Hierüber findet ein politischer Diskurs leider praktisch gar nicht statt, der Wettbewerb um das beste Gesetz, der seit etlichen Jahren zu beobachten ist, stellt alle anderen Diskurse über die Zuwanderungsbedingungen für den deutschen Arbeitsmarkt geradezu vollständig in den Schatten. Der Sprachvorteil, den Kanada, die USA und Australien genießen, ist allerdings ein Faktor, der wohl gar nicht überschätzt werden kann. Als nicht englischsprachiger Zuwanderungsstandort muss Deutschland sich hier weitergehende Fragen stellen. Salopp gesprochen: Zu deutschen Standards qualifizierte Fachkräfte, die auch noch deutsch sprechen bzw. bereit sind deutsch zu erlernen, um dem Umstand

---

50 O. Fußn. 3.
51 Bis dahin enthielt § 18c AufenthG a.F. einen Suchtitel nur für Akademiker.
52 Siehe *Sachverständigenrat für Integration und Migration*, Unter Einwanderungsländern: Deutschland im internationalen Vergleich, Jahresgutachten 2015, S. 35 ff.; vgl. auch *Kolb/Lehner*, NVwZ 2018, 1181 (1186).

Rechnung zu tragen, dass das Berufsleben in Deutschland in großen Teilen auf Deutsch stattfindet, sind in der Welt weniger häufig anzutreffen, als manch einer das glauben möchte. Die Stärkung des englischen als zweite Berufssprache, in vielen Bereichen noch ein Tabuthema, wäre wahrscheinlich der Steigerung der Fachkräftezuwanderung zuträglicher als jede weitere Gesetzesreform. Das deutsche Fachkräfteeinwanderungsrecht ist so weit regulativ fortgeschritten, so fein justiert und inzwischen auch systematisch so klar und transparent, dass es hier nicht mehr viel Verbesserungsbedarf gibt. Dass das Thema Englisch als Berufssprache gerade im Gesundheitsbereich mit besonderen Schwierigkeiten verbunden ist, ist dabei eine Hürde. Möglicherweise wird man in Deutschland aber irgendwann an den Punkt kommen, wo zu fragen ist, ob ein Englisch sprechender Arzt mit Dolmetscher nicht besser ist als gar kein Arzt. Man kann das, hier und im Allgemeinen, anders sehen, sollte sich dann aber auch bewusst sein, dass die von der Bundesagentur für Arbeit ausgegebenen Zielmarken noch schwieriger zu erreichen sein werden, als dies ohnehin der Fall ist.

Als ein dritter und letzter und besonders wichtiger Punkt sei folgendes angesprochen. Der permanente Fokus auf die Fachkräftezuwanderung verstellt tendenziell den Blick auf die Potenziale der Ausbildungszuwanderung[53]. Bei Zuwanderung von Studienbewerbern und Ausbildungsbewerbern in die deutschen Ausbildungssysteme stellt sich das Anerkennungsproblem von vornherein gar nicht und auch unter ethischen Gesichtspunkten erscheint die Ausbildung von Fachkräften im eigenen Land[54] für den Gesundheitsbereich vorzugswürdig. Eine umfangmäßig größere Ausbildungszuwanderung nach Deutschland erscheint als rechtspolitisches Desiderat, welches in seinen Potenzialen womöglich noch gar nicht umfassend erkannt worden ist. Wer mehr Ausbildungszuwanderung will, muss freilich die Ausbildungskapazitäten in Deutschland stärken und vor allem auch ausbauen, was mit erheblichen fiskalischen Lasten verbunden ist. Dies sind allerdings Lasten, die im Rahmen einer in erster

---

53 Zu diesem Komplex vgl. bereits *Lehner* in: RdJB 2019, 126 ff.; *ders.*, in: ZAR 2020, 93 ff.
54 Insofern ist die Rücknahme der Privilegierung von sog. Bildungsinländern im Fachkräftezuwanderungsrecht zu kritisieren. War gem. § 2 Abs. 1 Nr. 3 bzw. § 2 Abs. 2 S. 1 BeschV a.F. die Erteilung einer Blauen Karte EU bzw. beschäftigungsbezogenen Aufenthaltserlaubnis für die ausländischen Inhaber eines inländischen Hochschulabschlusses – anders als bei ausländischen Inhabern eines ausländischen Hochschulabschlusses – noch ohne Zustimmung der Bundesagentur für Arbeit möglich, ist dies nach Inkrafttreten des Fachkräfteeinwanderungsgesetzes nicht mehr der Fall. Vgl. hierzu *Lehner*, in: Hailbronner, AuslR, 122. EL 2022, § 18 AufenthG, Rn. 49 f.

Linie auf bereits ausgebildete Fachkräfte setzenden Einwanderungspolitik die Herkunftsländer zu schultern haben. Fachkräftemigration erscheint kurzfristig attraktiver, Ausbildungsmigration erscheint allerdings als nachhaltigere Variante, als Zuwanderungsmöglichkeit für die Fachkräfte von morgen. Die rechtlichen Möglichkeiten hierfür sind alle da, die Beschränkungen in quantitativer Hinsicht ergeben sich für den akademischen Bereich vor allem aus dem Hochschulzulassungsrecht der Länder, also aus den dort vorgesehenen Ausländerquoten[55] im Zusammenspiel mit den vorhanden Ausbildungskapazitäten, deren Erhöhung ist in erster Linie eine Frage politischer Präferenz und fiskalischer Lastentragungsbereitschaft. Im Berufsausbildungsbereich scheint die Sachlage komplexer zu sein, denn hier konkurrieren inzwischen, anders als beim Medizinstudium, die Ausbildungsstätten um die Ausbildungsbewerber, hier ist nicht der Ausbildungsplatz ein distributiv zu bewältigendes knappes Gut, sondern die ausbildungswillige Person. Um im Kampf um die besten Köpfe wirklich ein ganzes Stück weiterzukommen, müssten die faktischen Bedingungen für eine signifikante Erhöhung von Ausbildungszuwanderern nachhaltig verbessert werden und hier könnte auch das deutsche Ausbildungssystem seine Stärken ausspielen und man müsste keine weitere Aufweichung der Ausbildungsstandards fürchten. Hier müsste man dann aber auch anerkennen, was durch den dominierenden Fachkräfteeinwanderungsdiskurs lange Zeit verdeckt wurde: Fachkräfte kann man nicht einfach nur in der Welt durch optimale regulative Bedingungen ‚einsammeln', Fachkräfte muss man ‚herstellen' und dies kostet Geld, Fachkräfte kosten Geld.

IV. (Kurzes) Fazit

Deutschland ist ein Einwanderungsland. Deutschland ist ein Ausbildungsland. Diese beiden Punkte sollten künftig stärker zusammen gedacht werden. Bei der Fachkräftezuwanderung existieren gewissermaßen natürliche Grenzen, die man

---

55 Siehe hierzu *Lehner*, in: RdJB 2019, 126 (130). Vgl. etwa § 22 Abs. 1 S. 1 Nr. 1 der Niedersächsischen Hochschulzulassungsverordnung vom 12.12.2019 (Nds. GVBl. 2019, 375), zuletzt geändert durch Verordnung vom 11.1.2022 (Nds. GVBl. S. 6), danach werden 5 % der Studienplätze an Ausländer vergeben, welche zulassungsrechtlich nicht Deutschen gleichgestellt sind (gleichgestellt sind: EU/EWR-Bürger, Kinder von in Deutschland beschäftigten EU/EWR-Bürgern, freizügigkeitsberechtigte Familienangehörige von EU/EWR-Bürgern und Ausländer, die eine inländische Hochschulzugangsberechtigung besitzen).

durch noch so gute regulative Vorgaben nicht wird überwinden können. Qualifikationsbasierte Zuwanderung ist anspruchsvoll und wird immer ein wichtiger Baustein des deutschen Zuwanderungsrechtes bleiben, qualifikationsgerichtete Zuwanderung wird allerdings in der Zukunft unweigerlich stärker in den Fokus der Politik geraten müssen. Deutschland war lange ein faktisches Einwanderungsland, ein Einwanderungsland ohne Einwanderungsrecht. An modernen Einwanderungsregelungen fehlt es heute nicht. Was heute fehlt, ist eine Debatte darüber, was es bedeutet, ein Einwanderungsland zu sein, kulturell, sozial und ökonomisch. An dieser Debatte kommt auch der Gesundheitsstandort Deutschland nicht länger vorbei.

Miriam Peters / Anke Jürgensen / Michael Meng /
Lena Dorin

Steigerungen der Attraktivität des Berufsbildes der Pflege. Aktuelle Herausforderungen und Lösungsansätze

I. Gesellschaftliche Trends

„Qualitativ hochwertige und bedarfsgerechte Infrastrukturen sozialer Dienstleistungsarbeit sind für die Versorgung, Betreuung und Begleitung kranker, älterer, pflege- und rehabilitationsbedürftiger Menschen oder für die Assistenz von Menschen mit körperlichen, seelischen oder kognitiven Einschränkungen essenziell. Es geht um Lebensqualität und Würde, um Chancengerechtigkeit und gesellschaftlichen Fortschritt. In der Covid-19-Pandemie zeigt sich in besonderer Weise, was bereits vor der Pandemie bekannt war: Soziale Dienstleistungsarbeit, als Arbeit mit und an Menschen, ist als Schlüsselarbeit für die Zukunft von Beschäftigung, Arbeit und Wirtschaft unverzichtbar. Ohne verlässliche und bedarfsgerechte soziale Dienstleistungsarbeit vor Ort können auch Produktions- und Transformationsprozesse in der gewerblichen Wirtschaft nicht aufrechterhalten werden. Denn soziale Dienstleistungsarbeit trägt über die Leistungen der Beschäftigten auch zur Fachkräftesicherung in anderen Wirtschaftsbranchen und zur Ermöglichung individueller Teilhabe-, Integrations-, Inklusions- und Verwirklichungschancen in der Arbeitswelt bei. Deswegen werden auch im ökonomischen Fachdiskurs mittlerweile mit Nachdruck mehr öffentliche Investitionen in die Humandienstleistungen gefordert" (RAT DER ARBEITSWELT).

Nicht nur die Coronakrise der letzten beiden Jahre, auch andere gesellschaftliche Trends erfordern grundlegende Reformen der Gesundheitsversorgung, auch um die Aufgabe des Staates der Daseinsvorsorge zu sichern. Unter Daseinsvorsorge versteht man die Übernahme von politisch als lebenswichtig eingestuften Gütern und Dienstleistungen zu sozial verträglichen Preisen in zumutbaren Entfernungen (KAETHER/DEHNE/NEUBAUER 2016). Dazu zählen auch pflegerische und Gesundheitsleistungen. Im WHO-Report wird argumentiert, dass Pflegende hoch relevant sind, wenn es darum geht, das Versprechen "niemanden zurückzulassen" und die globalen Bemühungen um die Verwirklichung der Ziele für nachhaltige Entwicklung (SDGs) zu erfüllen (WELTGESUNDHEITSORGANISATION 2020). Pflegende leisteten einen „zentralen Beitrag zu den nationalen und globalen Zielen in Bezug auf eine Reihe von Gesundheitsprioritäten, einschließlich der allgemeinen Gesundheitsversorgung, der psychischen Gesundheit und nichtübertragbarer Krankheiten, der Notfallbereitschaft und -reaktion, der Patientensicherheit und der Bereitstellung einer integrierten, menschenzentrierten Pflege" (WELTGESUNDHEITSORGANISATION 2020).

National wird vor dem Hintergrund des demographischen Wandels, des hohen Fachkräftebedarfs im Gesundheitswesen, der Coronapandemie sowie zunehmender Digitalisierung des Alltags nicht nur in Form von Projektförderung, wie dies beispielsweise im „Neustart!"-Projekt (KLAPPER/CICHON 2021) der Robert-Bosch-Stiftung der Fall ist, bzw. in Förderrichtlinien und Forschungsstrategien des Bundesministeriums für Bildung und Forschung, wie z.B. die „High-Tech-Strategie" der Bundesregierung oder des Programms „Horizont Europa", sondern auch in politischen Initiativen der Regierung, wie der Konzertierten Aktion Pflege (BUNDESREGIERUNG 2019) und dem Koalitionsvertrag der Bundesregierung aus dem Jahr 2021 sowohl die Neuverteilung von Aufgaben in der Gesundheitsversorgung als auch die Integration von digitalen Technologien diskutiert.

Berufliche Pflege umfasst ein vielfältiges Spektrum unterschiedlicher Berufsfelder, Versorgungssettings, Verantwortungs-, Aufgaben- und Tätigkeitsfelder wie auch Qualifikationsniveaus von Hilfskräften, über Pflegeassistenz und Pflegehilfe, über dreijährig beruflich ausgebildete Pflegefachpersonen bis hin zu akademisch qualifizierten Fachkräften. Die Zusammensetzung verschiedener Qualifikationen in pflegerischen Teams unterscheidet sich in den verschiedenen Einsatzfeldern beruflich Pflegender: von Akutkliniken der Maximal-, Grund- und Regelversorgung über spezialisierte Fachkliniken, Pflegeheime und das direkte häusliche Umfeld unterstützungsbedürftiger Menschen über ambulante Einrichtungen des betreuten Wohnens bis hin zu Werkstätten für Menschen mit Behinderungen. Beruflich Pflegende arbeiten in Großbetrieben (z.B. Universitätsklinika), in klein- und mittelständischen Unternehmen, aber auch in Kleinstbetrieben, in Einrichtungen freigemeinnütziger, privater und öffentlicher Träger. Durch beruflich Pflegende werden dabei Leistungen sowohl in „Institutionen des Gesundheitswesens als auch im privaten und öffentlichen sozialen Raum in unterschiedlichen Versorgungsformen (Akut- und Langzeitpflege, teilstationär/stationär/ambulant) sowie in Übergangssituationen erbracht und richten sich an Menschen aller Altersstufen in unterschiedlichen Pflege- und Lebenssituationen sowie an ihre sozialen Bezugssysteme" (FACHKOMMISSION 2020).

Die Bedeutung der Berufsgruppe lässt sich auch anhand der Anzahl beruflich Pflegender darstellen, so waren im Jahr 2020 national rund 1,7 Millionen Pflegekräfte in der Kranken- und Altenpflege sozialversicherungspflichtig beschäftigt

(Bundesagentur für Arbeit 2021b). Die Arbeit beruflich Pflegender wird zu großen Teilen über die Sozialgesetzbücher reguliert (v. a. SGB V, SGB XI, SGB XII). Dazu gehört unter anderem die (Re-)Finanzierung, Personalausstattung und der Personaleinsatz (Rat der Arbeitswelt).

II. Fachkräftemangel im Pflegesektor

Es ist weithin bekannt, dass im Pflege- und Gesundheitssektor seit Jahren ein Fachkräftemangel besteht. Sowohl die Berufe in der Alten- als auch in der Krankenpflege befinden sich in der Liste der 19 häufigsten Mangelberufe, die die Arbeitsmarktstatistik aufführt (vgl. Bundesagentur für Arbeit 2021a, S. 15). Die Altenpflege weist über alle Bundesländer hinweg einen „deutlichen Engpass" auf (ebd.). Im Zusammenhang mit dem Fachkräftemangel in der Pflege spricht man von einem doppelten Demographieproblem: Während die Zahl pflegebedürftiger Menschen (altersbedingt) steigt, wird es weniger Menschen in nachfolgenden Generationen geben, die für deren Pflege zur Verfügung stehen. Die Ausbildungs- und Beschäftigtenzahlen steigen zwar an, aber nicht in dem Maße, wie die Anzahl an Personen, die Pflege und Gesundheitsversorgung benötigen (werden).

Die Pflegestatistik wies für das Jahr 2019 4,1 Mio. pflegebedürftige Menschen aus, die in stationären Pflegeeinrichtungen, von ambulanten Pflegediensten und/oder von Angehörigen versorgt wurden. Diesen standen in Pflegeheimen und ambulanten Pflegediensten 424.542 examinierte Pflegefachpersonen mit einer Ausbildung nach KrPflG bzw. AltPflG gegenüber, von denen mehr als 2/3 in Teilzeit beschäftigt waren. Laut einer 2017 durchgeführten Studie des Deutschen Krankenhausinstituts (DKI) bestand eine Fluktuationsrate, also bezogen auf den Berufsausstieg von Pflegefachpersonen, von im Mittel 8,5% (Blum/Offermanns/Steffen 2019). Mithilfe verschiedener Szenarien wurde dort prognostiziert, dass bei Fortschreibung der ermittelten Personalzahlen und unter Einbezug des Fallzahlentrends in keinem Fall der Mehrbedarf an Personal für das Jahr 2030 gedeckt sein dürfte (vgl. ebd.). Dem Themenreport „Pflege 2030" zufolge würde sich ohne gegensteuernde Maßnahmen in den nächsten Jahren die Personallücke soweit vergrößern, dass im stationären und ambulanten Versorgungssektor ein zusätzlicher Bedarf von mehreren Hunderttausend Pflegekräften besteht (Rothgang/Müller/Unger 2012).

III. Interessenvertretung beruflich Pflegender

Pflegende sind sowohl national (80% aller beruflich Pflegenden) als auch international (90% aller beruflich Pflegenden, WELTGESUNDHEITSORGANISATION 2020) vorwiegend weiblich. Damit einher gehen spezifische Charakteristika der Beschäftigungsverhältnisse, so sind in Pflegeheimen und ambulanten Pflegediensten 71 Prozent im Rahmen einer Teilzeitbeschäftigung berufstätig (Destatis 2020). Im Bereich Dienstleistung, darunter auch in der Pflege, sind bislang nur etwa 10% der Arbeitnehmenden gewerkschaftlich organisiert (ZERGIEBEL 2018). Eine Selbstverwaltung in Form von Kammern oder ähnlichen Strukturen, wie sie aus Industrie- und Handwerk seit langem etabliert sind, existiert in der Pflege erst in Ansätzen. So haben einzelne Bundesländer bereits eine Pflegekammer etabliert, wie etwa Rheinland-Pfalz. Sowohl in Niedersachsen als auch in Schleswig-Holstein werden die Landeskammern wieder aufgelöst (Bibliomed 2021). In Nordrhein-Westfalen ist die Gründung der Kammer auf Oktober 2022 verschoben worden (PFLEGEKAMMER NRW 2022). In Berlin, Bremen, Hessen, Mecklenburg-Vorpommern, im Saarland und Sachsen wartet man noch ab. In Bayern hat man sich für eine andere Organisationsform mit freiwilliger Mitgliedschaft entschieden (Vereinigung der Pflegenden in Bayern VdPB). In Thüringen und Sachsen- Anhalt sollen repräsentative Befragungen durchgeführt werden, in Hamburg und Brandenburg soll es keine Länderkammer geben. Der DBfK hat zu Oktober 2020 den Stand der Entwicklung der Kammern grafisch folgendermaßen dargestellt:

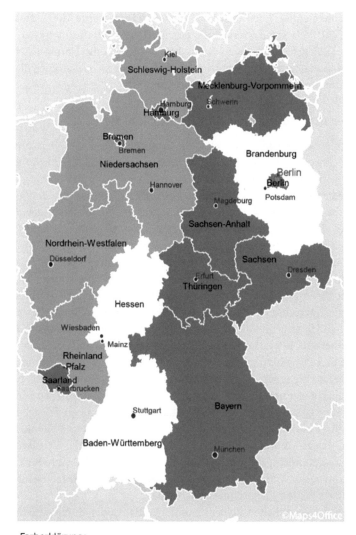

Farberklärung:

- Pflegekammer gegründet oder auf dem Weg zur Gründung
- verschiedene Regierungsaktivitäten in Richtung der Pflegekammer (z.B. in Koalitionsvertrag)
- derzeit keine Aktivitäten

Abbildung 1 Stand in den einzelnen Bundesländern bei der Errichtung einer Pflegekammer Oktober 2020; (Quelle: DEUTSCHER BERUFSVERBAND FÜR PFLEGEBERUFE 2021).

Trotz schleppender Entwicklung in den Ländern wurde die Bundespflegekammer 2019 als Bundesvertretung gegründet. Sie soll die Interessen von 1,4 Millionen Pflegefachpersonen im Bund vertreten und die Harmonisierung der Berufsordnungen steuern. Finanziert wird die Bundespflegekammer, die als Verein funktioniert, über Mitgliedsbeiträge.

IV. Herausforderungen und Lösungsansätze

Im Rahmen der Coronakrise sind die Anforderungen und Belastungen für beruflich Pflegende gestiegen und ein zunehmender Anteil beruflich Pflegender denkt darüber nach, den Beruf zu verlassen (GRÄSKE u. a. 2021). In den öffentlichen Medien wird dazu sogar teilweise vom „Pflexit" gesprochen. Bereits vor der Krise haben Analysen, die im Rahmen der NEXT- Studie stattfanden, ergeben, dass etwa ein Viertel der Arbeitnehmenden in der Pflege über einen Berufsausstieg nachdenkt (SIMON u. a. 2005).

Der RAT DER ARBEITSWELT kommt vor dem Hintergrund seiner Analysen zum Schluss, dass der Pflegeberuf, gemessen an den Verantwortungs-, Aufgaben- und Beanspruchungsprofilen der Beschäftigten und den Anforderungen einer bedarfsgerechten Versorgung zu Pflegender strukturell unterbewertet ist.

Vor dem Hintergrund dieser ambivalenten Bedingungen – hoher Fachkräftebedarf einerseits, herausfordernde Rahmenbedingungen andererseits – stellt die Aufgabe den Pflegeberuf attraktiv zu gestalten eine große Herausforderung dar. Um dieser zu begegnen, wurde zunächst im Juli 2017 das neue Pflegeberufegesetz verabschiedet und im Jahr 2019 die ‚Konzertierte Aktion Pflege' ins Leben gerufen (BUNDESREGIERUNG 2019). Bund, Länder, Kommunen, Pflegeberufsverbände, Pflegekammern, Verbände der Pflegeeinrichtungen und Krankenhäuser, Kirchen, Pflege- und Krankenkassen, Betroffenenverbände, Berufsgenossenschaften, die Bundesagentur für Arbeit und Sozialpartner haben in fünf Arbeitsgruppen Ziele zur Verbesserung der Bedingungen in der Pflege vereinbart. Die Konzertierte Aktion Pflege endet im Jahr 2023.

Neben der gesetzlichen Reform und der Initiative der Bundesregierung, die zur Professionalisierung der Pflegeberufe beitragen sollen, sind weitere Lösungsansätze in der digitalen Unterstützung pflegerischer Tätigkeiten und der Einbindung von Ehrenamt und Zivilgesellschaft in Versorgungsarrangements und der Rekrutierung von Fachkräften im Ausland zu finden (HÜLSKEN-GIESLER/ DAXBERGER 2018; BENEKER/WICHTMANN 1994).

1. Die Auswirkungen des Pflegeberufegesetzes 2020

Die Diskussion um eine generalistische Ausbildung in der Pflege geht bereits bis ins Jahr 2004 zurück. Im Rahmen von Modellvorhaben im Projekt „Pflegeausbildung in Bewegung" konnten Einrichtungen generalistische Ausbildungen erproben. Im Abschlussbericht des Projekts wird die Neuorganisation der Ausbildung als generalistische Ausbildung empfohlen (BUNDESMINISTERIUM FÜR FAMILIE, SENIOREN, FRAUEN UND JUGEND 2008). Dennoch hat es bis zur Verabschiedung des Pflegeberufegesetzes noch rund zehn Jahre gedauert. Die weiteren Schritte der Gesetzesentwicklung werden in Abbildung 2 beschrieben.

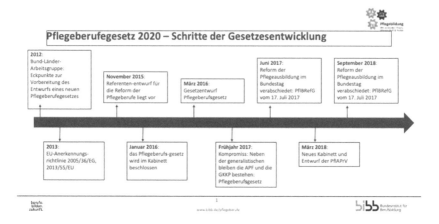

Abbildung 2 Schritte der Gesetzesentwicklung bis zum Pflegeberufegesetz (eigene Darstellung)

Das Pflegeberufegesetz stellt insofern einen Kompromiss dar, als eine generalistische Ausbildung eingerichtet wurde (§§ 5 ff. PflBG), die gesonderten Ausbildungen für die Altenpflege und Gesundheits- und Kinderkrankenpflege aber beibehalten wurden (§§ 60, 61 PflBG). Die Auszubildenden beginnen dabei alle mit der generalistischen Ausbildung, haben jedoch, sofern sie ihren Vertiefungseinsatz im entsprechenden Fachgebiet festgelegt haben, nach zwei Jahren Ausbildung die Möglichkeit, einen gesonderten Abschluss im Bereich Altenpflege oder Gesundheits- und Kinderkrankenpflege zu wählen (siehe Abbildung 3).

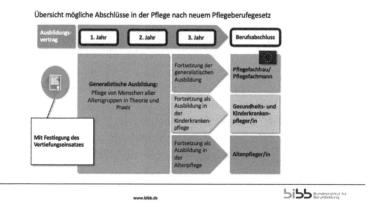

Abbildung 3 Übersicht möglicher Abschlüsse in der Pflege nach neuem Pflegeberufegesetz (eigene Darstellung)

Pflegeberufsverbände kritisieren diese Lösung als halbherzig (IGL 2021). Erstmals ist es über dieses Gesetz auch möglich, eine Berufszulassung über ein primärqualifizierendes Studium zu erlangen, bei der die Hochschule allein verantwortlich sowohl für die theoretischen als auch die praktischen Studienphasen ist. Auch hier geht die Diskussion bereits bis zum Beginn der 2000er Jahre zurück. So hat die Robert-Bosch-Stiftung bereits im Jahr 1992 in der Denkschrift „Pflege braucht Eliten" und im Jahr 2000 in „Pflege neu denken" (ROBERT-BOSCH-STIFTUNG 2000; 1993) die hochschulische Qualifikation Leitender und Lehrender in der Pflege sowie die Etablierung akademischer Strukturen für eine Pflegeforschung als Voraussetzung für eine hochschulische Ausbildung der Pflegeberufe gefordert.

Ein weiteres Novum im Pflegeberufegesetz sind die sogenannten vorbehaltenen Tätigkeiten für Pflegefachpersonen. Über Art. 74 Abs. 1 Nr. 19 GG wird dem Heilberuf „Pflege" eine besondere gesellschaftliche Verantwortung für die Gesundheitsförderung und die gesundheitliche Versorgung der Bevölkerung zugewiesen. Erstmals erfolgt mit dem PflBG eine Aufwertung des selbstständigen Verantwortungsbereichs der Pflege, indem vorbehaltene Aufgaben gesetzlich definiert werden (FACHKOMMISSION 2020). Mit der „Erhebung und Feststellung des individuellen Pflegebedarfs und der Planung der Pflege", der „Organisation, Gestaltung und Steuerung des Pflegeprozesses" und der „Analyse, Evaluation, Sicherung und Entwicklung der Qualität der Pflege" (§ 4, Abs. 2, Nr. 1 bis 3 PflBG) sind Aufgaben formuliert, die den Pflegenden mit der Berufsbezeichnung

Pflegefachfrau/Pflegefachmann vorbehalten und unter einen besonderen Schutz gestellt sind.

Im Folgenden werden drei ausgewählte Aspekte, die zur Attraktivitätssteigerung beitragen können, bzw. einen Beitrag zur Deckung des hohen Fachkräftebedarfs darstellen, näher beleuchtet werden: Migration, Akademisierung und lebensweltnahe Versorgung.

2. Migration in der Pflege

Die Rekrutierung und Beschäftigung von Pflegefachpersonen aus dem Ausland zur Abhilfe des Personalmangels hat in Deutschland eine längere Tradition. Schon in den 1950-er Jahren wurden katholische Ordensschwestern aus dem Ausland nach Deutschland vermittelt (BENEKER/WICHTMANN 1994). In den 1960-er Jahren wurde ein Mangel an ca. 30.000 Pflegefachkräften festgestellt, woraufhin einige Tausend Krankenschwestern aus Indien, Indonesien, den Philippinen und Korea angeworben wurden. In den frühen 1970-er Jahren kamen auf Grundlage des bilateralen Deutsch-Südkoreanischen Anwerbabkommens, dem *Programm zur Beschäftigung qualifizierter koreanischer Krankenschwestern und Krankenpflegehelferinnen in deutschen Krankenhäusern,* ca. 10.000 koreanische Krankenschwestern in die damalige Bundesrepublik, so dass der Mangel zumindest quantitativ abgefedert war. Aufgrund von massivem Bettenabbau, der den Fachkräftemangel relativierte, und eines allgemeinen Anwerbestopps im Jahr 1973 stagnierten die Zahlen einwandernder Pflegekräfte kurzfristig, um in den späten 1980-er Jahren, als der Anwerbestopp gelockert wurde, wieder zuzunehmen (BENEKER/WICHTMANN 1994). Ab der Zeit kamen Pflegekräfte aus England und Polen nach Deutschland, weitere kamen aus Österreich und verschiedenen osteuropäischen Ländern, v. a. Jugoslawien, außerdem rekrutierten Arbeitgeber im südostasiatischen Raum, vornehmlich in Korea und den Philippinen (ebd.). Der Anteil an Pflegekräften, die aus dem Ausland stammen, ist seitdem nicht weniger geworden. Von 2000 – 2009 wuchs der Anteil sozialversicherungspflichtig beschäftigter Menschen aus dem Ausland im Wirtschaftszweig Gesundheits-, Veterinär- und Sozialwesen um 2,7% an (SEEBASS/SIEGERT 2011). Im Jahr 2010 hatten mittlerweile 15,4% der in der Pflege Beschäftigten einen eigenen Migrationshintergrund (AFENTAKIS/MAIER 2014). AFENTAKIS und MAIER stellten aber auch fest, dass rund 30% der Arbeitsmigrant/-innen, die einen Pflegeberuf erlernt hatten, nicht in der Pflege arbeiteten; ein Grund dafür sei eine erschwerte Anerkennung der Berufsqualifikation bei Migranten aus Drittstaaten (AFENTAKIS/MAIER 2014). Diese etwa 21.000 Personen standen trotz Qualifikation für die Pflege nicht zur Verfügung und sollten laut AFENTAKIS und MAIER „bei zunehmenden Pflegepersonalengpässen wieder für eine Erwerbstätigkeit in Pflegeberufen gewonnen werden" (ebd., S. 178). Eine Befragung von 637 Pflegenden im ambulanten und stationären Sektor brachte im Jahr 2010 hervor, dass sie hauptsächlich mit knapp 66% aus Russland und anderen osteuropäischen Staaten kamen, gefolgt von Westeuropa, einschließlich Balkanstaaten mit knapp 18% und über 16% aus der Türkei oder Ostasien (THEOBALD 2017). Allein im Winter 2013 wuchs der Anteil sozialversicherungspflichtig beschäftigter Pflegekräfte um weitere 1,9% (MERDA/BRAESEKE/KÄHLER 2014). 2014 hatten von den 192.000 ausländischen Pflegekräften in Deutschland ca. 56% einen anerkannten Pflegefachberuf (ebd). In den letzten fünf Jahren wuchs die Zahl der aus dem Ausland stammenden Pflegenden deutlich: ca. 84.000 Pflegekräfte aus dem EU-Ausland wurden 2020 verzeichnet, zusätzlich hat sich im Zuge von Rekrutierungsmaßnahmen, vornehmlich aus den Westbalkanstaaten, die Anzahl Pflegender aus diesen Regionen auf ca. 34.000 erhöht, hinzu kommen ca. 13.000 Menschen mit Fluchthintergrund, die aktuell in der Pflege beschäftigt sind (ebd.). Nach Deutschland zugewandert sind Pflegekräfte v. a. aus den Ländern Polen, Bosnien und Herzegowina, Türkei, Kroatien und Rumänien (ebd.). Im Vergleich zu 2010 hat sich die absolute Zahl von Pflegenden mit eigener Migrationserfahrung zwar erhöht, nicht aber ihr prozentualer Anteil von 15% in der Alten- und 9% in der Krankenpflege (ebd.).

3. Gesetzliche Grundlagen der beruflichen Anerkennung in Pflegeberufen

Das 2012 in Kraft getretene Berufsqualifikationsfeststellungsgesetz (BQFG) (idF der Bekanntmachung vom 6. Dezember 2011 (BGBl. I S. 2515), zuletzt geändert durch Artikel 1 des Gesetzes vom 3. Dezember 2020 (BGBl. I S. 2702)) regelt die Anerkennung von Berufsqualifikationen, die nicht in Deutschland erworben wurden. Als subsidiäre Regelung greift es aber nicht für die Berufe in der Kranken- und Altenpflege (siehe auch §§ 2 Abs. 7 KrPflG, 2 Abs. 6 AltPflG und 40 Abs. 4 PflBG). Insofern galten die auf Berufsanerkennung bezogenen Vorschriften in den Fachgesetzen für Berufe in der Pflege fort, nur die Aufnahme in die Bundesstatistik nach § 17 BQFG gilt auch für sie.

Art. 45 des Vertrags über die Arbeitsweise der Europäischen Union (AEUV) garantiert die Freizügigkeit von Arbeitnehmern innerhalb der EU. Das führt zu einer europaweiten, gegenseitigen Anerkennung von Berufsabschlüssen, die allerdings vorbehaltlich von Gründen der öffentlichen Ordnung, Sicherheit und Gesundheit (Art 45 Abs. 3 AEUV) gewisse Beschränkungen erfährt. Die Anerkennung des Berufsabschlusses Gesundheits- und Krankenpfleger/-in unterliegt solchen Beschränkungen, die in der EU-Richtlinie 2005/36/EG genauer ausgeführt werden.

Mit dem Gesetz zur Umsetzung der Richtlinie 2005/36/EG des Europäischen Parlaments und des Rates über die Anerkennung von Berufsqualifikationen der Heilberufe (HeilbAnerkRUG) (idF der Bekanntmachung vom 2. Dezember 2007 (BGBl. I S. 2686) wurden 2007 das Gesetz für die Berufe der Krankenpflege (KrPflG) und das Altenpflegegesetz (AltPflG) geändert. Es durften lt. § 1 KrPflG bzw. AltPflG Krankenschwestern und Krankenpfleger, die für die allgemeine Pflege verantwortlich waren, Gesundheits- und Kinderkrankenpfleger/-innen sowie Altenpfleger/-innen, die Staatsangehörige eines Vertragsstaates des Europäischen Wirtschaftsraumes waren, und ihre Berufstätigkeit als vorübergehende und gelegentliche Dienstleistung erbrachten, ohne Erlaubnis die Berufsbezeichnung führen. Für alle anderen und für die dauerhafte Berufsausübung musste gemäß § 2 KrPflG bzw. AltPflG die Gleichwertigkeit der Ausbildung aus dem Herkunftsland nachgewiesen und anerkannt sein.

Seit März 2020 gilt das Fachkräfteeinwanderungsgesetz, das auch für beruflich qualifizierte Pflegekräfte aus Drittstaaten neue Perspektiven eröffnet. Demnach ist der Arbeitsmarkt nicht nur für Hochschulabsolvent/-innen, sondern nun auch für Personen mit einer anerkannten Berufsausbildung geöffnet (siehe hierzu näher den Beitrag von *Neundorf* in diesem Band). Zudem sieht das Gesetz unter bestimmten Bedingungen ein beschleunigtes Anerkennungsverfahren vor, einen Verzicht auf die Vorrangprüfung bei konkretem Arbeitsplatzangebot sowie verbesserte Möglichkeiten, an Qualifizierungsmaßnahmen im Rahmen der beruflichen Anerkennung teilzunehmen.

Die vorrangige Voraussetzung für die Berufszulassung als Pflegefachmann/Pflegefachfrau ist nach § 2 Nr. 1 die vom PflBG vorgeschriebene berufliche oder hochschulische Ausbildung mit erfolgreich abgelegter staatlicher Prüfung. Als automatisch anerkannt gelten in EU-Staaten erworbene Qualifikationen in bestimmten Berufen, dazu zählen auch die Berufe in der Krankenpflege und der mit dem PflBG geregelte generalistische Abschluss zur Pflegefachfrau/zum Pflegefachmann. Die automatische Anerkennung auf der Grundlage von zwischen Vertragsstaaten der EU vereinbarten Mindestanforderungen erfolgt auf Antrag. Die formalen Mindestanforderungen und die mindestens in der Ausbildung zu vermittelnden Fachgebiete, Kenntnisse und Fertigkeiten sowie die Berufsbezeichnungen der Pflegefachpersonen - in der jeweiligen Landessprache - sind in Artikel 31 und in Punkt 5.2.1 und 5.2.2 des Anhangs V.2 der Richtlinie 2005/36/EG angegeben. Aufgrund der Dynamik im Gesundheitswesen und der Entwicklung der Pflegeprofession wurde zur Unterstützung einer ggf. anstehenden Aktualisierung der in Teilen veralteten Richtlinie im Auftrag der EU-Kommission eine umfangreiche Studie durchgeführt. Diese kommt zu dem Schluss, dass in den meisten EU- und EFTA-Staaten sowie im Vereinigten Königreich Pflegeforschung und -wissenschaft sowie technologisch unterstützte Gesundheitsversorgung und auch die demografische Entwicklung in den Ausbildungsgängen berücksichtigt sind, allerdings in unterschiedlichem Maße. Daher wird empfohlen, diese Aspekte in der o.g. Richtlinie aufzugreifen und damit die verbindlichen Ausbildungsinhalte, die grundlegend für die automatische Anerkennung sind, entsprechend auszuweiten und zu aktualisieren (Ypma u. a. 2020).

Inhaber von Qualifikationen, die nicht automatisch anerkannt sind (also v. a. die in Drittstaaten erworbenen Qualifikationen), durchlaufen auf Grundlage von §§ 40-43 PflBG und §§ 43-47 der Ausbildungs- und Prüfungsverordnung für Pflegeberufe (PflAPrV, idF vom 2. Oktober 2018 (BGBl. I S. 1572), zuletzt geändert durch Artikel 10 des Gesetzes vom 19. Mai 2020 (BGBl. I S. 1018)) ein Anerkennungsverfahren, in dem die Qualifikationsnachweise dahingehend geprüft werden, ob wesentliche Unterschiede zur deutschen Pflegeausbildung bestehen und – sofern welche vorliegen – wie diese ausgeglichen werden können. Um feststellen zu können, ob die Gleichwertigkeit gegeben ist, bedarf es einer fachlichen Einschätzung der Qualifikation der antragstellenden Person. Dabei wird geprüft, ob sogenannte „wesentliche Unterschiede" zwischen der Qualifikation der antragstellenden Person und den hiesigen qualifikationsbezogenen Merkmalen der Ausbildung zur Pflegefachfrau/zum Pflegefachmann bestehen (Jürgensen 2020). Insbesondere ist zu prüfen, ob es Unterschiede hinsichtlich der theoretischen und praktischen Ausbildungsinhalte mit besonderem Blick auf die Vorbehaltstätigkeiten nach § 4 PflBG (Steuerung und Gestaltung des Pflegeprozesses) gibt. Für die Prüfung werden Ausbildungsnachweise und weitere Qualifikationsnachweise, z. B. von Fortbildungen, sowie Nachweise beruflicher Erfahrungen, die bei der tatsächlichen und rechtmäßigen Ausübung des Berufs erworben wurden, herangezogen. Für die Entscheidung über den Antrag auf Berufszulassung hat die zuständige Behörde drei Monate (bei Antragstellenden aus EU/EWR) bzw. vier Monate (bei Antragstellenden aus Drittstaaten) Zeit. Liegen wesentliche Unterschiede nach der Gesamtschau der beruflichen Kenntnisse und Fähigkeiten vor, so sind diese mit den nach §§ 44-47 PflAPrV vorgesehenen Maßnahmen – Kenntnis- bzw. Eignungsprüfung oder Anpassungslehrgang – auszugleichen, bevor der Pflegeberuf in Deutschland ausgeübt werden darf. Innerhalb von sechs Monaten nach Entscheidung muss der antragstellenden Person die Möglichkeit gegeben sein, die Kenntnis- bzw. Eignungsprüfung abzulegen (§ 45 Abs. 8 und § 47 Abs. 6 PflAPrV). Entscheidet sie sich für einen Anpassungslehrgang, so kann dieser bis zu drei Jahre dauern (§ 40

Abs. 3 PflBG; zu den aufenthaltsrechtlichen Implikationen siehe den Beitrag von *Neundorf* in diesem Band).

4. Entwicklung der Antragszahlen auf Berufsanerkennung in der Pflege

Die meisten Anträge auf Anerkennung der Berufsqualifikation nehmen reglementierte Berufe ein, also diejenigen, für deren Ausübung eine Erlaubnis erforderlich ist, wozu die Berufe in der Pflege zählen. Seit der Erfassung der Antragszahlen wurden schwerpunktmäßig Anträge auf Berufsanerkennung von Angehörigen medizinischer Gesundheitsberufe (Ärztinnen und Ärzte sowie Krankenpflegerinnen und Krankenpfleger) gestellt. Mithilfe der fünf seit 2014 erschienenen Anerkennungsberichte (BMBF 2014-2019) können heute Trends bezüglich der Anzahl und der Herkunftsländer von Antragstellenden abgebildet werden. Demnach befinden sich die Antragszahlen von Gesundheits- und Krankenpfleger/-innen im ungebrochenen Aufwärtstrend (siehe Abbildung).

Aus dem aktuellen Migrationsbericht für das Jahr 2020 geht hervor, dass Staatsangehörige aus Serbien, der Türkei, Bosnien und Herzegowina, Indien und den Philippinen die größten Gruppen der Erwerbsmigrant/-innen bilden (vgl. BMI/

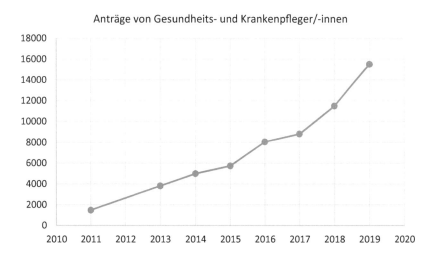

Abbildung 4 Entwicklung der Anträge von Gesundheits- und Krankenpfleger/-innen auf Anerkennung seit Einführung des BQFG (Zahlen aus den Anerkennungsberichten 2014-2019 sowie Destatis. Die Angaben aus 2016 und 2019 sind gerundete Zahlen positiv beschiedener Anträge lt. Destatis) (eigene Darstellung)

BMBF 2021, S. 78). Während bei der Erwerbsmigration die Covid-19-Pandemie zu deutlichen Einreiseerschwernissen geführt hat, galt dies nicht für Angehörige von Pflege- und Gesundheitsberufen (ebd.). Prozentual am meisten Fachkräfte aus dem Pflegebereich kamen 2020 von den Philippinen (ebd.). Der Anerkennungsbericht (BMBF 2019) weist die drei häufigsten Herkunftsländer von Antragstellenden für die Berufszulassung in der Krankenpflege aus. Insgesamt wurden 2018 11.490 Anträge gestellt. Die meisten Anträge kamen von Antragstellenden aus Bosnien und Herzegowina, gefolgt von Serbien, den Philippinen, Albanien und Rumänien (siehe Abbildung 2).

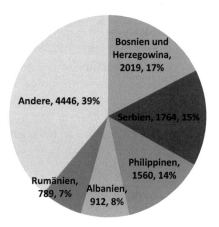

Abbildung 5 Aus dem Anerkennungsbericht 2019 (BMBF 2019, S. 40) (eigene Darstellung)

5. Maßnahmen zur Fachkräftesicherung

Dem laut Deutschem Berufsverband für Pflegeberufe (DBfK) drohenden „Pflegekollaps" begegnet die Bundesregierung mit verschiedenen Maßnahmen, die an unterschiedlichen Ursachen des Fachkräftemangels ansetzen sollen. Mit den „fünf Sicherungspfaden der Bundesregierung" sollte 2011 bereits die Situation von Arbeitnehmerinnen und Arbeitnehmern vornehmlich in den Mangelberufen verbessert werden, u. a. durch bessere Vereinbarkeit von Familie und Beruf, Bildung und Qualifizierung. Andererseits sollten neue Fachkräfte, auch aus dem Ausland, gewonnen werden (BMAS 2011, S. 16). Nachdem das Bundesministerium für Familie, Senioren, Frauen und Jugend (BMFSFJ) dann von 2012 - 2015 die „Ausbildungs- und Qualifizierungsoffensive Altenpflege" durchgeführt hatte, wurde einige Jahre darauf im Zuge der Pflegeberufereform vom BMFSFJ und dem Bundesministerium für Gesundheit (BMG) die Konzertierte Aktion Pflege (KAP) ins Leben gerufen. Zahlreiche Maßnahmen zu planen und umzusetzen wurde 2019 in fünf Arbeitsgruppen, bestehend aus Arbeitgeber- und Arbeitnehmerverbänden, Berufs- und Wohlfahrtsverbänden sowie weiteren Interessensvertretungen und Akteuren im Gesundheitsbereich, vereinbart. Die Arbeitsgruppen gehen das Fachkräfteproblem an mit den Schwerpunkten Ausbildungsoffensive (AG 1), Personalmanagement, Arbeitsschutz und Gesundheitsförderung (AG 2), innovative Versorgungsansätze und Digitalisierung (AG 3), Pflegekräfte aus dem Ausland (AG 4) und Entlohnungsbedingungen in der Pflege (AG 5). Mit diesem Fächer an Maßnahmen sollen die Ausbildung attraktiver gemacht, die Versorgung verbessert, der Verbleib im Beruf verlängert und Personal sowie Auszubildende aus dem Ausland gewonnen werden.

6. Unterstützungsangebote zur Fachkräftegewinnung aus dem Ausland

Den oben genannten fünf Sicherungspfaden und der Konzertierten Aktion Pflege gemeinsam ist, dass jeweils in mindestens einem der vorgesehenen Arbeitspakte Fachkräfte aus dem Ausland als Ressource für den Pflegesektor verstanden werden, die es zu erschließen galt und gilt. Drei grundsätzliche Aktionsschwerpunkte können ausgemacht werden, die den Arbeitsmarkt für Migrant/-innen öffnen und die Aufnahme einer Arbeit in der Pflege erleichtern sollen: Erstens die Anpassung der gesetzlichen Grundlagen für die Aufenthaltserlaubnis, die Niederlassung und die Erlaubnis zur Berufsausübung, zum zweiten verschiedene Projekte zur aktiven und ethisch vertretbaren Rekrutierung von Arbeitskräften aus dem Ausland und drittens die Erleichterung der beruflichen Anerkennung durch flankierende Unterstützungsangebote entlang des Anerkennungsprozesses.

Wie den Ausführungen zum Berufszulassungsverfahren ausländischer Pflegefachpersonen zu entnehmen ist, vergeht einige Zeit von der Entscheidung, die Arbeit in Deutschland aufzunehmen, bis zur tatsächlichen Berufszulassung. Hinzu kommt, dass die Frist der Antragsbearbeitung erst beginnt, nachdem alle Unterlagen vollständig vorliegen, was bei Fluchthintergrund der Antragstellenden eher nicht zu erwarten ist. Aufgrund der stets steigenden Antragszahlen, der zeitaufwendigen umfassenden Begutachtung der Qualifikationsnachweise und der recht komplexen Einzelfälle können die zuständigen Behörden nicht immer die vorgesehenen Fristen einhalten. Zur Erleichterung der Einschätzung vorliegender Qualifikationsnachweise wurde 2016 länderübergreifend in der Zentralstelle für ausländisches Bildungswesen (ZAB) der Kultusministerkonferenz

(KMK) die Gutachtenstelle für Gesundheitsberufe (GfG) eingerichtet. Hier unterstützen Fachexpertinnen und -experten die Landesbehörden durch die Begutachtung im Einzelfall und geben eine Einschätzung darüber ab, ob die nachgewiesene Qualifikation gleichwertig ist bzw. ob und welche wesentlichen Unterschiede sie aufweist. Auf dieser Grundlage entscheiden die zuständigen Behörden über das Erfordernis von Ausgleichsmaßnahmen. Mittlerweile wurden ausreichend viele Fälle begutachtet und Länderberichte erstellt, so dass Fälle exemplarisch vorliegen und bei der Bearbeitung neuer Anträge herangezogen werden können. Damit erhält die Bewertung der Qualifikationsnachweise eine sichere Grundlage, mit der die zuständigen Behörden die Anträge bearbeiten können, zudem soll damit erreicht werden, dass die Bewertung einheitlich erfolgt.

In den letzten Jahren gab es von Seiten der Politik verschiedene Projekte zur Gewinnung von Pflegefachpersonen aus dem Ausland. Dazu zählen eine im Jahr 2012 zwischen der Hessischen Landesregierung und Spanien vereinbarte Kooperation zusammen mit der Zentralen Auslands- und Fachvermittlung der Bundesagentur für Arbeit. Im Rahmen dieses Projekts wurden 50 Pflegefachkräfte aus dem Ausland rekrutiert, die in Deutschland nach der Durchführung von Sprachkursen und Einarbeitungsprojekten in der Altenpflege arbeiten sollten (BRAESEKE/BONIN 2016). Dieses Projekt zeitigte nicht den erwarteten Erfolg: die Sprachkenntnisse der Projektteilnehmenden waren sehr unterschiedlich, Unterstützungsangebote für interkulturelle Kompetenz der Mitarbeitenden in den Einrichtungen wurden nicht wie erwartet angenommen, und die spanischen Pflegefachpersonen wechselten nach der Anerkennung ihrer Qualifikation in die Krankenpflege (ebd.)

2012 startete in Zusammenarbeit mit der Gesellschaft für Internationale Zusammenarbeit (GIZ), dem Arbeits- und Sozialministerium Vietnams (MoLiSa) und dem Bundeswirtschaftsministerium (BMWi) ein Projekt, in dem in vier Bundesländern zweimal 100 Pflegefachpersonen aus Vietnam eine auf zwei Jahre verkürzte Altenpflegeausbildung absolvierten. Vorbereitend und begleitend wurden Sprachkurse durchgeführt sowie Mitarbeitende der Einrichtungen und Lehrende der Pflegeschulen in interkultureller Kompetenz geschult. Das Projekt wurde in einigen Bundesländern 2016 – 2019 auf die Krankenpflege ausgeweitet (BRAESEKE u. a. 2020).

In Kooperation mit China begann 2013 ein Projekt, an dem der Arbeitgeberverband Pflege und die ZAV beteiligt waren. Auch hier wurde für die Altenpflege qualifiziert, und das Projekt wird – abgesehen von hohen Gebühren für die Ausreise, die in China von den Teilnehmenden entrichtet werden musste – als erfolgreich eingeschätzt (BRAESEKE/BONIN 2016).

Über die von Regierungsseite initiierten und gesteuerten Projekte hinaus rekrutieren auch Arbeitgeber direkt Fachkräfte aus dem Ausland (zu den Limitierungen siehe den Beitrag von *Kolb* und *Wohlfarth* in diesem Band). Vornehmlich aus EU-Staaten (Polen, Spanien, Kroatien, Rumänien, Italien und Griechenland), aber auch aus Drittstaaten (Bosnien und Herzegowina, Ukraine, Russland, Republik Moldau, China, Philippinen, Vietnam und Türkei) (Bonin/Braeseke/Ganserer 2015).

Mit der Fachkräftegewinnung aus dem Ausland beschäftigt sich auch die Arbeitsgruppe 4 der KAP. Diese hat sich zum Ziel gesetzt, die Rahmenbedingungen für die Gewinnung von Pflegefachpersonen aus dem Ausland zu verbessern (Bundesregierung 2019). Mittlerweile liegt der zweite Umsetzungsbericht vom August 2021 vor. Aus diesem geht hervor, wie weit die Aktivitäten der AG 4 zur Gewinnung von Pflegefachkräften aus dem Ausland, zur Beschleunigung der administrativen Verfahren bei der Einwanderung und Anerkennung sowie Maßnahmen zur sozialen und beruflichen Integration fortgeschritten sind (ebd.). Diese werden in der folgenden Tabelle übersichtsartig und verkürzt dargestellt.

Akteure / Projekte	Maßnahmen
Deutsches Kompetenzzentrum für internationale Fachkräfte in den Gesundheits- und Pflegeberufen (DKF)	**Gütesiegel** für die Anwerbung von Pflegekräften aus Drittstaaten durch private Personalvermittler und Einrichtungen des Gesundheitswesens, „**Werkzeugkoffer** Willkommenskultur & Integration" für Arbeitgeber
Deutsche Fachkräfteagentur für Gesundheits- und Pflegeberufe (DeFa)	Beschleunigung und Vereinfachung der **Verwaltungsverfahren** im Rahmen des Fachkräfteeinwanderungsgesetzes
Gutachtenstelle für Gesundheitsberufe (GfG)	Erstellung von **Länderberichten** und **Mustergutachten**
Projekt „Integrierte Ausgleichsmaßnahme für die Anerkennung von Pflegefachkraftabschlüssen" (INGA)	**Konzept** für die betriebsintegrierte Ausgleichsmaßnahme und pflegefachbezogene Sprachförderung, **Handreichungen** für Lehrende sowie Praxisanleiterinnen und -anleiter
BMG und der GIZ	**Aufbau und Etablierung** anerkennungsfähiger pflegerischer Qualifikationen einschließlich der fachbezogenen Sprachförderung im Herkunftsland

Akteure / Projekte	Maßnahmen
„Make it in Germany"	**Portal** mit Informationen zum Pflegeberuf und zum Einwanderungsprozess für ausländische Pflegefachpersonen
Bundesagentur für Arbeit (BA)	**Potenzialanalyse** zur Identifikation geeigneter Länder für die Fachkräftegewinnung
Zentrale Servicestelle Berufsanerkennung (ZSBA)	**Beratung** potenzieller Antragsteller auf Berufszulassung in ihrer Landessprache
Goethe-Institute und Partnerorganisationen	**Sprachkurse** im Ausland und Vorbereitung auf das Leben in Deutschland
Ministerium für Arbeit und Soziales (BMAS)	Finanzierung von **Berufssprachkursen** im Inland für zuwandernde Pflegefachkräfte
BA und GIZ	Gewinnung von **Auszubildenden** aus dem Ausland für die Pflege in Deutschland

Die Förderung der Einwanderung ist ein Baustein, um dem hohen Fachkräftebedarf zu begegnen. Die Einbindung von Fachpersonen aus dem Ausland spiegelt auch eine multikulturelle Gesellschaft wider, in der es Pflegende und zu pflegende Menschen unterschiedlichster Herkunft gibt.

Damit Deutschland auch weiterhin für Pflegefachpersonen aus dem Ausland attraktiv bleibt, ist die Evaluation der Projekte und Maßnahmen unerlässlich. Wichtig hierbei ist es, aus den Erfolgen und Fehlern zu lernen. Ziel muss es sein, die Integration zu bahnen und gleichzeitig von der kulturellen Vielfalt zu profitieren.

7. Akademisierung

Die Akademisierung des Pflegeberufes als weiterer Baustein, um dessen Attraktivität zu steigern, ist durch Inkrafttreten des Pflegeberufegesetzes 2020 (BUNDESAMT FÜR JUSTIZ 2020) befördert worden (MENG u. a. 2022). Wo vorher ausschließlich Modellstudiengänge die Pionierarbeit zur Akademisierung des Pflegeberufe geleistet haben (MENG u. a. 2022), können durch das neue Pflegeberufegesetz nun auch, wie eingangs bereits erwähnt, Studiengänge mit primärqualifizierenden Bachelorstudiengängen angeboten werden (BUNDESAMT FÜR JUSTIZ 2020). Das Novum liegt hierbei auf der Eigenverantwortlichkeit der Hochschulen, die praktischen Einsätze selbst zu gestalten. Die Studierenden studieren einen Bachelor „Pflegefachfrau/ Pflegefachmann" und erhalten, je nach Bundesland automatisch oder auf Antrag, eine Berufszulassung. Diese Strukturen stehen allerdings noch am Anfang.

Bereits 2012 forderte der Wissenschaftsrat eine Akademisierungsquote zwischen 10% und 20% für den Pflegeberuf, da bereits damals von einer steigenden Komplexität zukünftiger Aufgaben ausgegangen wurde (WISSENSCHAFTSRAT 2012).

In Deutschland studierten im Frühjahr 2021 an primärqualifizierenden Hochschulen mindestens 316 Studierende (MENG u. a. 2022). Eine Hochrechnung geht davon aus, dass deutschlandweit zu diesem Zeitpunkt zwischen 379 und 554 Personen einen primärqualifizierenden Studiengang zur Pflegefachfrau/ Pflegefachmann studierten (MENG u. a. 2022). Eine andere Hochrechnung gibt für das Wintersemester 2020/2021 in Deutschland eine Schätzung von 378 Studierenden primärqualifizierender Studiengänge ab (GRÄSKE 2021). Demgegenüber haben im Jahr 2021 (Stichtag 30.12.2021) 53.610 Personen neue Ausbildungsverträge in den Pflegeberufen abgeschlossen (DESTATIS 2021).

Die positivste Schätzung von 554 Studierenden primärqualifizierender Hochschulen steht in einem Verhältnis von 1,02% zur (geschätzten) Grundgesamtheit aller Studierenden und Auszubildenden (MENG u. a. 2022). Aus den konkreten Zahlen (n=316), die über die Erhebung erfasst wurden, geht hervor, dass die Studierenden 0,59% der (geschätzten) Grundgesamtheit ausmachen.

Hierbei sei herausgestellt, dass die Auszubildendenzahlen das gesamte Jahr 2021 umfassen, die Zahlen der Studierenden, durch den Erhebungszeitpunkt im Frühjahr, keine neuen Studierende im Wintersemester 2021/2022 beinhalten. Trotz dieser Verzerrung wird deutlich, dass die geforderte Akademisierungsquote zwischen 10% und 20% aktuell noch deutlich unterschritten wird. Das Voranschreiten der Akademisierung in der Pflege ist eine Möglichkeit, den Pflegeberuf für weitere potentielle Zielgruppen zu öffnen und damit die Gesamtattraktivität des Pflegeberufes zu steigern.

8. Lebensweltnahe Versorgung

Ein letzter Aspekt, der zur Lösung des Fachkräftemangels und zur Steigerung der Attraktivität der Pflegeberufe beitragen soll, ist der Einbezug von Familie und Zivilgesellschaft in pflegerische Versorgungsarrangements. Damit einher geht die Entwicklung von neuen Tätigkeitsfeldern und Aufgaben für beruflich Pflegende im Rahmen der Koordination und Steuerung aller an der Versorgung beteiligten Personen.

Die Kostenübernahme für pflegerische Tätigkeiten in der ambulanten Pflege wird vorwiegend über die Sozialgesetzbücher geregelt. Umfang und

Ausgestaltung der konkreten Versorgung findet als Aushandlungsprozess zwischen Betroffenen, Angehörigen/Familien und der Pflegefachperson statt. Wenn ambulante Pflegedienste im Rahmen von häuslichen Pflegearrangements Leistungen erbringen möchten, benötigen sie zur Abrechnung einen Versorgungsvertrag. Im Rahmen dessen haben sie sicherzustellen, dass sie eine „Gewähr für eine leistungsfähige und wirtschaftliche pflegerische Versorgung bieten und sich verpflichten ein einrichtungsinternes Qualitätsmanagement" umzusetzen (BÜSCHER/KREBS 2018). Die Leistungen der Pflegedienste im Rahmen des Sozialgesetzbuch XI orientieren sich dabei am Pflegebedürftigkeitsbegriff.

Darüber hinaus können durch ambulante Pflegedienste auch Leistungen nach § 37 SGB V angeboten werden. Diese erfolgen auf der Grundlage ärztlicher Verordnungen, die vom Gemeinsamen Bundesausschuss der Ärzte und Krankenkassen nach § 92 SGB V beschlossen werden (GEMEINSAMER BUNDESAUSSCHUSS 2017). Anders als für die Pflegeleistungen nach SGB XI entfällt die mögliche Zuzahlung für die ärztlich verordneten Pflegeleistungen.

Diese Strukturen haben Auswirkungen auf das Führungshandeln und strategische Entscheidungen in ambulanten Diensten, so werden Fragen der Finanzierung und der Personalsituation gegenüber situationsangemessenen Entscheidungen priorisiert (BÜSCHER/KREBS 2018). Eine zukunftsorientierte attraktive Gestaltung der häuslichen Versorgung fokussiert auf die Ausgestaltung des Pflegeprozesses im konkreten Pflegehandeln. Dies umfasst nicht nur die partizipative Aushandlung von Zielen und Maßnahmen zwischen Hilfebedürftigem, beruflich Pflegenden und Angehörigen, sondern auch die Beobachtung des Verlaufs der individuellen Situation unter Einbezug der subjektiven Lebensqualität und darüber hinaus die lokale Infrastruktur (BÜSCHER/KREBS 2018). Hier können politische Akteure Rahmenbedingungen für sorgende Gemeinschaften schaffen (SCHNABEL/HÜLSKEN-GIESLER 2018).

Vor dem Hintergrund von Ansätzen wie der sorgenden Gemeinschaft (HOBERG/KLIE/KÜNZEL 2013; SCHNABEL/HÜLSKEN-GIESLER 2018) entstehen in der lebensweltnahen Versorgung auch neue Aufgaben für beruflich Pflegende. Ein Ansatz, der hier auch international verfolgt wird, sind Weiterqualifizierungsmöglichkeiten im Rahmen eines Community Health Nursing Studiengangs, der derzeit an vier Standorten in Deutschland angeboten wird. Aufgenommen werden diese neuen Entwicklungsmöglichkeiten und Tätigkeitsfelder auch im Koalitionsvertrag der im Herbst des Jahres 2021 gewählten Bundesregierung: „Professionelle Pflege ergänzen wir durch heilkundliche Tätigkeiten und schaffen u. a. das neue Berufsbild der ‚Community Health Nurse'" (BUNDESREGIERUNG 2021).

Dass Primärversorgung in Deutschland einen höheren Stellenwert bekommen sollte, wurde auch im Kontext des Projekts „Neustart!" der Robert-Bosch-Stiftung diskutiert. Hier wird die Forderung mit den Gutachten des Sachverständigenrats begründet: „In nicht weniger als drei Gutachten hat der Sachverständigenrat zur Begutachtung der Entwicklung im Gesundheitswesen 2009, 2014 und 2018 deutlich gemacht, dass eine Stärkung von Primärversorgung […] notwendig" ist (KLAPPER/CICHON 2021, S. 15). Eine nachhaltige Integration dieser Rolle in der Gesundheitsversorgung und im Berufsfeld kann nur gelingen, wenn diese Rolle sowohl im Berufsrecht als auch im Leistungs- und Leistungserbringungsrecht verortet ist und Wege aufgezeigt werden, wie dies bereits heute genutzt werden kann (BURGI/IGL 2021).

Erste Erprobungen finden im Rahmen von den folgenden ausgewählten Projekten bereits statt. So werden im Projekt Famous der Hochschule Mainz in einem durch den Innovationsfonds geförderten Projekt mit einer Laufzeit von 3,5 Jahren Pflegende mit Masterabschluss in Hausarztpraxen eingesetzt. Diese „Advanced Practice Nurses" (APN) übernehmen fallbezogene Versorgung multimorbider Patienten und Patientinnen. Sie arbeiten interprofessionell sowie sektorenübergreifend. Ziel ihrer Arbeit ist es, zu einer Stabilisierung der gesundheitlichen und häuslichen Versorgungssituation der Patienten und Patientinnen beizutragen.

Zu ihren Aufgaben gehört

- die Durchführung eines vertieften Assessments
- die Identifikation von Unterstützungsbedarfen
- der Einsatz von standardisierte Testverfahren und Medikamenten-Assessments
- Erstellung (und Umsetzung) von individualisierten Versorgungsplänen.
- Monitoring des Versorgungsplanes und ggf.
- Sicherstellung eines reziproken Informationstransfers zwischen allen an der Versorgung beteiligten Institutionen. (FAMOUS: Katholische Hochschule Mainz (kh-mz.de)).

Niedrigschwellige, aufsuchende Angebote zur Prävention von Pflegebedürftigkeit werden im Rahmen von Projekten wie der „Gemeindeschwester Plus" angeboten (WEIDNER u. a. 2019). Die Landesregierung Rheinland-Pfalz hat im Koalitionsvertrag des Jahres 2021 festgelegt, das Angebot der Gemeindeschwester Plus auszubauen und flächendeckend einzuführen.

Das Projekt „Gemeindeschwester Plus" richtet sich an Menschen ab 80 Jahren, die in der eigenen Häuslichkeit leben und Unterstützungsbedarf haben. Durch das Projekt soll die Selbstständigkeit dieser Altersgruppe und deren soziale Teilhabe möglichst lange aufrechterhalten werden.

Im Zentrum der Tätigkeiten der Fachkräfte stehen:
- eine aufsuchende, präventive und gesundheitsfördernde Beratung in Form von präventiven Hausbesuchen
- die Vermittlung an entsprechende weitere Unterstützungsangebote
- die Stärkung regionaler, sozialer Netzwerke und Unterstützungsangebote
- die Aktivierung vorhandener Ressourcen der hochbetagten Menschen und ihrer Umwelt zur Bewältigung von Herausforderungen des Alterns,
- die Mitwirkung an einer bedarfsorientierten Weiterentwicklung der kommunalen und sozialräumlichen Infrastruktur
- die Erfassung und Vermittlung wohnortnaher Angebote zur Unterstützung und Teilhabe.

Die Neuverteilung der Aufgaben im Gesundheitswesen umfasst auch die Übertragung der heilkundlichen Aufgaben. Die Fachkommission nach § 53 PflBG nach § 53 PflBG hat dazu neun Module entwickelt, ein Grundlagenmodul und acht fachspezifische Module. Die Möglichkeit der Durchführung von Modellvorhaben besteht bereits seit 2012, so ist die „Richtlinie des Gemeinsamen Bundesausschusses über die Festlegung ärztlicher Tätigkeiten zur Übertragung auf Berufsangehörige der Alten- und Krankenpflege zur selbstständigen Ausübung von Heilkunde im Rahmen von Modellvorhaben nach § 63 Abs. 3c SGB V" in der Fassung vom 20. Oktober ist mit der Veröffentlichung im Bundesanzeiger am 22. März 2012 in Kraft gesetzt worden. Obwohl die gesetzlichen Voraussetzungen für die Übertragung ärztlicher Aufgaben an entsprechend qualifizierte Pflegefachpersonen seit vielen Jahren vorliegen, wurde die Möglichkeit einer Erprobung im Rahmen von Modellversuchen bislang nahezu nicht genutzt (FACHKOMMISSION NACH § 53 PFLBG 2021). Dies zeigt auch eine auf Beschluss der Fachkommission in Auftrag gegebene Bestandsaufnahme der Universität zu Lübeck (VAN HALSEMA/INKROT/BALZER 2020). Auf Basis der entwickelten Module sollen Modellversuche nun ab Januar 2023 erprobt werden. Im Anschluss an die Modellvorhaben ist eine Integration in die berufliche Ausbildung als erweiterte Ausbildung oder das primärqualifizierende Studium vorgesehen.

V. Ausblick

Den vielfältigen Herausforderungen bezüglich der pflegerischen Versorgung der Bevölkerung wird mit einer Vielzahl an Maßnahmen zur Steigerung der Attraktivität proaktiv begegnet. Aus Erhebungen zur Berufswahlmotivation geht hervor, dass durch die Coronapandemie, das Interesse an einer Ausbildung, bzw. einem Studium in der Pflege stabil geblieben ist (DIONSISIUS/NIEMANN/CUSO).

Mit Gottfredson (GOTTFREDSON 1981) argumentieren die Autoren, dass junge Menschen einen Beruf wählen, wenn sie diesem einen Wert beimessen. Eine gesellschaftliche Aufgabe besteht darin, Berufe wie die Pflege in Krisenzeiten nicht nur zu beklatschen, sondern mit echter Wertschätzung zu belegen. Diese findet ihren Ausdruck in angemessener Entlohnung, Handlungsspielräumen in der Ausübung des Berufs und Letztverantwortung für berufliche Entscheidungen sowie in umfassender Verantwortung für den gesamten Pflegeprozess (GOESMANN/NOELLE 2009; FISCHER 2010). Um diese Ziele zu erreichen ist auch die Disziplin der Pflegewissenschaft zu stärken und unter anderen Disziplinen zu etablieren, wie dies international bereits Realität ist (SEIDL 1999). Dazu hat das Bundesinstitut für Berufsbildung (BIBB) im neuen Pflegeberufegesetz Aufgaben übertragen bekommen. Diese sind in §§ 53 Abs. 5 Satz 1, 54 PflBG geregelt. Neben den Aufgaben als Geschäftsstelle der Fachkommission, der Beratung und Information zur Pflegeausbildung und dem Aufbau unterstützender Angebote und Strukturen zur Organisation der Pflegeausbildung gehört dazu die Forschung zur Pflegeausbildung sowie zum Pflegeberuf. Näheres ist in der Pflegeberufe-Ausbildungs- und -Prüfungsverordnung (PflAPrV) geregelt. § 60 Abs. 4 PflAPrV stellt u. a. klar, dass die Forschung zur beruflichen Ausbildung und hochschulischen Ausbildung erfolgt. § 60 Abs. 6 PflAPrV benennt die systematische Langzeitbeobachtung über ein Monitoring-System als eine konkrete Teilaufgabe (HOFRATH/PETERS/DORIN 2021). Die laufenden Reformen des Pflegeberufs begleitet das BIBB mit einem Forschungsprogramm zur beruflichen Ausbildung, zur hochschulischen Ausbildung und zum Pflegeberuf. Forschungsaufträge, die im Rahmen des Forschungsprogramms bearbeitet werden, vergibt das BIBB an externe Forschende. Das BIBB bereitet die Forschungsaufträge auf der Basis systematischer Literaturanalysen vor. Ziel dieses Vorgehens ist, externe Expertise in politisch relevanten Feldern einzubinden und die Forschungslandschaft an der Schnittstelle von Bildungs- und Pflegewissenschaft zu stärken. Vier Themenfelder bilden den Rahmen für die zu vergebenen Forschungsaufträge:

- Bildungsarchitektur in der Pflege: Transparenz und Durchlässigkeit der Bildungswege verbessern
- Neue Pflegeausbildung etablieren
- Digitalen Wandel gestalten
- Nachhaltige Migration ermöglichen: Chancen und Herausforderungen.

Die Forschungsprojekte haben zum Ziel,

- politische Fragestellungen auf Basis verschiedener wissenschaftlicher Methoden zu bearbeiten,

- wissenschaftliche Methoden weiterzuentwickeln, die zur Erforschung von Pflegebildung und zum Pflegeberuf notwendig sind,
- die (Pflege-)Praxis zu unterstützen,
- Phänomene zu beleuchten, die erst zukünftig politische Bedeutung haben können.

Die Forschungsvorhaben des BIBB müssen den Anforderungen des Wissenschaftsrats genügen. Die Ergebnisse können als Basis für politische Entscheidungen dienen, aber auch dazu, die berufliche und hochschulische Pflegeausbildung und den Pflegeberuf weiterzuentwickeln und die Umsetzung der Ausbildung zu unterstützen.

Literaturverzeichnis

AFENTAKIS, Anja; MAIER, Tobias: Können Pflegekräfte aus dem Ausland den wachsenden Pflegebedarf decken? In: STATISTISCHES BUNDESAMT (Hrsg.): Wirtschaft und Statistik 2014, S. 174-180

BENEKER, Hanna; WICHTMANN, Eva: Grenzüberschreitende Dienstpläne: Weltpflegenotstand und Frauenbewegungen. Frankfurt/M. 1994

BLUM, Karl; OFFERMANNS, Matthias; STEFFEN, Petra: Situation und Entwicklung der Pflege bis 2030. Düsseldorf 2019. URL: https://www.dki.de/sites/default/files/anylink/DKI%202019%20-%20Pflege%202030%20-%20Bericht_final.pdf

BMAS (Hrsg.): Fachkräftesicherung. Ziele und Maßnahmen der Bundesregierung. Berlin 2011. URL: p. n. A.

BMBF (Hrsg.): Bericht zum Anerkennungsgesetz 2019. URL: https://www.bibb.de/dokumente/pdf/31566_Anerkennungsgesetz_2019%20(Fassung%20Dez%202021).pdf

BMBF (Hrsg.): Berichte zum Anerkennungsgesetz. Bielefeld 2014-2019. URL: https://www.anerkennung-in-deutschland.de/html/de/pro/mediathek-profis.php#recognition_reports

BMI (Hrsg.); BMBF (Hrsg.): Migrationsbericht. der Bundesregierung - Migrationsbericht 2020 2021. URL: https://www.bamf.de/SharedDocs/Anlagen/DE/Forschung/Migrationsberichte/migrationsbericht-2020.pdf?__blob=publicationFile&v=13

BONIN, Holger; BRAESEKE, Grit; GANSERER, Angelika: Internationale Fachkräfterekrutierung in der deutschen Pflegebranche. Chancen und Hemmnisse aus Sicht der Einrichtungen. Gütersloh 2015. URL: file:///C:/Users/Juergensen/Downloads/Studie_IB_Internationale_Fachkraefterekrutierung_in_der_deutschen_Pflegebranche_2015.pdf

BRAESEKE, Grit; BONIN, Holger: Internationale Fachkräfte in der Pflege. "Die Pflegenden im Fokus". In: JACOBS, Klaus; KUHLMEY, Adelheid; GRESS, Stefan; KLAUBER, Jürgen; SCHWINGER, Antje (Hrsg.): Pflege-Report 2016. Stuttgart 2016, S. 245-261

BRAESEKE, Grit; RIECKHOF, Sandra; ENGELMANN, Freja; LINGOTT, Nina; DEAN, Marika; PÖRSCHMANN-SCHREIBER, Ulrike: Evaluation der Förderung von Modellprojekten zur Gewinnung von jungen Menschen aus Vietnam zur Ausbildung in der Pflege in Deutschland. Berlin 2020. URL: https://www.bmwi.de/Redaktion/DE/Downloads/E/evaluation-modellprojekt-gewinnung-pflegekraefte-vietnam.pdf?__blob=publicationFile&v=10

BUNDESAGENTUR FÜR ARBEIT (Hrsg.): Blickpunkt Arbeitsmarkt. Fachkräfteengpassanalyse 2020. Nürnberg 2021a. URL: https://statistik.arbeitsagentur.de/SiteGlobals/Forms/Suche/Einzelheftsuche_Formular.html;jsessionid=D67D896FE1CA1F22597DE0E131D3E5CE?nn=20626&topic_f=fachkraefte-engpassanalyse

BUNDESAGENTUR FÜR ARBEIT (Hrsg.): Arbeitsmarktsituation im Pflegebereich 2021b. URL: https://statistik.arbeitsagentur.de/DE/Statischer-Content/Statistiken/Themen-im-Fokus/Berufe/Generische-Publikationen/Altenpflege.pdf?__blob=publicationFile&v=7 (Stand: 22.02.2022)

BUNDESMINISTERIUM FÜR FAMILIE, SENIOREN, FRAUEN UND JUGEND (Hrsg.): Pflegeausbildung in Bewegung. Ein Modellvorhaben zur Weiterentwicklung der Pflegeberufe. Schlussbericht der wissenschaftlichen Begleitung. 2008. URL: https://www.dip.de/fileadmin/data/pdf/material/PiB_Abschlussbericht.pdf (Stand: 17.02.2022)

BUNDESREGIERUNG (Hrsg.): Mehr Fortschritt wagen. Bündnis für Freiheit, Gerechtigkeit und Nachhaltigkeit. Koalitionsvertrag zwischen SPD/ Bündnis 90/ Die Grünen und FDP 2021. URL: https://www.bundesregierung.de/resource/blob/974430/1990812/04221173eef9a6720059cc353d759a2b/2021-12-10-koav2021-data.pdf?download=1 (Stand: 22.02.2022)

BUNDESREGIERUNG (Hrsg.): Konzertierte Aktion Pflege. Vereinbarungen der Arbeitsgruppen 1 bis 5 2019. URL: https://www.bundesgesundheitsministerium.de/fileadmin/Dateien/3_Downloads/K/Konzertierte_Aktion_Pflege/191129_KAP_Gesamttext__Stand_11.2019_3._Auflage.pdf

BURGI, M.; IGL, G.: Rechtliche Voraussetzungen und Möglichkeiten der Etablierung von Community Health Nursing (CHN) in Deutschland. Baden-Baden 2021

BÜSCHER, Andreas; KREBS, Moritz: Qualität in der ambulanten Pflege. In: Qualität in der Pflege: mit 24 Tabellen und 43 Abbildungen. Berlin 2018, S. 127-133

DESTATIS (Hrsg.): Statistik nach der Pflegeberufe-Ausbildungsfinanzierungsverordnung 2020 2021. URL: https://www.desta

tis.de/DE/Themen/Gesellschaft-Umwelt/Bildung-Forschung-Kultur/Berufliche-Bildung/Publikationen/Downloads-Berufliche-Bildung/pflegeberufe-ausbildungsfinanzierung-vo-5212401207005.xlsx

DIONSISIUS, R.; NIEMANN, M.; CUSO, C.: Jetzt erst recht (nicht)! Zum Einfluss der Corona-Pandemie auf das Interesse Jugendlicher an einer Pflegeausbildung. In: BWP

FACHKOMMISSION NACH § 53 PFLBG: Begleitmaterialien zu den Rahmenplänen der Fachkommission nach § 53 PflBG 2020. URL: file://C:/Users/PetersM/Downloads/5f561dbe30d9c_Begleitmaterialien_BARRIEREFREI_FINAL%20(2).pdf

FACHKOMMISSION NACH § 53 PFLBG: Standardisierte Module zum Erwerb erweiterter Kompetenzen zur Ausübung heilkundlicher Aufgaben 2021. URL: https://www.bibb.de/dokumente/pdf/2021_11_21_Pflegeausbildung_Module_erweiterte_Kompetenzen_genehmigte_Vorabfassung.pdf (Stand: 21.02.2022)

FISCHER, Ute L.: „Der Bäcker backt, der Maler malt, der Pfleger ..." – Soziologische Überlegungen zum Zusammenhang von Professionalität und Wertschätzung in der Kranken- und Altenpflege / „The baker bakes, the painter paints, the nurse ..." – Sociological considerations on the relation of professionalism and valuation on sick-nursing and elderly care. In: Arbeit 19 (2010) 4, S. 239-252

GEMEINSAMER BUNDESAUSSCHUSS (Hrsg.):) Richtlinie des Gemeinsamen Bundesausschuss über die Verordnung von häuslicher Krankenpflege (Häusliche Krankenpflege Richtlinie) in der Neufassung vom 17. September 2009, zuletzt geändert am 16. März 2017. Veröffentlicht im Bundesanzeiger BAnz AT 01.06.2017 B3 2017.

Gesetz über die Pflegeberufe (Pflegeberufegesetz - PflBG). PflBG 2020

GOESMANN, C.; NOELLE, K.: Die Wertschätzung für die Pflegeberufen im Spiegel der Statistik 2009. URL: https://www.researchgate.net/profile/Christina_Goesmann/publication/268183645_Die_Wertschatzung_fur_die_Pflegeberufe_im_Spiegel_der_Statistik/links/5785625508aef321de2a9a09.pdf (Stand: 22.02.2022)

GOTTFREDSON, LINDA S.: Circumscription and compromise: A developmental theory of occupational aspirations. In: Journal of Counseling Psychology 28 (1981) 6, S. 545-579

GRÄSKE, Johannes; FORBRIG, Theresa A.; KOPPE, Louise; URBAN, Svenja; NEUMANN, Fränze; BOGUTH, Katja: Gratifikationskrisen, Arbeitsfähigkeit und Wunsch nach beruflichen Veränderungen – eine Querschnittsstudie bei Pflegepersonen. In: Gesundheitswesen (2021) EFirst

HOBERG, Rolf; KLIE, Thomas; KÜNZEL, Gerd: Strukturreform Pflege und Teilhabe. 2013. URL: https://agp-freiburg.de/downloads/pflege-teilhabe/Reformpaket_Strukturreform_PFLEGE_TEILHABE_Langfassung.pdf (Stand: 20.02.022)

HOFRATH, Claudia; PETERS, Miriam; DORIN, Lena: Aufbau und Erprobung eines Monitorings zur Umsetzung der Pflegeausbildungen. Bonn 2021.

HÜLSKEN-GIESLER, M.; DAXBERGER, S.: Robotik in der Pflege aus pflegewissenschaftlicher Perspektive. In: BENDEL, O. (Hrsg.): Pflegeroboter. Wiesbaden 2018, S. 125-139

IGL, G.: Ein Forum für die Gesundheitsberufe. In: PUNDT; J.; ROSENTRETER, M. (Hrsg.): Pflege dynamisch vorwärtsgerichtet. Aktuelle Tendenzen. o.O. 2021, S. 107-120

JÜRGENSEN, Anke: Anerkennung ausländischer Berufsabschlüsse nach der Pflegeberufereform. In: Berufsbildung in Wissenschaft und Praxis 49 (2020) 2, S. 30-32

KAETHER, J.; DEHNE, P.; NEUBAUER, A.: Regionale Daseinsvorsorge. Leitfaden für die Praxis. URL: https://www.bbsr.bund.de/BBSR/DE/veroeffentlichungen/ministerien/bmvi/verschiedene-themen/2016/regionalstrategie-daseinsvorsorge-leitfaden-dl.pdf?__blob=publicationFile&v=4 (Stand: 20.02.200)

KLAPPER, B; CICHON, I. (Hrsg.): Neustart! Für die Zukunft unseres Gesundheitswesens. Berlin 2021

MENG, Michael; PETERS, Miriam; DAUER, Bettina; HOFRATH, Claudia; DORIN, Lena; HACKEL, Monika: Pflegemonitoring: Hochschule. Erste Analysen des BIBB-Pflegepanels. In: Pflege und Gesellschaft 27. (2022) 1, S. 5-18

MERDA, Meiko; BRAESEKE, Grit; KÄHLER, Bjørn: Arbeitsbezogene Herausforderungen der Beschäftigung ausländischer Pflegekräfte in Deutschland. Hamburg 2014. URL: p. n. A.

PFLEGEKAMMER NRW (Hrsg.): Wahltag 2022. URL: https://www.pflegekammer-nrw.de/aktuelles/am-31-oktober-2022-ist-wahltag/

RAT DER ARBEITSWELT (Hrsg.): Arbeitsweltbericht 2021. URL: https://www.arbeitswelt-portal.de/fileadmin/user_upload/awb_2021/210517_Arbeitsweltbericht_bf.pdf (Stand: 20.02.2022)

ROBERT-BOSCH-STIFTUNG (Hrsg.): Pflege neu denken. Zur Zukunft der Pflegeausbildung 2000

ROBERT-BOSCH-STIFTUNG (Hrsg.): Pflege braucht Eliten. Denkschrift der 'Kommission der Robert Bosch Stiftung zur Hochschulausbildung fuer Lehr- und Leitungskraefte in der Pflege' mit systematischer Begruendung und Materialien. Gerlingen 1993

ROTHGANG, Heinz; MÜLLER, Rolf; UNGER, Rainer: Themenreport „Pflege 2030". Was ist zu erwarten – was ist zu tun? Gütersloh 2012. URL: https://www.bert

elsmann-stiftung.de/de/publikationen/publikation/did/themenreport-pfl ege-2030

SCHNABEL, M.; HÜLSKEN-GIESLER, M.: Zur Diskussion. Das Konzept der Sorgenden Gemeinschaften in pflegewissenschaftlicher Perspektive. In: Pflege und Gesellschaft 23 (2018) 1, S. 84-88

SEEBASS, Katharina; SIEGERT, Manuel: Migranten am Arbeitsmarkt in Deutschland. Working paper 2011. URL: p. n. A.

SEIDL, Elisabeth: Pflegewissenschaft – eine sich konstituierende Diszplin. In: POLAK, Gerhard (Hrsg.): Das Handbuch Public Health: Theorie und Praxis Die wichtigsten Public-Health-Ausbildungsstätten. Vienna 1999, S. 171-173

SIMON, M.; TACKENBERG, P.; HASSELHORN H.-M. (Hrsg.); KÜMMERLING, A.; BÜSCHER, A.; MÜLLER B.H. (Hrsg.): Auswertung der ersten Befragung der NEXT Studie in Deutschland 2005. URL: https://www.researchgate.net/publ ication/325908204_Auswertung_der_ersten_Befragung_der_NEXT-Studie_ in_Deutschland (Stand: 20.02.2022)

THEOBALD, Hildegard: Care workers with migration backgrounds in formal care services in Germany: a multi-level intersectional analysis. In: International Journal of Care and Caring 1 (2017) 2, S. 209-226

VAN HALSEMA, A.; INKROT, S.; BALZER, K.: Erfassung bereits vorhandener (curricularer) Konzepte zur Vermittlung erweiterter Kompetenzen, die Pflegefachpersonen zur Ausübung heilkundlicher Tätigkeiten befähigen. Unveröffentlichte Bestandsaufnahme im Auftrag des BIBB nach Beschluss der Fachkommission nach § 53 PflBG. Lübeck. 2020.

WEIDNER, F.; GEBERT, A.; EHLING, C.; WEBER, C.: Empfehlungen aus dem Modellprojekt Gemeindeschwesterplus von 2015 bis 2018 in Rheinland-Pfalz 2019. URL: https://mastd.rlp.de/fileadmin/msagd/Aeltere_Menschen/AM_ Dokumente/Empfehlungen-GSplus-DIP-final_Mai.pdf

WELTGESUNDHEITSORGANISATION (Hrsg.): State of the World's Nursing 2020. Investing in education, jobs and leadership. URL: https://apps.who.int/iris/ bitstream/handle/10665/331673/9789240003293-eng.pdf#:~:text=This%20St ate%20of%20the%20world%E2%80%99s%20nursing%202020%alue%20 of%20the0workforce%20globally.(Stand: 18.02.2022)

WISSENSCHAFTSRAT (Hrsg.): Empfehlungen zu hochschulischen Qualifikationen für das Gesundheitswesen. 2012. URL: https://www.wissensch aftsrat.de/download/archiv/2411-12.pdf?__blob=publicationFile&v=1 (Stand: 28.08.2021)

YPMA, Patricia; DOMÍNGUEZ GAITÁN M, Maria; ONGONO POMME, Alexandra; DREVON, Celia; PAPADOPOULOS, Irena: Mapping and assessment of developments for one of the sectoral professions under directive 2005/36/EC Nurse responsible for general care: final study. Brüssel 2020. URL: https://op.europa.eu/en/publication-detail/-/publication/af874ea4-a1c9-11ea-9d2d-01aa75ed71a1/language-en

Zergiebel, Dominik: Selbstbestimmte Zukunft der Pflege?! In: GGP - Fachzeitschrift für Geriatrische und Gerontologische Pflege 02 (2018) 04, S. 162-165

Matthias Bode

Linderung in Sicht? Zugang und Zulassung zu Pflegestudiengängen und zum Medizinstudium vor dem Hintergrund des „Pflegenotstandes"[*]

I. Einleitung

Die Voraussetzungen für die Aufnahme eines Studiums im Bereich der Pflegewissenschaften oder der Medizin und der „Pflegenotstand" haben auf den ersten Blick nur wenig miteinander zu tun, weil es sich bei den Pflegekräften derzeit größtenteils um Absolventen von Ausbildungsberufen handelte. Ein zweiter Blick verdeutlicht zwischen beiden Themen allerdings einige signifikante Berührungspunkte. Viele kurative Tätigkeiten, etwa die Geburtshilfe, entwickeln sich von Ausbildungsberufen zu Studienfächern, oder es werden entsprechende, sich anschließende Studiengänge angeboten, was als „Akademisierung der Pflegeberufe" bezeichnet und wissenschaftspolitisch begrüßt wird.[1] Zugleich wird der Übergang von den Pflegeberufen in das Studium in vielerlei Hinsicht erleichtert, denn beruflich Qualifizierte ohne schulische Hochschulzugangsberechtigung sind ebenfalls berechtigt, ein Studium aufzunehmen. Auch aus Sicht der medizinischen Studiengänge gewinnt der Erwerb einschlägiger Ausbildungsabschlüsse an Bedeutung, denn der Gesetzgeber hat ihr Gewicht im Rahmen des Zulassungssystems erhöht. Damit kommt er dem Postulat des BVerfG aus dem Jahr 2017 nach einer stärkeren Eignungsorientierung nach.[2] Dies wirft die Frage auf, welche Folgen sich aus dem Nebeneinander von Pflege- und Hebammenwissenschaften einerseits und medizinischen Studiengängen andererseits unter dem gemeinsamen „Dach" des Zulassungsrechts ergeben. Wird das Zulassungsrecht seiner gesellschaftlichen Steuerungsfunktion und seiner Rolle als Zuteilungsinstrument staatlicher Bildungsressourcen gerecht?

---

[*] Dr. iur., M.A. Der Autor ist Professor für Staats- und Europarecht an der Hochschule für Polizei und öffentliche Verwaltung (HSPV) NRW.
[1] Vgl. Wissenschaftsrat, Empfehlungen zu hochschulischen Qualifikationen für das Gesundheitswesen, Drs. 2411-12, 2012, S. 8 f.
[2] BVerfGE 147, 253 (253 ff.).

Nach einer Einleitung in die thematischen Rahmenbedingungen (II.) soll aus Sicht des Pflegebereiches dargestellt werden, welche Rolle Hochschulzugang und -zulassung spielen; dies verdeutlicht, wie variantenreich der Weg an die Hochschule ausgestaltet ist (III.). Weiter wird aus der Perspektive der medizinischen Studiengänge geschildert, wie die Aufnahme des Studiums erfolgen kann und welche Rolle dabei eine Berufstätigkeit im Pflegebereich spielt (IV.). Vor dem Hintergrund der aufgezeigten Unterschiede eröffnet der Beitrag den Blick auf das Gesamtsystem der Zulassung. Dabei soll untersucht werden, welche Erkenntnisse sich aus dem Nebeneinander beider Qualifikationswege ergeben und ob dies geeignet ist, den „Pflegenotstand" zu lindern oder zu intensivieren (V.).

II. Rahmenbedingungen

1. „Pflegenotstand"

Im Bereich der pflegenden und heilenden Berufe herrscht Personalmangel.[3] Dies wird zum Teil als „Pflegenotstand" bezeichnet, was die gesellschaftliche Relevanz unterstreichen soll.[4] Dieser Mangel ist auf verschiedene Faktoren zurückzuführen. Ein Grund ist der Anstieg der allgemeinen Lebenserwartung, wobei unterstellt wird, dass die Pflegebedürftigkeit im Alter zunimmt. Zudem steigt die erforderliche Pflegeintensität, gemessen nach Pflegestufen, während die Zahl der Haushalte, die selbst familiäre Pflegestrukturen gewährleisten können, rückläufig ist.[5] Überdies nehmen die Anforderungen, die an Pflegeberufe gestellt werden, zu.[6]

Dem bislang verbreiteten Modell häuslicher Pflege unter Rückgriff auf selbst finanzierte Pflegekräfte setzt das Arbeitsrecht – im Interesse der Beschäftigten – enge Grenzen (vgl. hierzu den Beitrag von *Achim Seifert* in diesem Band).[7]

---

3 Vgl. zum erwarteten Personalbedarf in der Pflege *Rothgang, Heinz/Müller, Rolf,* Barmer Pflegereport 2021, Wirkungen der Pflegereformen und Zukunftstrends, 2021, S. 18 f.
4 Einen „drohenden Kollaps" des Gesundheitswesens sahen 2010 bereits die Unternehmensberater von PricewaterhouseCoopers und das Forschungsinstitut WifOR voraus. PricewaterhouseCoopers, Fachkräftemangel, Stationärer und ambulanter Bereich bis zum Jahr 2030, 2010, S. 72.
5 Vgl. m.w.N. *Matzk, Sören/Tsiasioti, Chrysanthi,* u.a., Pflegebedürftigkeit in Deutschland, in: Jacobs, Pflege-Report 2021, 2021, S. 233 (236 f.); Wissenschaftsrat (Fn. 1), S. 16 f.
6 Wissenschaftsrat (Fn. 1), S. 7 f., 47 ff.
7 Vgl. auch *Satola, Agnieszka/Schywalski, Beate,* „Live-in-Arrangements" in deutschen Haushalten: Zwischen arbeitsrechtlichen/-vertraglichen (Un-)Sicherheiten und

Einen Ausweg könnte der assistive Einsatz von Technik bieten; entsprechende Ansätze, etwa Hebehilfen oder Meldesysteme, werden bereits unter dem Begriff der „Gero-Technologie"[8] diskutiert bzw. entwickelt.[9] Die „digitale Transformation der Pflege" soll hier zum einen die Pflegekosten senken, zum anderen die Pflegeberufe attraktiver machen.[10] Am Horizont taucht der „Pflegeroboter" auf.

Auch das Entgelt spielt eine Rolle. Die „Pflegekommission", die auf Grundlage des „Pflegelöhneverbesserungsgesetzes" einberufen wurde, soll nun Empfehlungen zur Regulierung von Arbeitsbedingungen und zum Erfordernis von Mindestlöhnen geben.[11] Dabei ist freilich der Heterogenität der Träger von Pflegeeinrichtungen, unter anderem der Religionsgemeinschaften, Rechnung zu tragen.[12] Weiter sind die Interessen der privaten Pflegeeinrichtungen zu wahren; deren Vertreter wenden sich zum Teil gegen die Tarifpflicht, die die vergangene Bundesregierung für die ca. 30.000 ambulanten und stationären Pflegeeinrichtungen eingeführt hatte.[13]

So ergibt sich gegenwärtig und wohl auch auf absehbare Zeit ein wachsender Personalbedarf im Pflegebereich. Gleichzeitig verändern sich die Arbeitsbedingungen und die qualitativen Anforderungen an die Beschäftigten.

Handlungsmöglichkeiten, in: Jacobs, Klaus/Kuhlmey, Adelheid/Greß, Stefan, Pflege-Report 2016, 2016, S. 127 (127 ff.).

8 Der Begriff beschreibt das Themenfeld der Unterstützung des Menschen durch Technik im Alterungsprozess. Vgl. *Wahl, Hans-Werner*, Gero-Technologie, Hintergrundpapier zum Positionspapier der Deutschen Gesellschaft für Gerontologie und Geriatrie e.V., 2016, S. 5 f., verfügbar unter: www.dggg-online.de (15.2.2022).

9 *Schweda, Mark,* Mensch-Technik-Interaktion im demographischen Wandel, Anthropologische Erwägungen zur Gerotechnologie, in: Mitscherlich-Schönherr, Olivia, Das Gelingen der künstlichen Natürlichkeit, Mensch-Sein an den Grenzen des Lebens mit disruptiven Biotechnologien, 2021, S. 51 (52). Vgl. *Scorna, Ulrike,* Digitale Technik in der ambulanten und stationären Pflege, Eine Interviewstudie zum Einfluss des Pflegepersonals auf die Einführung digitaler Assistenzsysteme, in: Frommeld, Debora/dieselb. Gute Technik für ein gutes Leben im Alter? Akzeptanz, Chancen und Herausforderungen altersgerechter Assistenzsysteme, 2021, S. 215 (216 ff.).

10 *Scorna* (Fn. 9), S. 216.

11 Vgl. „Neue Pflegekommission tritt erstmals zusammen" v. 16.12.2021, in: www.aerztezeitung.de (15.2.2022).

12 Vgl. BR-Drs. 349/19, 1.

13 Vgl. hierzu „Tarifpflicht: Private Pflegeanbieter ziehen vor das Verfassungsgericht" v. 13.9.2021, www.aerztezeitung.de (15.2.2022).

2. Akademisierung der Pflegeberufe

Der Wissenschaftsrat, der regelmäßig Empfehlungen zur Fortentwicklung des Wissenschaftssystems herausgibt, untersuchte bereits 2012, welche Qualifikationen künftig in Gesundheitsberufen erforderlich seien.[14] Er kam dabei zu dem Schluss, dass die „Weiterentwicklung der für die Gesundheitsfachberufe üblichen Ausbildung an berufsbildenden Schulen nicht ausreicht, um die erforderlichen Fähigkeiten und Kompetenzen zu vermitteln" und empfahl, „das in komplexen Aufgabenbereichen der Pflege, der Therapieberufe und der Geburtshilfe tätige Fachpersonal künftig an Hochschulen auszubilden". So sollten im Ergebnis 10 bis 20 Prozent eines Ausbildungsjahrgangs im Bereich der Gesundheitsfachberufe eine akademische Qualifikation erwerben. 2019 lag der Anteil bei 2,2 Prozent aller im Pflegebereich Beschäftigten.[15]

Auf diese Empfehlung und entsprechende Modell-Vorhaben in den Ländern[16] hat der Bundesgesetzgeber reagiert und mit dem Pflegeberufegesetz (PflBG) des Jahres 2017 die Ausbildungsrichtungen Altenpflege, Gesundheits- und Krankenpflege zu einem „einheitlichen Berufsbild" zusammengeführt (vgl. hierzu auch den Beitrag von *Miriam Peters, Anke Jürgensen, Michael Meng* und *Lena Dorin* in diesem Band).[17] Neben die fachberufliche Qualifizierung tritt „eine primärqualifizierende hochschulische Pflegeausbildung", also ein Studiengang. Auf diese Weise wird ausweislich der Gesetzesbegründung ein „wichtiges Signal zur Aufwertung und Stärkung des Berufsbereichs gesetzt". Weiter geht es darum, die interprofessionelle Zusammenarbeit der verschiedenen Berufsrichtungen der pflegenden Berufe sowie der Medizin unter dem Dach der „Gesundheitswissenschaften" nach anglo-amerikanischem Vorbild zu fördern.[18] Schließlich sollen durch die Schaffung neuer „Qualifikationsmöglichkeiten von der Helferausbildung bis zum Master-Studium" weitere Zielgruppen angesprochen werden.[19]

---

14 Wissenschaftsrat (Fn. 1), S. 8.
15 *Drupp, Michael/Meyer, Markus,* Belastungen und Arbeitsbedingungen bei Pflegeberufen – Arbeitsunfähigkeitsdaten und ihre Nutzung im Rahmen eines Betrieblichen Gesundheitsmanagements, in: Jacobs, Klaus/Kuhlmey, Adelheid/Greß, Stefan, Pflege-Report 2019, 2020, S. 23 (29).
16 Vgl. zur Entwicklung *Kälble, Kurt/Pundt, Johanne,* Pflege und Pflegebildung im Wandel – der Pflegeberuf zwischen generalistischer Ausbildung und Akademisierung, in: Jacobs, Klaus/Kuhlmey, Adelheid/Greß, Stefan, Pflege-Report 2016, 2016, S. 37 (43 f.).
17 BR-Drs. 20/16, 2.
18 Wissenschaftsrat (Fn. 1), S. 42.
19 BR-Drs. 20/16, 88.

Dies stößt offenbar auf positive Resonanz, denn die Pflegeberufe verzeichneten in den letzten Jahren einen vergleichsweise starken personellen Zuwachs von etwa 25 Prozent.[20] Am Jahresende 2020 befanden sich 53.610 Personen in der Ausbildung zur Pflegefachfrau und zum Pflegefachmann, wobei das Durchschnittsalter (Median) zu Ausbildungsbeginn bei 20 Jahren lag.[21] Zugleich entzieht der Wechsel ins Studium wiederum Pflegekräfte, und es wird darauf ankommen, mit dem Qualifikationszuwachs der Absolventen auch die Produktivität zu erhöhen, etwa durch eine Differenzierung der Aufgaben.[22]

Der Wissenschaftsrat empfiehlt, weitere, derzeit als Ausbildung ausgestaltete pflegerische und therapeutische Berufe, etwa Physiotherapie, Ergotherapie und Logopädie, ergänzend oder vollständig als Studiengänge anzubieten.[23] Entsprechende Masterstudiengänge und Promotionsmöglichkeiten sollten sich anschließen. Bereits jetzt existieren Weiterbildungszertifikate, die an Hochschulen erworben werden können und für die Teilnehmer einen im Vergleich zum kompletten Studium geringeren Arbeitsaufwand erzeugen.[24] Auch berufsbegleitende Studiengänge, die sich an „nicht-traditionelle Studierende" wenden, sind inzwischen verbreitet.[25]

Es wird unterschieden zwischen primärqualifizierenden bzw. ausbildungsintegrierten BA-Studiengängen, deren Abschluss jeweils auch zur staatlichen Berufszulassung, etwa als Pflegefachfrau bzw. Pflegefachmann, führt.[26] Bei einer primärqualifizierenden Ausgestaltung liegt die Koordination bei der Hochschule,

---

20 Statistisches Bundesamt, Pressemitteilung Nr. N 070 vom 28.10.2020, verfügbar unter: www.destatis.de (15.2.2022). Allerdings sind regional auch gegenläufige Trends zu beobachten. Vgl. aber auch *Schröder, Marco*, Weniger Absolventinnen und Absolventen in den Pflegeberufen, 10.1.2020, www.statistik.rlp.de (15.2.2022).
21 Statistisches Bundesamt, Pressemitteilung Nr. 356 vom 27.7.2021, verfügbar unter: www.destatis.de (15.2.2022).
22 *Paquet, Robert*, Struktureller Reformbedarf in der Pflegeversicherung – ein Vierteljahrhundert nach ihrer Einführung, in: Jacobs, Klaus/Kuhlmey, Adelheid/Greß, Stefan, Pflege-Report 2020, 2020, S. 3 (19).
23 Wissenschaftsrat (Fn. 1), S. 82, 85 f.
24 *Gold, Andreas W./Römer, Clara/Dallmann Hans-Ulrich*, Hochschulische Weiterbildung als sinnvoller Bestandteil der Akademisierung der Pflege – Ein kritisches Plädoyer, Pflege und Gesellschaft 2020 (25) 350 (354).
25 *Broens, Andrea/Feldhaus, Carmen/Overberg, Jasmin/Röbken Heinke*, Entwicklung berufsbegleitender Studiengänge in den Pflege- und Gesundheitswissenschaften – die Zielgruppen und der Bedarf an Lernergebnissen, Pflege und Gesellschaft 2017 (22), 67 (69).
26 Vgl. Wissenschaftsrat (Fn. 1), S. 57 f.

während bei ausbildungsintegrativen Modellen zusätzlich die Pflegeschulen eingebunden sind; ausgeschlossen ist, wer die staatliche Zulassungsprüfung schon bestanden oder endgültig nicht bestanden hat. Daneben stehen weiterbildende Studiengänge, welche an diejenigen richten, die bereits zu dem jeweiligen Ausbildungsberuf staatlich zugelassen sind.

Die Lehrinhalte der Pflege- bzw. Hebammenwissenschaften werden den Hochschulen durch die Studien- und Prüfungsverordnungen des Bundes[27] in weiten Teilen vorgegeben. Bei der Ausgestaltung im Detail können sie auch auf Erfahrungen aus den bereits seit Mitte der 1990er Jahre bestehenden Studiengängen[28] schöpfen. Anders als im Bereich der Ausbildung wird nicht zwingend ein Vertrag mit einem Ausbildungsträger geschlossen, vielfach obliegt die Gestaltung der praktischen Arbeitseinsätze der Hochschule. Eine Ausbildungsvergütung für die Studierenden ist zwar nicht vorgesehen, „kann jedoch vertraglich vereinbart werden".[29] Zudem besteht die Möglichkeit der Studienfinanzierung nach BAföG.

Diese Entwicklung rückt die Frage nach den Bedingungen für die Aufnahme der entsprechenden Ausbildungen bzw. der Studiengänge in den Fokus. Hierbei sind neuere Entwicklungen auf dem Gebiet der Hochschulzulassung zu berücksichtigen.

3. Der Zugang zu Bildungseinrichtungen und die Numerus clausus III-Entscheidung des BVerfG

Der Zugang zu Bildungseinrichtungen ist unterschiedlich ausgestaltet. Während in Bezug auf allgemeinbildende Schulen eine Aufnahmepflicht existiert, besteht eine solche für Ausbildungsträger und Hochschulen bereits aus

---

27 Vgl. Pflegeberufe-Ausbildungs- und -Prüfungsverordnung bzw. Studien- und Prüfungsverordnung für Hebammen.
28 Vgl. *Lademann, Julia/Latteck, Änne-Dörte/Mertin, Matthias* u.a., Primärqualifizierte Pflegestudiengänge in Deutschland – eine Übersicht über Studienstrukturen, -ziele und -inhalte, Pflege und Gesellschaft 2016 (21), 330 (330 ff.); *Bartholomeyczik, Sabine*, Zur Entwicklung der Pflegewissenschaft in Deutschland – eine schwere Geburt, Pflege und Gesellschaft 2017 (22), 101 (113); *Darmann-Finck, Ingrid/Reuschenbach, Bernd*, Qualität und Qualifikation, Schwerpunkt Akademisierung der Pflege, in: Jacobs, Klaus/Kuhlmey, Adelheid/Greß, Stefan, Pflege-Report 2018, 2018, S. 163 (165 f.).
29 BR-Drs. 20/16, 89. Aktuell setzt sich der Deutsche Pflegerat für eine solche Vergütung ein. Deutscher Pflegerat, „Hochschulische Entwicklung der Pflegefachberufe vom Scheitern bedroht", 17.11.2021, verfügbar unter: www.deutscher-pflegerat.de (15.2.2022).

Kapazitätsgründen nicht. Wer die formalen Zugangshürden nimmt, ist prinzipiell aufnahmeberechtigt. Bei einem Überhang an Bewerbern muss jedoch eine Auswahl getroffen werden. Im öffentlichen Dienst sind Eignung, Befähigung und fachliche Leistung entscheidend, Art. 33 Abs. 2 GG. Im Bereich privatwirtschaftlich ausgestalteter Ausbildungen richtet sich die Auswahl regelmäßig nach den Bedarfen des Unternehmens bzw. nach der Eignung, wobei auch weitere Rahmenbedingungen, etwa das Allgemeine Gleichbehandlungsgesetz (AGG), zu beachten sind (siehe III.1.).

Im Bereich der staatlichen Hochschulen wird ebenfalls zwischen der Zugangsberechtigung, also der qualitativen Erlaubnis zur grundsätzlichen Aufnahme des Studiums, und der Zulassung, nämlich der Auswahlentscheidung unter Zugangsberechtigten im Falle des Bewerberüberhangs, unterschieden.[30] Das BVerfG hat die Kriterien, die der Gesetzgeber für das Hochschulzulassungsrecht heranzieht, bereits mehrfach anlassbezogen überprüft und das Erfordernis der Chancenoffenheit und der Verfahrensgerechtigkeit betont.[31] Es stützt dies auf die Berufsfreiheit der Studierwilligen nach Art. 12 Abs. 1 i.V.m. Art. 3 Abs. 1 GG und dem Sozialstaatsprinzip.[32] Das Gericht konkretisierte zuletzt 2017 die verfassungsrechtlichen Anforderungen, die für die Verteilung von Studienplätzen in stark nachgefragten Studiengängen, etwa der Humanmedizin, gelten.[33] Es

---

30 *Lindner, Josef Franz,* in: Hartmer, Michael/Detmer, Hubert, Hochschulrecht-Praxishandbuch, 3. Aufl. 2017, 11. Kap., Rn. 54 f, 97. Vgl. *Bode, Matthias,* Hochschulzugang und Hochschulzulassung, in: Geis, Max-Emanuel, Hochschulrecht in Bund und Ländern, 2021, Rn. 1 ff.
31 Vgl. u.a. BVerfGE 33, 303 (303 ff.); 43, 291 (291 ff.).
32 Vgl. m.w.N. *Geis, Max-Emanuel,* Die Rechtsprechung des Bundesverfassungsgerichts zum „Recht auf Bildung" in den Jahren 1972–1977, WissR, Beiheft 18, 2007, 9 (9 ff.).
33 BVerfGE 147, 253 (253 ff.). Vgl. dazu *Wolff, Daniel/Zimmermann, Patrick,* Gesetzgeberische Strategien für die Verteilung von Medizinstudienplätzen, WissR 2018, 159 (159 ff.). Die Einordnung der Entscheidung variiert freilich: Während *Lindner* davon ausgeht, dass das Gericht seine bisherige Rechtsprechung „weitgehend bestätigt und konsolidiert" habe, *Lindner, Josef Franz,* Das NC-Urteil des BVerfG vom 19.12.2017 aus grundrechtsdogmatischer Sicht, OdW 2018, 275 (279 f.), sieht *Klafki* „weitreichenden Anpassungsbedarf" und zwar „auf allen Regelungsebenen", *Klafki, Anika,* Grundrechtsschutz im Hochschulzulassungsrecht, JZ 2018, 541 (541); vgl. auch *Fehling, Michael,* Die Verteilung des Mangels – Zum neuen Numerus Clausus-Urteil des Bundesverfassungsgerichts, RdJB 2018, 100 (100 ff.); *von Coelln, Christian,* Anm. zu BVerfG, NJW 2018, 361 (380); *Hufen, Friedhelm,* Anm. zu BVerfG JuS 2018, 305 (305 ff.); *Muckel, Stefan,* Anm. zu BVerfG, JA 2018, 233 (236); *Wiemers, Matthias,* Anm. zu BVerfG, NVwZ 2018, 233 (252 f.); *Bode, Matthias,* Zwischen Realität und Utopie: Die „Numerus clausus III"-Entscheidung des BVerfG, OdW 2018, 173 (173 ff.). Vgl. zum

urteilte u.a., dass diese Studienplätze vorrangig unter Berücksichtigung der Eignung für den Studienerfolg und den späteren Beruf zu vergeben sind.[34] Die Auswahlkriterien müssen standardisiert und strukturiert angewandt werden, wobei die Überprüfung den Hochschulen und Ländern selbst obliegt.[35]

Die Wartezeit als Zulassungskriterium bot bis dahin praktisch eine Garantie auf einen Studienplatz, doch war der Zeitpunkt ihrer Realisierung aufgrund der schwankenden Nachfrage kaum prognostizierbar. In den letzten Jahren nahm die für eine Zulassung erforderliche Wartezeit tendenziell zu, so dass sie 2017 bei sieben Jahren lag. Das BVerfG erachtete die Wartezeit daher als „dysfunktional", soweit sie sieben Halbjahre überschreite.[36] Weiter erkannte das Gericht ein Recht der Hochschulen auf Mitgestaltung ihrer Auswahlverfahren aus Art. 5 Abs. 3 GG an, stellte aber zugleich klar, dass die wesentlichen Regelungen des Zulassungsverfahrens, vor allem die Auswahlkriterien, vom parlamentarischen Gesetzgeber selbst zu normieren seien.[37] Schließlich forderte es, dass „länderübergreifende Vergleichbarkeitsdefizit[e]" der Abschlussnoten zu „bereinigen" seien.[38] Das Gericht hielt die über die Jahre zu beobachtenden Notenunterschiede von bis zu 0,4 Dezimalpunkten im Abitur zwischen den Bundesländern für chancenverzerrend und ausgleichungsbedürftig.

Das BVerfG erklärte somit einige Regelungen des Staatsvertrages und des Hochschulrahmengesetzes (HRG) für unvereinbar mit dem Grundgesetz und gab den Gesetzgebern eine Umsetzungsfrist bis zum Ablauf des Jahres 2019, also bis zum Start des Bewerbungsverfahrens zum SoSe 2020.[39] Der Bund hob u.a. § 32 HRG auf,[40] und die Bundesländer einigten sich auf einen neues Staatsvertrag

---

Ganzen auch *Brehm, Robert/Brehm-Kaiser, Alexandra,* Das Dritte Numerus-Clausus-Urteil des BVerfG, NVwZ- Extra 2018, 1 (1 ff.).
34 Vgl. für das ZV Landtag NRW, Drs. 17/1613, Begründung.
35 BVerfGE 147, 253 (325). Hier wird es darauf ankommen, die vorhandenen Forschungen auf diesem Gebiet heranzuziehen und zu intensivieren. M.w.N. *Kadmon, Guni/Kadmon, Martina,* Studienleistung von Studierenden mit den besten versus mittelmäßigen Abiturnoten: Gleicht der Test für Medizinische Studiengänge (TMS) ihre Prognosen aus? GMS J Med Educ 2016; 33(1):Doc7 (15 ff.); vgl. *Bode* (Fn. 30), Rn. 18 ff.
36 BVerfGE 147, 253 (308 f., 351).
37 BVerfGE 147, 253 (310 f.).
38 BVerfGE 147, 253 (333 f., 339).
39 *Bode, Matthias,* Der Regelungsauftrag an den Gesetzgeber nach Unvereinbarkeitserklärungen des BVerfG und die Folgen eines fruchtlosen Fristablaufs, zugleich eine Betrachtung über das Verhältnis von Recht und Technik, ZG 2021, 266 (266 ff.).
40 BGBl. I 2019, 1622; vgl. hierzu BT-Drs. 19/10521.

über die Hochschulzulassung (StV), in dem sie die Zulassung zu den bundesweit zulassungsbeschränkten Studiengängen der Human-, der Zahn- und Tiermedizin sowie der Pharmazie, das sog. Zentrale Verfahren (ZV), novellierten, vgl. Art. 7 S. 1 StV.[41]

Die Länder überarbeiteten auch die Zulassungsregelungen für die örtlich zulassungsbeschränkten Studiengänge. Dies betrifft Fächer, die nicht bundesweit, sondern nur am jeweiligen Studienort mit einem Numerus clausus versehen sind.[42] In den örtlichen Zulassungsverfahren wurde die Wartezeit manchenorts als Zulassungskriterium abgeschafft und – soweit noch vorhanden – beschränkt. Die Unterschiede zwischen den Verteilungsregeln im ZV einerseits und den örtlichen Verfahren andererseits, die spätestens mit der Einführung der gestuften Studienstruktur eingesetzt hatte, intensivieren sich. In vielen Punkten wurde den Hochschulen die Befugnis zur Detailsteuerung des Zulassungsverfahrens übertragen, welche sie auch kraft Satzungsbefugnis in Anspruch nehmen. Dabei ist zu beobachten, dass die Vielgestaltigkeit der Zulassungsregeln zunimmt. Die örtlichen Zulassungsbeschränkungen betreffen quantitativ die meisten Studiengänge. Gleichwohl stehen die bundesweit zulassungsbeschränkten Studiengänge mit ihren vergleichsweise extremen Bedingungen, etwa dem enormen Bewerberüberhang, regelmäßig im Mittelpunkt der gerichtlichen Überprüfung. Das ZV mit seiner hohen Klagedichte kann insofern nach wie vor als „Schrittmacher des Zulassungsrechts" verstanden werden.[43]

Während der Zugang zu Ausbildungsberufen im Bereich der Pflege und des Hebammenwesens im Wesentlichen bislang privatautonom ausgestaltet war und sich am Bedarf orientierte,[44] rücken diese Berufe mit der zumindest teilweisen Akademisierung in den Fokus des öffentlich-rechtlich geprägten Zugangs- und Zulassungsrechts. Hierfür gelten andere Regeln, die sich – zumindest soweit es

---

41 Vgl. mit Begründung Landtag NRW, Drs. 17/1613. Diese ersetze denjenigen des Jahres 2008, Landtag NRW, Drs. 14/7318, bzw. den erst in einigen Bundesländer ratifizierten Staatsvertrag aus dem Jahr 2014, Landtag NRW, Drs. 16/3570.
42 Auch ein Studiengang, der nur an einer einzelnen Hochschule angeboten wird, ist streng genommen örtlich zulassungsbeschränkt.
43 Vgl. *Bode, Matthias,* Nach Numerus clausus III: Aktuelle Entwicklungen auf dem Gebiet des Hochschulzulassungsrechts, NVwZ 2022, 1672 (1672 ff.); ders. (Fn. 30), Rn. 633 ff.
44 Das Prüfungswesen und die Berufszulassung sind freilich öffentlich-rechtlich ausgestaltet.

sich um staatliche Hochschulen handelt[45] – nach den vom BVerfG aufgestellten Grundsätzen zur Teilhabe an Bildungsressourcen richten.

III. Aus Sicht der Pflege

1. Zugang zur Ausbildung

Zugang zur Ausbildung zur Pflegefachfrau oder zum Pflegefachmann hat, wer entweder den mittleren Schulabschluss oder einen gleichwertigen Abschluss nachweist. Inhaber eines Hauptschulabschlusses etwa müssen zusätzlich eine Berufsausbildung von mindestens zweijähriger Dauer, eine landesrechtlich geregelte Assistenz- oder Helferausbildung in der Pflege oder die Ausbildung in der Krankenpflegehilfe oder Altenpflegehilfe von mindestens einjähriger Dauer oder die Ausbildung in der Krankenpflegehilfe nachweisen. Auch der erfolgreiche Abschluss einer sonstigen zehnjährigen allgemeinen Schulbildung genügt, § 11 Abs. 1 PflBG. Hinzu treten gesundheitliche Eignung, Zuverlässigkeit und die notwendigen Kenntnisse der deutschen Sprache, § 2 PflBG.[46] Das Berufsbildungsgesetz findet auf die Pflegeberufe keine Anwendung, § 63 PflBG;[47] die Ausbildung wies insofern schon immer einen gewissen „Sonderstatus" auf.[48] Den Ausbildungsvertrag unterzeichnet der Träger der praktischen Ausbildung, also zugelassene Krankenhäuser der Akutversorgung, voll- und teilstationäre oder ambulante Pflegeeinrichtungen, die Versorgungsverträge mit Pflege- bzw. Krankenkassen unterhalten.

Die Auszubildenden schließen mit dem Träger der praktischen Ausbildung einen Vertrag, der den Rahmen der Zusammenarbeit, unter anderem die Vergütung, regelt, vgl. § 16 PflBG. Bei der Auswahl der Bewerber gehen diese Einrichtungen regelmäßig nach der Bestenauswahl vor. Zugleich sind sie an das AGG gebunden, soweit etwa der Zugang und die Ausgestaltung der Berufsausbildung betroffen ist, vgl. § 2 Abs. 1 Nr. 2, 3 AGG. Benachteiligungen aufgrund von Rasse, ethnischer Herkunft, Geschlecht, Religion oder Weltanschauung, aufgrund

---

45 Umfassend zum Recht privater Hochschulen *Penßel, Renate*, in: Geis, Max-Emanuel, Hochschulrecht Bayern, 2. Aufl. 2017, 6. Kap.
46 Vgl. hierzu *Haage, Heinz*, Pflegeberufegesetz, Nomos-Bundesrecht 2019, § 11 Rn. 1 ff. Vgl. auch die EU-rechtlichen Vorgaben, Art. 31 Abs. 1 Richtlinie 2005/36/EG v. 7.9.2005.
47 Vgl. bereits § 22 Krankenpflegegesetz 2003.
48 *Schanz, Michael*, Die Strukturänderungen in der Ausbildung zu Krankenpflegeberufen, RDG 2004, 2 (2).

einer Behinderung, des Alters oder der sexuellen Identität sind demnach untersagt. Dies betrifft bereits die Ausschreibung und die Anbahnung ebenso wie das Auswahlverfahren und die Verfahrensregelungen.[49]

Die Qualifizierung zur Hebamme kann ab dem 1. Januar 2023 nur noch im Rahmen eines Studiums aufgenommen werden. Diejenigen, die eine entsprechende Ausbildung bis dahin aufnehmen, können ihre Ausbildung jedoch noch bis zum 31. Dezember 2027 abschließen, § 77 Abs. 1 HebG.

2. Zugang und Zulassung zu Pflege- und Hebammenwissenschaften

a. Zugang

Die Fragen des Zugangs zum Pflegestudium behandelt das PflBG – mangels Gesetzgebungskompetenz des Bundes für den Hochschulzugang – nicht; hier bleibt es bei den landesgesetzlichen Regeln der Hochschulgesetze. Ungeachtet dessen hat der Bund für die Hebammenwissenschaft, wie zu zeigen sein wird, detaillierte Vorgaben getroffen.

aa. Regelfall: Abitur

Die Berechtigung, das Studium an einer Hochschule aufnehmen zu dürfen, vermittelt in allen Bundesländern grundsätzlich das Abitur, wie die Hochschulgesetze der Länder insoweit übereinstimmend festlegen. Die nach Maßgabe der entsprechenden KMK-Vorgaben erworbenen Abiture werden zwischen den Bundesländern anerkannt,[50] ebenso wie im Ausland erworbene Bildungsnachweise. Im Rahmen der Mitgliedstaaten der Lissabon-Konvention gelten die Abschlusszeugnisse als gleichwertig, es sei denn, es besteht im Einzelfall ein „wesentlicher Unterschied" zwischen den Zugangsvoraussetzung des Erwerbs- bzw. den Aufnahmestaates, vgl. Art. IV.1 Lissabon-Konvention. Traditionell und der preußischen Tradition folgend bestimmt somit in Deutschland die abgebende Institution über die Studienberechtigung, wie dies auch in der Bezeichnung „Abitur" zum Ausdruck kommt.[51]

---

49 *Roetteken, Torsten von,* in: ders., AGG, 79. Update, 2021, § 2 Rn. 13a.
50 Vereinbarung zur Gestaltung der gymnasialen Oberstufe und der Abiturprüfung, Beschluss der Kultusministerkonferenz v. 7.7.1972 i. d. F. vom 18.2.2021, verfügbar unter: www.kmk.org (15.2.2022).
51 Vgl. *Wolter, Andrä,* Von der Elitenbildung zur Bildungsexpansion, Zweihundert Jahre Abitur (1788-1988), 1989, S. 5 ff.

bb. Beruflich Qualifizierte

Für Pflegekräfte, die nicht über ein Abitur verfügen, dürfte indes der Hochschulzugang für Beruflich Qualifizierte am relevantesten sein, den inzwischen alle Länder der Bundesrepublik vorsehen.[52] Er entspricht unter anderem[53] dem von der EU geförderten Leitbild des „lebenslangen Lernens".[54] Auch der Wissenschaftsrat hat beruflich Qualifizierte, die ohne herkömmliche Hochschulzugangsberechtigung ein Studium beginnen wollen, als ein wichtiges Bildungspotenzial identifiziert.[55] 2009 hatte die KMK mit ihrem Beschluss „Hochschulzugang für beruflich qualifizierte Bewerber ohne schulische Hochschulzugangsberechtigung" einen Rahmen vorgegeben,[56] den die Länder inzwischen in ihr Recht umgesetzt haben. Die Unterschiede bei der Ausgestaltung verdeutlichen die disparaten Vorstellungen darüber, wer ein Studium aufnehmen dürfen soll, und spiegeln die „stürmische Entwicklung", die die Öffnung

---

52 Vgl. grds. *Lindner* (Fn. 30), 11. Kap., Rn. 88 ff.; *Bode* (Fn. 30), Rn. 583 ff.
53 Siehe auch die sog. „Qualifizierungsinitiative Deutschland". Stellungnahme des Senats zu dem Ersuchen der Bürgerschaft v. 20.1.2009 „Hochschulzugang für Berufstätige" (Drs. 19/2023), HH Senat Drs. 19/8131.
54 Vgl. *Ennuschat, Jörg*, Europäische Impulse zur Entstaatlichung des Bildungswesens, WissR 2003, 186 (195 f.); Bericht des Rates (Bildung) an den Europäischen Rat über die konkreten künftigen Ziele der Systeme der Allgemeinen und Beruflichen Bildung, 5980/01 Educ 23, S. 11 ff. Vgl. zum lebenslangen Lernen: *Ioannidou, Alexandra*, Lebenslanges Lernen als Steuerungsmodell staatlicher Bildungspolitik, BuE 2013, 375 (375 ff.); *Hüfner, Angelika*, Das bildungspolitische Konzept der Kultusministerkonferenz zum lebenslangen Lernen im Kontext staatlicher Bildungspolitik in der Bundesrepublik Deutschland, BuE 2013, 385 (385 ff.); *Karpen, Ulrich*, Rechtsfragen des lebenslangen Lernens, Eine vergleichende Untersuchung zum deutschen, französischen, englischen und amerikanischen Verfassungsrecht, Recht und Staat 1979. Vgl. auch „Deutscher Qualifikationsrahmen für lebenslanges Lernen (DQR)", Beschluss der KMK v. 15.11.2012, verfügbar unter: www.kmk.org (15.2.2022).
55 Wissenschaftsrat, Empfehlungen zur Reform des Hochschulzugangs, Drs. 5920/04, 2004, 18. Auch die Hochschulrektorenkonferenz (HRK) hatte sich für den Ausbau des Hochschulzugangs für beruflich Qualifizierte ausgesprochen. Vgl. Neuordnung des Hochschulzugangs für beruflich Qualifizierte, Entschließung der 4. MV am 18.11.2008, verfügbar unter www.hrk.de (15.2.2022).
56 „Hochschulzugang für beruflich qualifizierte Bewerber ohne schulische Hochschulzugangsberechtigung", Beschluss der KMK v. 6.3.2009; vgl. bereits „Bachelor- und Masterabschlüsse in der beruflichen Weiterbildung", Beschluss der WMK v. 15./16.12.2008 und der KMK v. 5.2.2009.

für beruflich Qualifizierte in Gang gesetzt hat.[57] Soweit derartige Zugangswege ergänzend zu schulischen Prüfungen etabliert werden, ist das Augenmerk insofern, wie *Lindner* zu Recht hervorhebt, verstärkt auf die Einhaltung von Mindeststandards und die Vergleichbarkeit der Abschlüsse zu richten.[58] Unklar erscheint auch noch, ob – gegen den Wortlaut des KMK-Beschlusses – Personen, die über berufliche Qualifikation und Abitur verfügen, ein Wahlrecht haben, wie es für Nordrhein-Westfalen unter anderem das OVG NRW annimmt.[59]

Mit landesspezifischen Einschränkungen gilt:[60] Die allgemeine Hochschulzugangsberechtigung erhalten Inhaber von Abschlüssen der beruflichen Aufstiegsfortbildung (v.a. Meister, Inhaber von Abschlüssen von Fachschulen etc.). Die fachgebundene Hochschulzugangsberechtigung steht sonstigen beruflich qualifizierten Bewerbern zu, sofern sie 1. einen Abschluss einer nach BBiG/HwO, durch Bundes- oder Landesrecht geregelten mindestens zweijährigen Berufsausbildung in einem zum angestrebten Studiengang affinen Bereich und mindestens dreijährige Berufspraxis in einem zum Studiengang affinen Bereich nachweisen (für Stipendiaten des Aufstiegsstipendienprogramms des Bundes reichen zwei Jahre aus) und 2. ein Eignungsfeststellungsverfahren, das durch eine Hochschule oder staatliche Stelle auf der Grundlage einer Prüfungsordnung durchgeführt wird, erfolgreich abschließen; alternativ genügt hier auch ein erfolgreiches Probestudium.

Das Eignungsfeststellungsverfahren ist vorgesehen in Baden-Württemberg, Bayern (je nach Studiengang), Berlin (nur falls keine fachliche Nähe zum angestrebten Studiengang besteht), Bremen (bei mindestens fünfjähriger Berufstätigkeit auf Wunsch auch Probestudium), Hamburg (ggf. ersetzbar durch Probestudium), Hessen, Mecklenburg-Vorpommern, Nordrhein-Westfalen (bei nicht fachverwandtem Studium), Saarland (nach Berufsausbildung mit Abschlussnote 2,5 oder besser und Probestudium), Sachsen, Sachsen-Anhalt, Schleswig-Holstein und Thüringen. Ein Probestudium ist dagegen erforderlich

---

57 *Welz, Joachim*, in: *Geis, Max-Emanuel*, Hochschulrecht in Bund und Ländern, Bd. 2, Sachsen-Anhalt, Rn. 113.
58 *Lindner* (Fn. 30), 11. Kap., Rn. 60.
59 OVG NRW, Beschl. v. 3.1.2019 – 13 B 1665/18 –, juris, Rn. 15 f.
60 Vgl. § 58 Abs. 2 HG BW; Art. 45 BayHG; § 11 BerlHG; § 9 Abs. 2 BbgHG; § 33 Abs. 3a BremHG; § 37 HH HG; § 60 Abs. 2 Nr. 6 HessHG i.V.m. § 2 VO über den Zugang Beruflich Qualifizierter zu den Hochschulen in Hessen; § 18 HG M-V; § 18 Abs. 4 S. 2 NHG; § 49 Abs. 4 HG NRW i.V.m. BerufsbildungshochschulzugangsVO; § 65 Abs. 2 HG RLP; § 77 Abs. 5 SaarlHSG; § 17 Abs. 4, 5 SächsHG; § 27 Abs. 4, 5 HSG LSA; § 39 Abs. 2-4 HSG SH; § 70 ThürHG.

in Bayern (je nach Studiengang), Bremen (bei mindestens fünfjähriger Berufstätigkeit), Hamburg (ggf. als Ersatz der Eignungsfeststellungsprüfung), Nordrhein-Westfalen (soweit Studiengang nicht zulassungsbeschränkt), im Saarland, in Sachsen-Anhalt und in Schleswig-Holstein (nach Maßgabe der Hochschule). Zum Teil ist zusätzlich ein Beratungsgespräch durchzuführen, etwa in Baden-Württemberg, Bayern, Bremen, Hamburg (nach Wahl der Hochschule), Nordrhein-Westfalen („sollen"), Rheinland-Pfalz (nach Wahl der Hochschule), im Saarland, in Sachsen und Thüringen. Weder Eignungsfeststellung noch Probestudium sind erforderlich in Brandenburg und Niedersachsen. In Rheinland-Pfalz wird inzwischen bei Vorliegen eines Berufsabschlusses mit mindestens der Abschlussnote 2,5 auf die Eignungsfeststellungsprüfung und auf die Berufspraxis verzichtet.[61]

Darüber hinaus kann der Hochschulzugang auch noch im Einzelfall, also nicht generell fachgebunden, sondern studiengangspezifisch durch die Hochschule eröffnet werden. Dies setzt – je nach Bundesland – neben einer entsprechenden Berufsausbildung und einer daran anknüpfenden Berufstätigkeit von regelmäßig drei Jahren (bzw. entsprechenden Kindererziehungszeiten) eine Eingangsprüfung oder ein erfolgreiches Probestudium voraus. Hierbei handelt es sich um Vorläufer der Regelungen über den Hochschulzugang beruflich Qualifizierter. Eine solche Abweichung vom Vorliegen der traditionellen Hochschulzugangsberechtigung für besondere Studiengänge sehen derzeit noch die meisten Bundesländer vor.[62] Die Einzelheiten bestimmen die Hochschulen.

Im Jahr 2014 nahm sich der Wissenschaftsrat der Thematik an und begrüßte die seit dem „Öffnungsbeschluss" der KMK im Jahr 2009 getroffenen Regelungen. Diese Ausweitung des Hochschulzugangs habe „eine wichtige Symbolwirkung, da sie die Studierfähigkeit beruflich Qualifizierter grundsätzlich anerkennt". Den Ländern empfahl der Wissenschaftsrat, Berufsabschlüsse formal als allgemeine Hochschulzugangsberechtigung anzusehen. Die derzeit vorgeschriebene

---

61 Landtag Rheinland-Pfalz, Drs. 17/11430, 206 f.
62 Vgl. § 58 Abs. 2 Nr. 6 HG BW; Art. 45 BayHG; § 11 Abs. 2, 3 BerlHG; § 9 Abs. 2 Nr. 11 BbgHG; § 35 BremHG; § 38 HH HG; § 60 Abs. 2 Nr. 6 HessHG i.V.m. § 2 VO über den Zugang Beruflich Qualifizierter zu den Hochschulen in Hessen; § 19 HG M-V; § 18 Abs. 4 S. 2 Nr. 4 NHG; § 49 Abs. 11 HG NRW; § 65 Abs. 2 HG RLP; § 77 Abs. 5 SaarlHSG; § 17 Abs. 5 SächsHG; § 27 Abs. 5 HSG LSA; § 39 Abs. 2 S. 3 HSG SH; § 70 ThürHG.

Fachbindung der Hochschulzugangsberechtigung sollte aufgehoben werden.[63] Weitere Anpassungen dürften für die Ausbildungen nach den Empfehlungen der Deutschen Krankenhausgesellschaft erforderlich werden. Da diese nicht durch Bundes- oder Landesrecht geregelt sind, werden sie vielfach nicht anerkannt. Das erscheint aber nicht sachgerecht. Einzelne Bundesländer, etwa Bayern, sehen entsprechende Ausbildungen inzwischen für Zwecke des Hochschulzugangs als gleichwertig an.[64]

Beruflich Qualifizierte mit einer mindestens zweijährigen Berufsausbildung und entsprechender Berufstätigkeit haben also – je nach Bundesland – entweder nach einer entsprechenden Prüfung oder einem Probestudium die Hochschulzugangsberechtigung. Dies begünstigt den Übergang zur Hochschule für Pflegekräfte ohne Abitur. Wird dabei, wie gesehen, auf berufspraktische Zeiten ganz verzichtet, kann dies allerdings den Personalmangel im Pflegebereich intensivieren.

cc. Besonderheiten der Pflegestudiengänge

Von vielen traditionellen Studiengängen unterscheidet sich das Pflegestudium dadurch, dass der Zugang regelmäßig praktische Vorkenntnisse und zum Teil auch das Vorliegen eines Ausbildungsvertrages voraussetzt. Dieses Erfordernis weiterer, neben die Hochschulzugangsberechtigung tretender Leistungsnachweise deckt das Hochschulzugangsrecht der meisten Bundesländer ab. § 49 Abs. 7 HG NRW[65] beispielsweise besagt, dass die Hochschulen verlangen können, neben den Zugangsvoraussetzungen nach der allgemeinen oder fachgebundenen Hochschulreife auch eine „studiengangbezogene besondere Vorbildung [...] oder sonstige Eignung oder praktische Tätigkeit" nachzuweisen. Diese können etwa in der gesundheitlichen Eignung zu sehen sein, so im BA-Studiengang

---

63 Wissenschaftsrat, Empfehlungen zur Gestaltung des Verhältnisses von beruflicher und akademischer Bildung, Erster Teil, Drs. 3818-14, 13, 89 f. Ähnlich: *Wolter, Andrä*, Von der Öffnung des Hochschulzugangs zur offenen Hochschule, RdJB 2015, 291 (306).
64 Vgl. § 29 Abs. 4 S. 1 Nr. 3 QualifikationsVO Bayern.
65 Vgl. ähnlich § 58 Abs. 4, 7 HG BW; Art. 43 Abs. 4 BayHG; § 10 Abs. 5, 5b BerlHG; § 33 Abs. 7 BremHG; § 37 Abs. 2 HH HG; § 60 Abs. 4 HessHG; § 18 Abs. 2 HG M-V; § 18 Abs. 6 NHG; § 49 Abs. 7 HG NRW; § 66 Abs. 1 HG RLP; § 77 Abs. 10 SaarlHSG; § 17 Abs. 8 SächsHG; § 39 Abs. 7 HSG SH; § 68 Abs. 1 ThürHG; nicht vorgesehen ist eine entsprechende Regelung in BbgHG und im HSG LSA.

Evidenzbasierung pflegerischen Handelns an der Hochschule für Gesundheit Bochum.[66]

Vom Vorliegen eines Ausbildungsvertrages wird die Eröffnung des Hochschulzugangs z.B. an der Hochschule Ravensburg-Weingarten, der Evangelischen Hochschule Ludwigsburg, der FH Frankfurt, der FH Bielefeld, der Universität zu Köln und der Universität Lübeck abhängig gemacht. Zum Teil werden die Studiengänge berufsbegleitend angeboten.

Viele Hochschulen fordern ein Vorpraktikum, etwa die Hochschule Kempten, im Umfang von 150 Stunden (ca. vier Wochen) in der personennahen Pflege, wobei eine Anrechnung von geleisteten Diensten möglich ist. Teilweise, so an der HAW Hamburg, wird ein zweiwöchiges einschlägiges Praktikum verlangt, an der Hochschule Fulda ist es ein sechswöchiges Praktikum. Manche Hochschulen, etwa die Technisch Hochschule Deggendorf, die Evangelische Hochschule Nürnberg oder die Ostbayerische Technische Hochschule Regensburg[67] erwarten, dass eine einschlägige Ausbildung bereits erfolgreich absolviert worden ist oder parallel zum Studium absolviert wird.

Teilweise, etwa an der Hochschule Esslingen, wird der Studiengang Pflege für Personen *ohne* vorherige Berufsausbildung, der Studiengang Pflegemanagement dagegen für Personen *mit* einschlägiger Berufsausbildung angeboten. An der Hochschule für Gesundheit Bochum ist für den BA-Studiengang Evidenzbasierung pflegerischen Handelns der Nachweis von 1.200 erfolgreich absolvierten Praxisstunden in der direkten pflegerischen Versorgung erforderlich, die im Rahmen einer fachschulischen Pflegeausbildung oder in vergleichbar qualifizierenden Bildungsgängen erbracht wurden. An einigen Hochschulen, etwa an der Hochschule Ravensburg-Weingarten, ist bei Vorliegen einer einschlägigen Ausbildung die Verkürzung der (9-semestrigen) Studienzeit möglich.

Das Zugangserfordernis einer anerkannten Hochschulzugangsberechtigung gilt im Übrigen auch für private Hochschulen, wie alle Länder in ihren Hochschulgesetzen festlegen, vgl. etwa § 72 Abs. 2 S. 1 Nr. 6 HG NRW. Dies dient dem Schutz der Ausbildungsqualität und der Hochschulabschlüsse.

---

66 § 4 Fachspezifische Zugangs- und Zulassungsordnung für die Bachelorstudiengänge im Department für Pflegewissenschaft an der Hochschule für Gesundheit Bochum v. 21.7.2021.

67 Zu den einschlägigen Berufsausbildungen zählen insbesondere die Ausbildung zum examinierten (Kinder-)Gesundheits- und Krankenpfleger, Altenpfleger sowie zur Hebamme bzw. zum Entbindungspfleger, § 3 Abs. 3 Studien- und Prüfungsordnung für den berufsbegleitenden Bachelorstudiengang Pflegemanagement der Ostbayerischen Technischen Hochschule Regensburg v. 29.5.2015.

dd. Besonderheiten Hebammenwissenschaft

Wie gesehen setzt auch die Tätigkeit als Hebamme künftig einen entsprechenden Hochschulabschluss voraus. Die Akademisierung der Hebammenausbildung entsprach einer Empfehlung des Wissenschaftsrates.[68] Das HebG legt nunmehr fest, dass Zugangsvoraussetzung der Abschluss einer mindestens zwölfjährigen allgemeinen Schulausbildung oder der Abschluss einer Berufsausbildung zum Gesundheits- und Krankenpfleger bzw. -kinderkrankenpfleger, zum Pflegefachpersonal oder zur Krankenschwester bzw. zum Krankenpfleger mit Verantwortung für die allgemeine Pflege ist. Weiterhin darf keine Unwürdigkeit vorliegen, die gesundheitliche Eignung ist nachzuweisen und die deutschen Sprache muss sicher beherrscht werden, § 10 Abs. 1 HebG.

Ausweislich der Gesetzesbegründung intendierte der Bundesgesetzgeber mit dieser Regelung die Umsetzung der EU-Berufsqualifikationsrichtlinie.[69] Hieran verwundert, dass der Bund an sich über keine Gesetzgebungskompetenz für den Bereich des Hochschulzugangs verfügt; allenfalls kann eine solche für die Hochschulzulassung bestehen, die aber hier – es geht um das Qualifikations- und nicht das Verteilungsrecht – offenkundig nicht betroffen ist.[70] Dies merkte auch der Bundesrat an,[71] ließ sich letztlich aber, vermutlich aus finanziellen Gründen, auf die Regelung ein.[72] Ebenso ist es systemwidrig, die Frage der Berufsunwürdigkeit auf Ebene des Hochschulzugangs zu thematisieren; es handelt sich eher um eine Frage der Berufszulassung.[73]

Die Hochschulen haben diese Vorgaben entsprechend der Öffnungsklausel des § 10 Abs. 2 HebG vielfach ergänzt und verlangen weitere Kriterien: Der BA-Studiengang Hebammenwissenschaft an der Universität Lübeck erfordert als Zugangsvoraussetzung eine Hochschulzugangsberechtigung, ein vierwöchiges Vorpraktikum sowie einen Ausbildungsvertrag mit einem Praxisträger. Der BA-Studiengang Hebammenwissenschaft an der Universität Halle-Wittenberg setzt entweder eine Hochschulzugangsberechtigung oder einen Berufsabschluss als Gesundheits- und Krankenpfleger bzw. Kinderkrankenpfleger oder als

---

68 Wissenschaftsrat (Fn. 1), S. 78.
69 BT-Drs. 19/10612, 52. Vgl. Richtlinie 2005/36/EG.
70 Vgl. hierzu *Bode* (Fn. 30), Rn. 84 ff.
71 Vgl. die Stellungnahme des Bundesrates in BT-Drs. 19/12557, 14. Die Bundesregierung teilte diese Auffassung indes nicht, sondern sah den Zusammenhang zur Bundeskompetenz für die Heilberufe gem. Art. 74 Abs. 1 Nr. 19 GG, vgl. BT-Drs. 19/12557, 20.
72 Plenarprotokoll Bundesrat, 982. Sitzung, 8.11.2019, 550.
73 Vgl. die Stellungnahme des Bundesrates in BT-Drs. 19/12557, 14.

Pflegefachperson voraus. Auch hier ist ein vierwöchiges Vorpraktikum erforderlich. Auf diese Art und Weise verlagert sich die Zulassungsbeschränkung faktisch allerdings auf den Praxisträger, es sei denn, dieser schließt, wie etwa in Sachsen-Anhalt, über den Bedarf hinaus vorläufige Ausbildungsverträge ab.

Die Zugangsregelungen zu den Studiengängen der Pflege- bzw. der Hebammenwissenschaft sind also durchaus von den Besonderheiten geprägt, die sich aus ihrem Ursprung als Ausbildungsberufe ergeben. Im Hochschulzugangsrecht lassen sich diese Kriterien abbilden. Zu bedenken ist freilich, dass die Transformation in einen Studiengang zwar neue Personenkreise anspricht, jedoch diejenigen ausschließt, die die gestiegenen Anforderungen nicht mitbringen; insbesondere, wenn der Zugangsweg, wie im Bereich der Hebammen, exklusiv über das Studium eröffnet wird.

b. *Zulassungskriterien*

aa. *Systematik des Zulassungsrechts*

Das Zulassungsrecht, also die Auswahl im Falle eines Überhangs zugangsberechtigter Bewerber, richtet sich nach den Zulassungsgesetzen und Studienplatz-Vergabeverordnungen der Länder für die Verfahren mit sog. örtlicher Zulassungsbeschränkung. Die Ausgestaltung kann variieren. In allen Bundesländern existieren besondere sog. Vorabquoten für Studienbewerber, die aufgrund besonderer in der eigenen Person begründeter Härte sofort das Studium aufnehmen müssen bzw. aus besonderen Gründen an einen speziellen Studienort gebunden sind. Hinzu treten Studienplatzkontingente für sog. Drittstaatler, also nicht EU-Staatsangehörige, die auch nicht über eine nach deutschem Recht erworbene Hochschulzugangsberechtigung verfügen. Weiter hinzu gibt es vielfach auch Quoten für beruflich Qualifizierte oder für Leistungssportler.[74] Zudem werden Bewerber, die bereits ein Studium an einer deutschen Hochschule[75] abgeschlossen haben, regelmäßig als sog. Zweitstudienbewerber eingeordnet, für die ein kleiner Teil der Studienplätze (in der Humanmedizin drei Prozent) vorbehalten wird, da diese Personengruppe bereits über eine erste

---

74 *Bode* (Fn. 30), Rn. 391 ff., 583 ff.
75 In den Zulassungsverfahren zu örtlich zulassungsbeschränkten Studiengängen in Berlin bezieht sich die Regelung auch auf Hochschulen innerhalb der EU und dem EWR-Raum, vgl. § 11 Abs. 1 BerlHZVO.

Berufsqualifikation verfügt und insofern grundrechtlich weniger schutzwürdig ist.[76] Vorrangig kommt zum Zuge, wer aus zwingenden beruflichen, wissenschaftlichen oder zumindest besonderen beruflichen Gründen das Zweitstudium anstrebt. Anderenfalls ist eine berufliche Umorientierung, ein sog. Berufswechsel – je nach Nachfrage im betreffenden Studiengang – kaum möglich.

Der größte Teil der Studienplätze wird über die sog. Hauptquoten vergeben. Eine Leistungsquote für die Vergabe allein nach Note sieht die Mehrheit der Bundesländer vor.[77] Hier erfolgt allerdings keine Notenbereinigung, das heißt die Note findet mit ihrem numerischen Wert und unabhängig vom Bundesland des Erwerbs Eingang in das Verfahren.

Die Vergabe nach Wartezeit existiert in fast allen Ländern.[78] Sie ist allerding auch hier überwiegend auf sieben Halbjahre begrenzt: In Berlin sieht der Gesetzgeber aus Gründen der sozialen Gerechtigkeit eine Berücksichtigung von bis zu zehn Halbjahren vor, § 11 Abs. 1 BerlHZG.[79] Als wartezeitschädlich sind Studienzeiten an deutschen Hochschulen (in Berlin auch an Hochschulen in der EU oder im EWR) anzusehen. Im Saarland zählen nur sog. Bewerbungssemester, vgl. § 26 StudienplatzvergabeVO Saarland.

Die sog. Zusätzliche Eignungsquote (ZEQ) geht unter anderem auf Anregungen des Medizinischen Fakultätentages (MFT) zurück[80] und berücksichtigt Erkenntnisse über die hohe Korrelation zwischen dem überdurchschnittlichen Ergebnis eines Studierfähigkeitstest und einem anschließenden sehr guten

---

76 Die Note des Erststudiums und die Gründe für das angestrebte Zweitstudium entscheiden über die Chancen auf den Erhalt eines Studienplatzes. Vgl. etwa Anlage 1 der Vergabeverordnung NRW.
77 Sachsen: 10 bis 20 Prozent (zu gleichen Teilen wie Wartezeit) nach Maßgabe der Hochschule; Nordrhein-Westfalen, Schleswig-Holstein, Thüringen: 20 Prozent; Berlin: 20 oder mehr Prozent (zu gleichen Teilen wie Wartezeit); Bayern: 25 Prozent; Mecklenburg-Vorpommern und Sachsen-Anhalt: 30 Prozent.
78 Baden-Württemberg, Bayern, Hamburg und Sachsen-Anhalt je 10 Prozent; Brandenburg, Bremen, Hessen, Rheinland-Pfalz Schleswig-Holstein je 20 Prozent; Niedersachsen und Sachsen: 10 bis 20 Prozent; Saarland: 20 Prozent oder alternativ 20 Prozent über ZEQ; Berlin: 20 oder mehr Prozent, zu gleichen Teilen wie Leistungsquote. Nicht mehr vorgesehen ist die Wartezeitquote in Mecklenburg-Vorpommern, Nordrhein-Westfalen und Thüringen.
79 Landtag Berlin, Plenarprotokoll 18/47, 5653.
80 Vgl. MFT, Pressemitteilung v. 16.8.2017, „Neues Zulassungsverfahren für Medizinstudium: MFT wiederholt Forderungen", verfügbar unter: www.mft-online.de (15.2.2022).

Studienerfolg.[81] Der Grad der schulischen Qualifikation darf hier daher gerade keine Rolle spielen; vielmehr sollen „versteckte Talente"[82] eine Zulassungschance erhalten. Zurückgegriffen wird – je nach Landesecht – auf Studierfähigkeitstests, Auswahlgespräche, Berufsausbildungen oder Zeiten einer praktischen Berufstätigkeit in einem relevanten Bereich. Dies setzt allerdings valide Studierfähigkeitstests oder andere entsprechende Kriterien voraus, wie sie für die meisten Studiengänge noch nicht verfügbar sind. Eine ZEQ existiert derzeit für die örtlichen Verfahren nur in Mecklenburg-Vorpommern (10 Prozent) und im Saarland (20 Prozent oder 20 Prozent über Wartezeit).

Das Auswahlverfahren der Hochschulen (AdH) ist in allen Bundesländern nach wie vor für den ganz überwiegenden Anteil der Hauptquoten vorgesehen.[83] Die Auswahlkriterien sind hier vielfältig: Das Ergebnis der Hochschulzugangsberechtigung, die Einzelnoten, Studierfähigkeitstests und Einzelgespräche sowie Berufsausbildungen und Zeiten der Berufstätigkeit. Praktische Kenntnisse, besondere Sprachkenntnisse und Motivationsschreiben oder das Absolvieren studienvorbereitender Kurse treten – je nach Landesrecht – hinzu. In Nordrhein-Westfalen darf auch die Wartezeit herangezogen werden, was solange unproblematisch ist, wie sich die Ausgestaltung im vom BVerfG vorgegebenen Rahmen hält, insbesondere nicht mehr als 20 Prozent der Gesamtplätze umfasst.

Im Rahmen der Zulassung ist zu unterscheiden: Handelt es sich um einen Bewerber mit schulischer Hochschulzugangsberechtigung, regelmäßig dem Abitur, so nimmt er an der Vergabe in den Hauptquoten teil. Weist der Bewerber dagegen eine Hochschulzugangsberechtigung als beruflich Qualifizierter auf, so wird er – sofern das Bundesland der Hochschule, an der er sich bewirbt, dies vorsieht – in der Vorabquote für beruflich Qualifizierte beteiligt. Die Kriterien innerhalb dieser Quote kann die Hochschule überwiegend durch Satzungsrecht

---

81 *Kadmon, Guni/Kadmon, Martina*, Studienleistung von Studierenden mit den besten versus mittelmäßigen Abiturnoten: Gleicht der Test für Medizinische Studiengänge (TMS) ihre Prognosen aus? GMS J Med Educ 2016;33(1):Doc7 (15 ff.). Siehe auch Begründung StV, NRW, LT-Drs. 17/1613, 18. Vgl. hierzu *Bode* (Fn. 30), Rn. 674 f., 785 ff.
82 So die Formulierung in Landtag BW, Drs. 16/6536, 39.
83 Mecklenburg-Vorpommern, Sachsen-Anhalt und Schleswig-Holstein: 60 Prozent; Sachsen: 60 bis 80 Prozent (je nach Maßgabe der Hochschule); Berlin: bis zu 60 Prozent; Bayern: 65 Prozent;
Brandenburg, Bremen, Hessen, Nordrhein-Westfalen, Rheinland-Pfalz Saarland und Thüringen: 80 Prozent; Niedersachsen: 80 bis 90 Prozent; Baden-Württemberg und Hamburg zu je 90 Prozent.

festlegen. Ist die Einrichtung der Quote nicht vorgesehen, erfolgt die Beteiligung im Rahmen der Hauptquoten.[84] Das Zeugnis des Berufsabschlusses oder das einer etwaigen Eignungsfeststellungsprüfung wird dann als Abschlussnote herangezogen, die Wartezeit richtet sich nach dem Zeitpunkt der Prüfung, des Abschlusses der Berufsausbildung oder des Beratungsgespräches. Ob die Einrichtung einer eigenen Vorabquote für die Beruflich Qualifizierten günstig ist oder nicht, lässt sich schwer pauschal beurteilen. Im Bereich der Pflegestudiengänge erscheint eine – möglichst große – Vorabquote jedenfalls geeignet, um diejenigen zu begünstigen, die das Studium als Aufstieg nutzen wollen. Ins Leere ginge dies indes, sofern bereits auf der Ebene des Zugangs eine abgeschlossene Berufsausbildung bzw. berufspraktische Tätigkeiten erforderlich sind.

bb. Zulassungsverfahren im Bereich der Pflege- und Hebammenwissenschaften

Im Bereich der Pflege sind an deutschen Hochschulen laut Hochschulkompass der HRK 84 BA-Studiengänge zulassungsfrei und 28 örtlich zulassungsbeschränkt.[85] Private Hochschulen können dagegen keine Zulassungsbeschränkungen aufgrund der Zulassungsgesetze erlassen, auch wenn sie sich bei der Ausgestaltung ihrer Auswahlverfahren vielfach daran orientieren.

Soweit Zulassungsbeschränkungen vorliegen, unterscheiden sich die Auswahlverfahren von Hochschule zu Hochschule. Teilweise, etwa an der Pädagogischen Hochschule Schwäbisch-Gmünd, werden die Plätze nach Abzug der Vorabquoten zu 10 Prozent nach Wartezeit und zu 90 Prozent nach Punkten vergeben; dabei sind bis zu 60 Punkte für die Note der Hochschulzugangsberechtigung und bis zu 40 Punkte nach Kriterien wie Berufsausbildungen, Berufstätigkeiten, Preisen etc. vorgesehen.[86] Die Universität Tübingen trifft die

---

84 Die Note bestimmt sich teilweise auch nach dem Ergebnis der beruflichen Fortbildungen oder dem Ergebnis einer Eignungsprüfung. Die Wartezeit berechnet sich überwiegend nach dem Zeitpunkt, zu dem die Hochschulzugangsberechtigung „vollwertig" vorlag. Vgl. *Bode* (Fn. 30), Rn. 589 ff.
85 Hinzu gezählt sind auch Studiengänge wie Pflegemanagement, Soziale Arbeit in Pflege und Rehabilitation sowie Gerontologie (Abfrage vom 10.1.2022).
86 Hochschule Schwäbisch-Gmünd, Satzung der Pädagogischen Hochschule Schwäbisch Gmünd für das hochschuleigene Zulassungs- und Auswahlverfahren im Bachelor-Studiengang „Pflegewissenschaft" v. 26.4.2017, Mitteilungsblatt Nr. 47/2019, 7 3.30, 1 ff. Ähnlich handhabt es die Hochschule Ravensburg-Weingarten; hier erfolgt die Auswahl im Wesentlichen nach der Note der Hochschulzugangsberechtigungen mit geringen Bonierungen für berufspraktische Zeiten oder Dienste. Hochschule

Auswahlentscheidung im Verbund mit der Hochschule Esslingen nach Abzug der Vorabquoten für 10 Prozent nach Wartezeit für 90 Prozent der Plätze nach einer Rangliste. Für deren Position ist die Note der Hochschulzugangsberechtigung relevant, die um bis zu 0,7 Punkte verbessert werden kann durch das Vorliegen einer Berufsausbildung, praktischer Tätigkeiten oder außerschulischer Leistungen und Qualifikationen, die über die Eignung für den Studiengang besonderen Aufschluss geben.[87] An der Hochschule für angewandte Wissenschaften in München werden Vorabquoten von fünf Prozent für ausländische Studierende, jeweils vier Prozent für Personen, die in einem noch nicht abgeschlossenen Studiengang ihre Hochschulzugangsberechtigung erworben haben (z.B. durch ein Vordiplom), für Zweitstudienbewerber sowie für Beruflich Qualifizierte gebildet. In den Hauptquoten erfolgt die Verteilung unter anderem nach Note, Wartezeit, Teilnahme am Verbundstudium und Härte.[88]

An der Alice Salomon Hochschule Berlin werden nach Abzug der Vorabquoten 50 Prozent der Plätze nach dem Ergebnis eines Auswahlverfahrens vergeben (60 Prozent hiervon nach Note, 40 Prozent nach studiengangspezifischen Qualifikationen, etwa Berufsausbildungen oder praktischen Tätigkeiten) sowie je 25 Prozent nach Note der Hochschulzugangsberechtigung und nach Wartezeit.[89] Die Charité Universitätsmedizin Berlin berücksichtigt zunächst die Vorabquoten – darunter eine für Minderjährige; im Weiteren zieht sie zu 60 Prozent im Auswahlverfahren der Hochschule Note, Berufsausbildungen, Dienst und englische Sprachkompetenz heran. Je 20 Prozent vergibt sie alleine nach Wartezeit bzw. Qualifikation.[90] Die Hochschule Bochum wählt in den Studiengängen Pflege und Hebammenwissenschaft nach Abzug der Vorabquoten zu 20 Prozent nach dem Ergebnis der Hochschulzugangsberechtigung und zu 80 Prozent nach einem Auswahlverfahren aus; in diesem spielen die Durchschnittsnote

---

Ravensburg-Weingarten, Satzung über die Zulassung und das Auswahlverfahren des Bachelorstudiengangs Pflege v. 14.5.2020, verfügbar unter: www.rwu.de (15.2.2022).

87 Satzung der Universität Tübingen und der Hochschule Esslingen für das hochschuleigene Auswahlverfahren im Studiengang Pflege mit akademischer Abschlussprüfung Bachelor of Science (B.Sc.) v. 14.6.2018, Amtliche Bekanntmachungen der Universität Tübingen 2018, Nr. 12, 496 ff.

88 Informationen über das Vergabeverfahren zum WiSe 2021/22 und SoSe 2022, verfügbar unter: www.w3-mediapool.hm.edu (15.2.2022).

89 Satzung über die Ausgestaltung des hochschuleigenen Auswahlverfahrens der Alice-Salomon-Hochschule für Sozialarbeit und Sozialpädagogik Berlin (ASH Berlin), o.D.

90 Satzung über Auswahl und Zulassung für den Bachelorstudiengang Pflege der Charité Universitätsmedizin Berlin (Auswahlsatzung B.Sc. Pflege) v. 30.6.2020.

der Hochschulzugangsberechtigung und die Wartezeit (max. sieben Semester, abzüglich der Studienzeiten an deutschen Hochschule) eine wesentliche Rolle. Dabei verbessert sich die Durchschnittsnote der Hochschulzugangsberechtigung für jedes Wartesemester um jeweils 0,1; maximal ist die Verbesserung bis zum Wert von 1,0 möglich.[91]

Vergleichbar verhält es sich in den Hebammenwissenschaften. Die Universität Tübingen trifft die Auswahlentscheidung im Verbund mit der Hochschule Esslingen nach Abzug der Vorabquoten für 90 Prozent der Plätze nach einer Rangliste (für deren Position ist die Note der Hochschulzugangsberechtigung relevant, die um bis zu 0,7 Punkte verbessert werden kann durch die Art einer Berufsausbildung, Berufstätigkeit, praktischen Tätigkeit oder außerschulischen Leistung oder Qualifikation, die über die Eignung für den Bachelorstudiengang „Hebammenwissenschaft" besonderen Aufschluss gibt), die übrigen 10 Prozent nach Wartezeit.[92] Die Charité Universitätsmedizin wählt nach Abzug der Hauptquoten zu je 20 Prozent nach Note und Wartezeit aus, zu 60 Prozent nach einem Auswahlverfahren, in das neben der Note, einschlägigen Praktika und Diensten auch bilinguale Sprachkenntnisse Berücksichtigung finden.[93]

---

91 § 5 Abs. 3 Rahmenzulassungsordnung für die zulassungsbeschränkten Bachelorstudiengänge an der Hochschule für Gesundheit v. 27.1.2021. An der Hochschule Jena wird im Studiengang Pflege zu 20 Prozent nach Note ausgewählt, zu 80 Prozent nach einem Punktwert, bei dem 60 Punkte für die Note, 20 Punkte für Berufsausbildungen, bis zu 15 Punkte für Berufspraxis, weitere 5 Punkte für Tätigkeiten in bestimmten therapeutischen, pflegerischen oder sozialen Bereichen und fünf Punkte für erworbene Preise vergeben werden. Hochschulauswahlverfahrensordnung der ErnstAbbeHochschule Jena.

92 Satzung der Universität Tübingen für das hochschuleigene Auswahlverfahren im Studiengang „Hebammenwissenschaft" mit akademischer Abschlussprüfung Bachelor of Science (B.Sc.), v. 14.6.2018, Amtliche Bekanntmachungen der Universität Tübingen 2018, Nr. 12, 500 ff.

93 Satzung über Auswahl und Zulassung für den Bachelorstudiengang Angewandte Hebammenwissenschaft der Charité Universitätsmedizin Berlin (Auswahlsatzung B.Sc. Angewandte Hebammenwissenschaft) v. 18.6.2021. Die HAW Hamburg lässt im dualen Studiengang Hebammenwissenschaften vorab auf 10 Prozent der Studienplätze ausländische Bewerber, auf 2 Prozent Sportler, auf 3 Prozent Beruflich Qualifizierte und auf 5 Prozent Bewerber mit besonderer Härte zu. In den Hauptquoten vergibt sie 90 Prozent nach einem Auswahlverfahren, hier nach Note, und 10 Prozent nach Wartezeit. Zugangs- und Auswahlordnung für den dualen hochschulübergreifenden Studiengang

Liegt im BA-Studiengang Hebammenwissenschaft an der Universität Halle-Wittenberg ein vorläufiger Arbeitsvertrag mit einem der Universitätsklinika Sachsen-Anhalts als Praxispartner vor, so folgt das Zulassungsverfahren, in dessen Rahmen die Plätze zu 30 Prozent nach der Note (Abitur oder Ausbildung), zu 10 Prozent nach Wartezeit und zu 60 Prozent nach einem Punktewert vergeben werden; dieser setzt sich zu 80 Prozent wiederum aus der Note und zu 20 Prozent aus der Bewertung des Vorpraktikums zusammen.[94] Soweit die Hebammenwissenschaft, etwa an der HS für Gesundheit in Bochum, nachqualifizierend angeboten wird, ist z.T. eine größere Unterquote für beruflich Qualifizierte vorgesehen.

Die staatlich anerkannten Hochschulen in privater oder kirchlicher Trägerschaft, auf welche die Normen der Zulassungsgesetze keine direkte Anwendung finden, sind etwas freier als die staatlichen Hochschulen in der Gestaltung ihrer Auswahlverfahren.[95] So kann hier beispielsweise in stärkerer Form nach Leistung ausgewählt werden. Die Katholische Stiftungshochschule für angewandte Wissenschaften München vergibt vorab jeweils zwei Prozent der Studienplätze nach Härte und an beruflich Qualifizierte sowie sechs Prozent an Personen, an deren Studium die Hochschule ein „besonderes Interesse" hat. Die Übrigen werden nach einer Punkterangliste vergeben, in die die Note der Hochschulzugangsberechtigung, Punkte für Berufsausbildungen, Dienste, kirchliche Abschlüsse, Behinderung, die Pflege von Angehörigen oder die Geburt eines Kindes eingehen.[96] Ähnlich handhabt es die Evangelische Hochschule Berlin im Studiengang Nursery, die nach Berücksichtigung der Vorabquoten im Wesentlichen nach der Note der Hochschulzugangsberechtigung, der Bewertung eines fachbezogenen Praktikums und des sozialen Engagements auswählt.[97] Die Evangelische

---

Hebammenwissenschaft an der Hochschule für Angewandte Wissenschaften Hamburg und der Universität Hamburg i.V.m. Allgemeine Zulassungsordnung der HAW v. 7.9.2022..

94 Ordnung zur Regelung des Auswahlverfahrens im Bachelorstudiengang „Hebammenwissenschaft" an der Universität Halle-Wittenberg v. 16. 11.2020 i.V.m. Studien- und Prüfungsordnung für den Bachelorstudiengang „Hebammenwissenschaft" an der Universität Halle-Wittenberg.

95 *Penßel* (Fn. 45), 6. Kap., Rn. 43 f.; *Messer, Helmut*, in: Haug, Volker M., Hochschulrecht Baden-Württemberg, 3. Aufl. 2020, 4. Kap., Rn. 1198.

96 Satzung zur Durchführung des Zulassungsverfahrens bei der Studienplatzvergabe an der Katholischen Stiftungshochschule für angewandte Wissenschaften München v. 12.03.2019.

97 Zulassungsordnung für den Studiengang Bachelor of Nursing (B.Sc.) an der Evangelischen Hochschule Berlin (EHB) v. 22.6.2020.

Hochschule Ludwigsburg vergibt nach Abzug der Vorabquote für Härte die Plätze zu 80 Prozent nach der Note der Hochschulzugangsberechtigung und zu 20 Prozent nach Los.[98]

An einigen staatlichen Hochschulen, etwa der Brandenburgischen Technischen Universität Cottbus-Senftenberg, den Hochschulen in Bielefeld und Fulda oder der Universität Trier, ist das Pflegestudium zulassungsfrei. Gleiches gilt für den Studiengang Nursing an der Hochschule Neubrandenburg. Andere Hochschulen, etwa die Universität Lübeck, verlangen die Vorlage eines Ausbildungsvertrages als Zugangsvoraussetzung; in diesem Fall ist ein Zulassungsverfahren nicht mehr erforderlich, weil offenbar die Zahl der bei den Praxispartnern auszustellenden Verträge mit der Ausbildungskapazität der Universität übereinstimmt.[99]

Soweit an einer öffentlich-rechtlichen Hochschule der Nachweis eines Ausbildungsvertrages erforderlich ist oder soweit sogar das gesamte Hochschulstudium an einer privaten Hochschule stattfindet, enthält das Ausbildungsverhältnis privatrechtliche Elemente. Die privaten Träger sind nicht an die zulassungsrechtlichen Vorgaben des öffentlichen Rechts gebunden. Dies heißt allerdings nicht, dass sie „freie Hand" haben; vielmehr müssen sie sich an die Vorgaben des AGG[100] und der Antirassismus-RL 2000/43/EG halten, welche beide insbesondere eine Benachteiligung „aus Gründen der Rasse oder wegen der ethnischen Herkunft" untersagen.[101] Die ethnische Herkunft ist betroffen, wenn eine Gruppenbildung

---

98 Evangelische Hochschule Ludwigsburg, Zulassungsregeln für den Bachelor-Studiengang Pflege v. 6.5.2021, verfügbar unter: www.eh-ludwigsburg.de (15.2.2022). Die Evangelische Hochschule Nürnberg hält 4 Prozent der Studienplätze jeweils für Zweitstudienbewerber und ausländische Studienbewerber bereit und 20 Prozent für Beruflich Qualifizierte; die Übrigen Studienplätze werden zu 90 Prozent nach Note, zu 4 Prozent jeweils nach ehrenamtlichem Engagement und nach Härte und nach 2 Prozent nach Wartezeit vergeben. Evangelische Hochschule Nürnberg, Zulassungsordnung Pflege v. 1.6.2020.
99 www.uni-luebeck.de/studium/studiengaenge/pflege/kennenlernen/bewerbung.html (15.2.2022).
100 *Broy, Dominic*, in: Herberger, Maximilian/Martinek, Michael/Rüßmann, Helmut, jurisPK-BGB, 9. Aufl. 2020, § 2 Rn. 49; *Roetteken* (Fn. 49), § 2 Rn. 53.
101 Diese Normen finden auch auf die Vergabe von Stipendien durch private Stiftung Anwendung, wie der EuGH entschieden hat. Vgl. ECLI:EU:C:2018:912 (Maniero), siehe auch *Valentine, Sophie*, Die einschränkende Auslegung des Diskriminierungsverbots wegen der „ethnischen Herkunft" durch den EuGH, NZA 2019, 364 (364 f.).

aufgrund von „Staatsangehörigkeit, Religion, Sprache, kulturelle[r] und traditionelle[r] Herkunft und Lebensumgebung" angenommen wird.[102]

c. Zugang und Zulassung zu Masterstudiengängen

Die Regelung des Hochschulzugangs im Masterbereich richtet sich nach den Hochschulgesetzen der Länder.[103] Diese delegieren die Definition bestimmter Anforderungsprofile regelmäßig an die Hochschulen. Das entspricht zum einen dem hier zum Tragen kommenden stärkeren Gewicht der Wissenschaftsfreiheit nach Art. 5 Abs. 3 GG und steht zum anderen auch nicht im Widerspruch zur Berufsfreiheit der Bewerber, da der Eingriff aufgrund des bereits vorliegenden ersten berufsqualifizierenden Abschlusses als weniger intensiv zu klassifizieren ist.[104] Vielfach werden entweder eine bestimmte Mindestnote verlangt oder bestimmte inhaltliche Bedingungen aufgestellt. Auch hier findet ein Notenausgleich nicht statt; entsprechende Mechanismen, wie sie die KMK und das Land Brandenburg zwischenzeitlich vorgesehen hatten, kamen nie zum Einsatz.[105] Im Bereich von Pflege- und Hebammenwissenschaften sehen die Regelungen beispielhaft wie folgt[106] aus:

Der Zugang zum Master in Pflegewissenschaften setzt an der Brandenburgischen Technischen Universität Cottbus-Senftenberg ein abgeschlossenes Bachelorstudium voraus, ebenso wie einen Berufsabschluss in der Gesundheits- und Krankenpflege, Gesundheits- und Kinderkrankenpflege, Altenpflege, Physiotherapie, Ergotherapie, dem Hebammenwesen, in der medizinisch-technischen Assistenz oder der Notfallassistenz. Hinzu kommen 30 ECTS-Kreditpunkte (900 Stunden) in den Bildungswissenschaften oder der Berufspädagogik (ersetzbar durch ein Propädeutikum in den Bildungswissenschaften/Berufspädagogik). Im Übrigen ist es zulassungsfrei. Der Master-Studiengang Interprofessionelles Management in der Gesundheitsversorgung an der Hochschule Fulda erfordert eine Bachelor-Prüfung in einem Studiengang mit Schwerpunkt im Gesundheits- oder Pflegemanagement oder einem vergleichbaren Studiengang mit

---

102 ECLI:EU:C:2015:480 (CHEZ Razpredelenie Bulgaria AD), Rn. 46.
103 Vgl. *Musil, Andreas*, Aktuelle Rechtsprobleme der Masterzulassung in Deutschland, RdJB 2014, 400 (403 ff.); *Maier, Hartmut/Brehm, Robert*, Zugangs- und Auswahlregelungen zur Aufnahme eines Masterstudiums, OdW 2014, 151 (151 ff.).
104 *Bode* (Fn. 30), Rn. 1261 f.
105 M.w.N. *Bode* (Fn. 30), Rn. 267 ff., 1282.
106 Zu den Details vgl. die Auswahlsatzungen der jeweiligen Hochschulen und die entsprechenden Informationen auf den Hochschul-Homepages.

einem Notendurchschnitt von 2,5 oder besser voraus, mind. 80 ECTS-Punkte in managementbezogenen Inhalten sowie mind. 20 ECTS-Punkte in wissenschaftlichen Methodeninhalten. Weiter müssen mind. sechs Monate berufspraktische Erfahrung in einer Einrichtung des Gesundheitswesens vorliegen. Alternativ ist zugangsberechtigt, wer nach Abschluss eines wirtschaftswissenschaftlichen Studiums mit einem Notendurchschnitt von 2,5 oder besser über mindestens zwölf Monate einschlägige berufspraktische Erfahrung in einer Einrichtung des Gesundheitswesens verfügt. Ein Notenschnitt schlechter als 2,5 kann durch einschlägige Berufserfahrung und ein Fachgespräch kompensiert werden. An anderen Hochschulen gilt Ähnliches.[107]

Einige Bundesländer bzw. Hochschulen verzichten beim Masterzugang auf die qualifizierte Abschlussnote des ersten Studienabschlusses. Zugangsvoraussetzung für den Masterstudiengang Angewandte Gesundheitswissenschaften an der Hochschule für Gesundheit Bochum ist der Abschluss eines Studienganges in den Fachrichtungen Pflege-, Gesundheits-, Therapie- oder gesundheitsbezogene Sozialwissenschaften; zudem sind besondere Kenntnisse in den Fächern Forschungsmethoden und Gesundheitsversorgung erforderlich.[108] Der Studiengang Gesundheits- und Pflegewissenschaften an der Universität Halle-Wittenberg setzt einen ersten berufsqualifizierenden Hochschulabschluss mit mind. 240 ECTS der Gesundheits- oder Pflegewissenschaft, der Gesundheits-, Pflege- oder Medizinpädagogik, des Gesundheits- oder Pflegemanagements, der Pflege, der Hebammenwissenschaften, der Ergotherapie, Logopädie, Physiotherapie, Psychologie und Soziologie oder inhaltlich vergleichbarer Studiengänge sowie eine Eignungsprüfung voraus. Letztere besteht aus einem schriftlichen und einem mündlichen Teil.[109]

---

107 Der Master-Studiengang Gesundheits- und Versorgungswissenschaften an der Universität zu Lübeck setzt einen Bachelorabschluss in Ergotherapie, Hebammenwesen oder Hebammenwissenschaft, Public Health, Pflege oder Pflegewissenschaft, Physiotherapie, Logopädie oder Sprachtherapie, Therapiewissenschaft oder einen Abschluss in einem anderweitigen Studiengang mit dem Schwerpunkt Gesundheitswissenschaft oder einen gleichwertigen ausländischen Abschluss voraus. Der Abschluss muss die Note 2,7 oder besser aufweisen. Weiter ist ein Motivationsschreiben erforderlich. Studiengangsordnung Masterstudiengang Gesundheits- und Versorgungswissenschaften an der Universität zu Lübeck v. 23.7.2019.
108 Zugangs- und Zulassungsordnung für den Masterstudiengang Angewandte Gesundheitswissenschaften an der Hochschule für Gesundheit v. 17.6.2020.
109 Ordnung für die Durchführung der Eignungsfeststellungsprüfung für den Master-Studiengang Gesundheits- und Pflegewissenschaften (120 LP) v. 9.12.2014. Der Zugang zum Master „Erweiterte Pflegeexpertise – Advanced Nursing Practice" an

Manche Hochschulen sehen die Eignung als Summe verschiedener Kriterien an. So setzt der Masterstudiengang Pflegewissenschaft/Pflegemanagement an der Hochschule Jena etwa einen ersten Hochschulabschluss im Bereich Pflege mit der Gesamtnote mindestens „gut" (2,0) sowie ein Motivationsschreiben voraus. Die Hochschule legt fest, dass die Eignung erst dann vorliegt, wenn hierdurch mind. 70 von 100 möglichen Punkten erreicht werden; dabei entfallen bis zu 60 Punkte auf die Note (degressiv gestaffelt) und bis zu 40 Punkte auf das Motivationsschreiben.[110]

Soweit sich mehr zugangsberechtigte Personen auf den Studiengang beworben haben als Plätze zur Verfügung stehen, findet auch im Masterbereich ein Zulassungsverfahren statt. Dies richtet sich nach den Zulassungsgesetzen bzw. Studienplatz-Vergabeverordnungen der Länder sowie den Auswahlsatzungen der Hochschulen. Dabei handelt es sich im Wesentlichen ebenfalls um die unter III.3.b. genannten Regeln.[111] In der Praxis ist die Durchführung von Zulassungsverfahren häufig entbehrlich, da die Zugangsregeln die Bewerberkohorte reduzieren. Konsequenterweise sind die Masterstudiengänge wohl überwiegend zulassungsfrei, z.B. an der Hochschule Fulda, der Hochschule Jena, der Universität Lübeck oder der Universität Trier.

Zusammenfassend betrachtet stellen sich Zugang und Zulassung im Bereich des Pflege- sowie des Hebammenwesens als vielgestaltig dar. Die weitgehende Öffnung des Studiums auf der Zugangsebene des Bachelors bewirkt, dass schließlich auch ein Masterabschluss ohne Abitur möglich ist.

---

der FH Bielefeld setzt ein abgeschlossenes Hochschulstudium im Bereich Pflege, Gesundheit oder Sozialwissenschaften sowie eine Berufszulassung zu den Berufen der Gesundheits- und Krankenpflege, Gesundheits- und Kinderkrankenpflege oder Altenpflege bzw. als Pflegefachkraft voraus sowie einschlägige Berufserfahrung in der Pflegepraxis. Studiengangsprüfungsordnung Weiterbildender Masterstudiengang „Erweiterte Pflegeexpertise – Advanced Nursing Practice (M. Sc.)" v. 15.4.2019. Der Zugang zum Master Interprofessionelle Gesundheitsversorgung an der Universität Trier setzt die fachgebundene bzw. allgemeine Hochschulreife sowie einen Bachelor in Pflege- und Gesundheitswissenschaften, Pflege- und Gesundheitsmanagement, Pflegepädagogik und Pädagogik des Gesundheitswesens, Psychologie, Biomedizin, Therapiewissenschaften (Physiotherapie, Ergotherapie, Logopädie), Hebammenwissenschaft, Heilerziehungspflege oder Public Health voraus. Ordnung der Universität Trier für die Prüfung im Masterstudiengang Interprofessionelle Gesundheitsversorgung v. 20.2.2019.

110 Studienordnung für den Masterstudiengang Pflegewissenschaft/Pflegemanagement an der Ernst-Abbe-Hochschule Jena, Anlage 1 v. 27.9.2022.
111 Vgl. *Bode* (Fn. 30), Rn. 1297 ff.

IV. Aus Sicht der Medizin

1. Zugang

Für den Zugang zum Medizinstudium gelten ebenfalls die unter II.3. und III.2. beschriebenen Regelungen. Die große Mehrheit der Studienbewerber weist die allgemeine Hochschulzugangsberechtigung in Form des Abiturs auf. Vorpraktika oder ähnliches sind nicht erforderlich. Das Angebot an privaten Hochschulen ist geringer als im Bereich der übrigen Gesundheitsberufe; relevant sind in diesem Zusammenhang die Universität Witten-Herdecke und die Medizinische Hochschule Brandenburg „Theodor Fontane". Hinzu treten Franchise-Modelle, die vielfach jedoch den Erwerb eines ausländischen Grades bewirken, der wiederum nach EU-Recht in Deutschland anzuerkennen ist.[112]

2. Zulassungskriterien

Die hauptsächliche Hürde auf dem Weg zum Medizinstudium liegt im Bereich der Zulassung, also in der Auswahl unter den grundsätzlich zugangsberechtigten Bewerbern. Das Zulassungsverfahren beruht auf dem StV und wird durch die Zulassungsgesetze und die Studienplatz-Vergabeverordnungen der Länder sowie die Auswahlsatzungen der Hochschulen konkretisiert. Es gilt, wie gesehen, neben der Human-, der Zahn- und der Tiermedizin auch für die Pharmazie.

Zunächst werden hier ebenfalls die sog. Vorabquoten gebildet. Dabei ist zu beachten, dass eine eigene Quote für beruflich Qualifizierte derzeit nur in Hamburg (ab dem WiSe 2022/23 auch in Sachsen und Thüringen) existiert, so dass diese ganz überwiegend an der Vergabe im Rahmen der Hauptquoten teilnehmen. Anschließend werden 30 Prozent der Plätze über die sog. *Leistungsquote* allein nach der Note der Hochschulzugangsberechtigung vergeben, vgl. Art. 10 StV. Es wird auf die Einzelpunkte der Hochschulzugangsberechtigung abgestellt (z.B. 821 Punkte). Soweit etwa Meisterbriefe oder Eignungsfeststellungsprüfungen der beruflich Qualifizierten Dezimalnoten aufweisen, werden diese in Punkte umgerechnet.

Im Gegensatz zu den örtlichen Zulassungsverfahren werden die Noten der Hochschulzugangsberechtigung im ZV um föderalistische Unterschiede „bereinigt", wie es das BVerfG vom Gesetzgeber eingefordert hat (siehe II.3.). Innerhalb

---

112 Vgl. *Geis, Max-Emanuel*, Franchising-Modelle im Recht der Medizinerausbildung, OdW 2014, 55 (55 ff.); *Bode, Matthias*, in: Knopp, Lothar/Peine, Franz-Joseph/Topel, Harald, Brandenburgisches Hochschulgesetz, 3. Aufl. 2018, BbgHZG, Vorbemerkung Rn. 52, § 1 Rn. 10 f.

aller Bewerber auf alle ZV-Studiengänge eines Bundeslandes wird zunächst eine Landesliste der Punktewerte erstellt.[113] Die Listen der Bundesländer werden dann – unter Anwendung des Verteilungsverfahrens nach *Sainte-Laguë* – auf eine gemeinsame bundesweite Positionsliste verteilt. Die Reihenfolge, in der das System die Bundesliste mit den Bewerbern der Landeslisten bestückt, hängt von der Größe des Landesanteils am Studienplatzkontingent ab. Dieser Anteil bemisst sich wiederum am Bewerber- und am Bevölkerungsanteil. Die ersten Plätze gehen dementsprechend immer an die Länder mit dem größten Anteil (derzeit in der Reihenfolge Nordrhein-Westfalen, Bayern, Baden-Württemberg) und dort an die höchstplatzierten Bewerber. Der beste Absolvent des Bundeslandes mit dem kleinsten Landesanteil (derzeit in aufsteigender Reihenfolge Bremen, Saarland und Mecklenburg-Vorpommern) steht vielfach erst auf den 40er Plätzen, der Zweitbeste in den 100ern u.s.w. Nimmt er den Platz nicht an, rückt entsprechend ein anderer Landesangehöriger auf. Die höchstrangigen Bewerber bekommen Zulassungsangebote für alle Studiengänge an allen Hochschulorten, die sie im ZV genannt haben. Im Ergebnis können sie aber nur einen Platz annehmen.

Die ZEQ umfasst im ZV 10 Prozent der in den Hauptquoten zu vergebenden Plätze. Zurückgegriffen wird – je nach Landesrecht – auf Studierfähigkeitstests, Auswahlgespräche, Berufsausbildungen oder Zeiten einer praktischen Berufstätigkeit in einem relevanten Bereich, nicht dagegen auf schulische Qualifikationen. Die Bundesländer ziehen im Wesentlichen die gleichen Kriterien heran.[114]

Im AdH, das 60 Prozent der Plätze umfasst, wird auf schulnotenabhängige Kriterien (Note oder – derzeit ausgesetzt – Einzelnoten) und schulnotenunabhängige Kriterien (Studieneignungstests, Auswahlgespräche, relevante Berufsausbildungen und Berufstätigkeiten sowie weitere Kriterien) abgestellt; mindestens ein schulnotenunabhängiges Kriterium ist erheblich zu gewichten. Diese Kriterienvielfalt bietet der Mehrheit der Bewerber eine Zulassungschance. Die meisten Länder erlauben die Einrichtung von Binnen- bzw. Unterquoten im Umfang von 15 Prozent der AdH-Quote. Für einen Teil der Plätze können die Hochschulen ein Vorauswahlverfahren vorsehen, das die Nutzung aufwändiger Kriterien (z.B. Gespräche oder Eignungstests) ermöglicht.

---

113 Siehe *Bode* (Fn. 30), Rn. 655 ff.
114 Hamburg gestattet hier den Hochschulen, die Entscheidung auch auf mehrere Tests zu stützen, Schleswig-Holstein verzichtet auf Auswahlgespräche. Einige Bundesländer ermöglichen die Einführung von Unterquoten.

Die AdHs wurden weiter ausgestaltet und bieten den Hochschulen damit einen erheblichen Gestaltungsspielraum. Dieser entspricht Art. 5 Abs. 3 GG. Mag sich hierdurch die Übersichtlichkeit des Verfahrens vermindern,[115] so verstößt dies – auch nach Auffassung der Gerichte – nicht gegen den Vorbehalt des Gesetzes.[116] Soweit die Hochschulen die Note der Hochschulzugangsberechtigung heranziehen, wird eine nach Punkten sortierte Rangliste erstellt. Hierfür greift das System auf die bundesweite Positionsliste aller Bewerber zurück und setzt die Position des betreffenden Bewerbers in Relation zur Gesamtverteilung der Noten, sog. Prozentrangtransformation.[117] Auf diese Weise soll der Notenverteilung Rechnung getragen werden.

Beruflich Qualifizierte konkurrieren also hier mit den Abiturienten im 1er Bereich; entsprechend haben sie in der Leistungsquote derzeit nur Chancen, wenn sie ihre Ausbildung mit der Note „sehr gut" abgeschlossen haben. Besser sehen die Chancen in AdH und ZEQ aus, wo Berufsausbildungen, wie gleich zu zeigen sein wird, ein höheres Gewicht zukommt. Zu beachten ist schließlich, dass Studierende, die ihr Pflege- bzw. Hebammenstudium abschließen – auch, soweit dies an einer privaten Hochschule erfolgt[118] – als Zweitstudienbewerber anzusehen sind. Ohne wissenschaftliche Gründe reduziert dies ihre Zulassungschancen angesichts der derzeitigen Nachfrage erheblich.

Exkurs: Berufsausbildungen im Rahmen des Zulassungssystems

Die Absicht, berufspraktische Tätigkeiten im Zulassungsverfahren stärker zu berücksichtigen, wurde bereits im Vorfeld der Numerus clausus III-Entscheidung vor allem in der Bundespolitik artikuliert. Der im Wesentlichen von zwei Bundesministerien vorgelegte sog. „Masterplan Medizinstudium 2020" bestimmte, dass im Rahmen der Zulassung „eine Ausbildung oder Tätigkeit in medizinischen Berufen stärker gewichtet werden" sollte.[119] Gleichzeitig machte

---

115 Vgl. früh insofern kritisch *Selbmann, Frank,* „Verwirrende Vielfalt" oder wie das Recht auf die freie Wahl eines Studienplatzes ausgehebelt wird, NVwZ 2012, 1373 (1373 ff.).
116 OVG Lüneburg, Beschl. v. 18.11.2020 – 2 NB 247/20 –, juris, Rn. 12; VG Aachen, Beschl. v. 26.1.2021 – 10 L 704/20 –, juris, Rn. 11.
117 Vereinfacht ausgedrückt, berücksichtigt das Verfahren, dass gemäß der sog. *Gauß'schen* Normalverteilung Spitzenwerte seltener vorkommen als mittlere Werte und setzt dies dadurch um, dass relativ seltene Spitzenwerte einen vergleichsweise größeren Bonus erhalten als mittlere Noten. Siehe *Bode* (Fn. 30), Rn. 772 ff.
118 OVG NRW, Beschl. v. 30.1.2012 – 13 B 1396/11 –, juris, Rn. 6 ff.
119 „Masterplan Medizinstudium 2020", 31.3.2017, S. 10, verfügbar unter: www.bmbf. de (15.2.2022). Der Plan, der seine Autoren nicht zu erkennen gibt, wurde zwischen Bundesgesundheits- und Bundesforschungsministerium sowie Vertretern der KMK

der Bund allerdings keine Anstalten, selbst gesetzgeberisch tätig zu werden. Die Länder erhöhten das Gewicht von Berufsausbildungen und Berufstätigkeiten im Rahmen der Novellierung des Zulassungsrechts, welche durch die vom BVerfG angemahnte Eignungsorientierung erforderlich wurde. Zwar waren sowohl Berufsausbildungen als auch Zeiten der Berufstätigkeit schon im StV des Jahres 2008 vorgesehen. Nunmehr ermöglichen die Gesetzgeber jedoch auch im Rahmen der ZEQ, die 10 Prozent der Studienplätze in den Hauptquoten umfasst und die Wartezeitquote ersetzt, die Heranziehung dieser Kriterien, vgl. Art. 10 Abs. 2 und 3 StV.

Berufspraktische Vorkenntnisse und Erfahrungen, etwa auch im Bereich der Dienste und des Ehrenamtes, könnten im Studium nützlich sein, bewiesen Interesse und „Identifikation mit dem Berufsfeld", wie die Normgeber des StV betonen.[120] Die Verordnungsgeber konkretisierten dies pro Studiengang. Für die Humanmedizin sind es derzeit 28 Ausbildungen bzw. Tätigkeiten, etwa als Altenpfleger, als Anästhesietechnischer Assistent, Arzthelfer, Kinderkrankenpfleger, Diätassistent, Ergotherapeut, Gesundheits- und Kinderkrankenpfleger bzw. Krankenpfleger, Hebamme, Logopäde, Notfallsanitäter, Physiotherapeut oder Rettungsassistent, vgl. Anlage 6 der in diesem Punkt übereinstimmenden Vergabeverordnungen. Indem die Gesetzgeber im sog. Übergangsverfahren[121] diese Kriterien zentral und ohne Abweichungsmöglichkeit vorgeben, werden die an sich gerade gestärkten Mitwirkungsrechte der Hochschulen reduziert.[122]

Die Höhe der Punkte, die in AdH und ZEQ hierfür vergeben werden, richtet sich dann aber immerhin überwiegend nach dem Satzungsrecht der Hochschulen. In Bayern sind in der 10 Prozent umfassenden ZEQ Berufsausbildungen allerdings mit 20 Prozent zu gewichten, Art. 8 Abs. 1 S. 2 BayHZG. Dies solle „dem politischen Wunsch Rechnung" tragen, „einschlägigen Berufsausbildungen größere Bedeutung bei der Zulassung zu den medizinischen Studiengängen" beizumessen. Zugleich vermeide es eine Übergewichtung und damit die Gefahr, „dass Ausbildungen nur mit dem Ziel eines späteren Studiums absolviert werden

---

ausgehandelt. Die Hochschulen waren – unverständlicher Weise – nicht beteiligt. Vgl. auch „Masterplan Medizinstudium 2020: Fachwissen und Erfahrung der Universitäten in der politischen Planung stärker berücksichtigen", verfügbar unter: www.medizinische-fakultaeten.de (15.2.2022).

120 Vgl. mit Begründung Landtag NRW, Drs. 17/1613, 19.
121 Hintergrund ist, dass sie „technischen Voraussetzungen für die Anwendung aller Verfahrensoptionen dieses Staatsvertrags" bei Inkrafttreten der Norm „noch nicht verfügbar" seien. Begründung Landtag NRW, Drs. 17/1613, 28.
122 Kritisch insoweit *Bode* (Fn. 30), Rn. 729, 745 ff.

und ausgebildete Fachkräfte in ein Studium ‚abwandern', was den Fachkräftemangel z. B. in Pflegeberufen verschärfen könnte", wie die Gesetzesbegründung festhält.[123] Dieser Wert soll laut Wissenschaftsminister *Bernd Sibler* ab dem SoSe 2023 sogar auf 40 Prozent erhöht werden, um hierdurch „einen besonderen Akzent bei der beruflichen Erfahrung" zu setzen.[124] Die „Durchlässigkeit zwischen den Professionen" solle gesteigert werden.[125]

Tendenziell besonders stark gewichtet werden diese Ausbildungen in Bayern, Niedersachsen und im Saarland. So gewährten hierfür zum WiSe 2021/22 von insgesamt 100 in der ZEQ erreichbaren Punkte die MHH Hannover 50 Punkte, die Universitäten Göttingen und Saarbrücken je 40 Punkte, Aachen 35 Punkte, die bayerischen Universitäten (Augsburg, Erlangen-Nürnberg, München, Regensburg, Würzburg) je 30 Punkte und die Charité Universitätsmedizin Berlin sowie die Universität Magdeburg je 25 Punkte.[126] Die übrigen Faktoren sind die Wartezeit (bis zum WiSe 2022/23 nur noch in Bayern) oder das Ergebnis von Studierfähigkeitstests. Einschlägige Berufs*tätigkeiten* werden dagegen nur selten und mit geringem Gewicht berücksichtigt. Die Charité Universitätsmedizin Berlin und die Universitäten Frankfurt a.M. und Gießen und Marburg gewähren hierfür jeweils 10 Punkte. Sechs weitere Hochschulen erkennen zwei bis drei Punkte an.

Im AdH berücksichtigen einige Universitäten die Berufsausbildung in Unterquoten – und dann mit stärkerem Gewicht: So bonierte z.B. die Universität Greifswald zum WiSe 2021/22 für 20 Prozent der Plätze Berufsausbildungen mit 60 Punkten. Die Universität Jena gewährt für 10 Prozent der Quote 55 Punkte, die Universitäten Aachen und Düsseldorf für 10 Prozent der Plätze 50 Punkte.[127] Nur vier weitere Hochschulen bonieren die Ausbildung mit zwei oder drei Punkten. Berufspraktische Erfahrungen können schließlich auch in die Bewertung

---

123 Bayerischer Landtag Drs. 18/3921, 14.
124 Bayerischer Landtag, 29. Plenum, 15.10.2019, 3480 f.
125 Bayerischer Landtag, 34. Plenum, 5.12.2019, 4316.
126 Hierzu und zu den folgenden Angaben siehe die Übersicht über die Auswahlkriterien in ZEQ und AdH unter www.hochschulstart.de (15.2.2022).
127 An der Universität Rostock wurden für 20 Prozent der Plätze 33 Punkte gewährt. Die MHH Hannover gewährt für 20 Prozent der Plätze 40 Punkte für Berufsausbildungen, während die Universität Göttingen für 20 Prozent 30 Punkte gewährt. Die TU Dresden und die Universität Marburg gewähren 20 Punkte für Berufsausbildungen. Die Absolvierung einer entsprechenden Berufstätigkeit für 30 Prozent wird mit 20 Punkten berücksichtigt und an der Universität Gießen generell mit 10 Punkten.

eingehen, soweit in ZEQ oder AdH Studierfähigkeitstests durchgeführt werden, etwa unter Heranziehung sog. multipler Miniinterviews.[128]

Eine allzu starke Gewichtung der Ausbildungen erweist sich allerdings als problematisch, da es sich um sog. dichotome Kriterien handelt, also solche, die entweder vorliegen oder nicht vorliegen, also keine mittleren Werte kennen. Die Gefahr besteht darin, dass im Verfahren „Stufen" entstehen; Personen, die dichotome Kriterien aufweisen, bilden einen Sockel, den Mitbewerber durch relative Werte nur dann „erklimmen" können, wenn sie das relative Kriterium überdurchschnittlich gut erfüllen. Bewerber werden also vielfach versuchen, den Nachweis der dichotomen Kriterien, etwa einen Ausbildungsabschluss, zu erreichen. Dass – anders als beim Bachelor- und Masterzugang – zwar das Vorliegen einer Berufsausbildung, nicht aber deren Abschlussnote herangezogen wird, hat die Rechtsprechung vor dem Hintergrund der mangelnden Vergleichbarkeit unter den verschiedenen Ausbildungen gebilligt.[129] Auch genüge es, dass der Normgeber pro Person nur eine, nicht aber mehrere Ausbildungen berücksichtige.[130]

Tatsächlich ist die Idee, Berufsausbildungen und praktische Tätigkeiten als Ausweis der Eignung für die Zulassung heranzuziehen, nicht neu. Bereits der HRG-Entwurf von 1973 sah vor, ein Drittel der Studienplätze „nach Art und Dauer der Tätigkeit [zu] vergeben, die seit dem Erwerb der Qualifikation für das gewählte Studium ausgeübt worden ist", wobei „berufspraktische Tätigkeiten" und Berufsausbildungen besonders ins Gewicht fallen sollten.[131] Hierdurch erhielten „diejenigen, die nach erfolgreichem Schulabschluss eine Tätigkeit aufnehmen, eine zusätzliche Chance, ein Studium in einem Fach mit Zulassungsbeschränkung aufzunehmen und ihre beruflichen Erfahrungen in die Hochschule und das Studium einzubringen". Außerdem werde „eine engere Verbindung, Wechselwirkung und Mobilität zwischen Studium und Berufsleben erzeugt".[132] Der Bundesrat wandte sich erfolgreich gegen diesen Gedanken. Er stellte ihre Aussagekraft die für Ausbildungen die Eignung in Frage und verwies auf die

---

128 Vgl. etwa einen entsprechenden Vorschlag der niedersächsischen Medizin-führenden Hochschulen im Rahmen des Gesetzgebungsverfahrens, Landtag Niedersachsen, Drs. 18/4251, 26.
129 VG Aachen, Beschl. v. 26.1.2021 – 10 L 704/20 –, juris, Rn. 15; OVG Lüneburg, Beschl. v. 18.11.2020 – 2 NB 247/20 –, juris, Rn. 12.
130 Dies genüge, um die Qualifikation hinreichend festzustellen, OVG Berlin-Brandenburg, Beschl. v.11.11.2020 – OVG 5 S 44/20 –, juris, Rn. 17.
131 BT-Drs. 7/1328, 14.
132 BT-Drs. 7/1328, 58.

fehlende Vergleichbarkeit der Berufsabschlüsse.[133] So kam es schließlich stattdessen zur Einführung der Wartezeitquote, doch konnten für abgeschlossene Ausbildungen Verbesserungen hinsichtlich der Wartezeit gewährt werden; etwa erhielten Absolventen bestimmter Ausbildungsberufe einen Bonus von zwei Jahren Wartezeit, gleiches galt für den Nachweis der Pharmazeutischen Vorprüfung oder die Ausbildung zum gehobenen Dienst der öffentlichen Verwaltung.[134] Diese Regelung ging erst 2004 im Rahmen der 7. HRG-Novelle in der den Hochschulen gewährten Möglichkeit auf, im Rahmen des 60 Prozent der Studienplätze umfassenden AdH die „Art einer Berufsausbildung oder Berufstätigkeit" mit heranzuziehen.[135]

Kritik begegnete das Kriterium der Berufsausbildung bzw. -tätigkeit bereits früh aufgrund der drohenden Umwälzung der Zulassungsbeschränkung auf Ausbildungsberufe.[136] Bereits der Bundesrat hatte 1975 der Regelung nur unter der Bedingung zugestimmt, dass zu untersuchen sei, „ob ein Verdrängungseffekt für die berufliche Bildung" eintrete.[137] In seiner zweiten Numerus clausus-Entscheidung setzte sich das BVerfG 1977 mit der beschriebenen Berücksichtigung von berufspraktischen Zeiten auseinander und hob hervor, dass sich verfassungsrechtlich kein Anspruch auf die Berücksichtigung berufspraktischer Tätigkeiten ergebe.[138] Eine stärkere Chancenverbesserung aufgrund fachnaher Vorbildungen erhöhte die Nachfrage und „steuert notwendig das Bewerberverhalten". Es „entstünde die Gefahr der Überwälzung des Numerus clausus auf das berufliche Ausbildungssystem und Beschäftigungssystem". Diese Sorge wurde auch in der Literatur geteilt: So hob *Jürgen Lüthje* bereits 1977 hervor, dass ernsthaft interessierte Schulabgänger womöglich zu Gunsten von Bewerbern abgewiesen würden, welche die Ausbildung allein als weiteren Qualifikationsschritt auf dem Weg zum Medizinstudienplatz betrachteten; dies sei „verfassungsrechtlich nicht zu vertreten".[139] Im Gegenteil: Das BVerfG erklärte es wiederholt für

---

133 Wiedergegeben in: BT-Drs. 7/1328, 94. Hinzu kamen praktische Gesichtspunkte, vgl. BT-Drs. 7/3279, 10 und BT-Drs. 7/4462, 6 f.
134 Vgl. § 32 Abs. 3 Nr. 2 S. 2 bis 6 HRG 1976. Vgl. dazu *Bode, Christian,* in: Dallinger, Peter/ders./Dellian, Fritz, Hochschulrahmengesetz, Kommentar, 1978, § 32 Rn. 48 ff. Vgl. dazu auch BVerfGE 43, 291 (353 ff.).
135 BGBl. I 2004, 2298 ff.
136 *Knyphausen, Beatrix Freiin zu,* Das Hochschulzulassungsrecht auf dem verfassungsrechtlichen Prüfstand, 2021, S. 79.
137 Bundesrat, 416. Sitzung, 21.2.1975, S. 13.
138 BVerfGE 43, 291 (373).
139 *Lüthje, Jürgen,* Ausbildungsfreiheit im Hochschulwesen, JZ 1977, 577 (583 f.).

verfassungsgemäß, Studienzeiten in anderen Fächern, das sog. Parkstudium, gerade nicht als Wartezeit zu werten. Zwar werde auch der „Berufswechsel als Akt freier Selbstbestimmung" von der Berufsfreiheit geschützt, doch sei der Gesetzgeber befugt, im Interesse derjenigen, die erstmalig ihre Berufsfreiheit in Anspruch nähmen, „den Zugang zu einem Zweitstudium von Bewerbern mit erfolgreicher Hochschulausbildung erheblich zu erschweren".[140]

Die stärkere Heranziehung berufspraktischer Ausbildungszeiten im Rahmen der Hochschulzulassung ist also kein neuer Gedanke. Dabei ist allerdings zu beachten, dass die vom BVerfG gerügte mangelnde Vergleichbarkeit auch hier umso stärker zu Buche schlägt, je deutlicher die Heranziehung von relativen Werten, etwa Noten, erfolgt. Soweit Ausbildungen dichotom berücksichtigt werden, ist ihr Gewicht klug auszutarieren, um ungewollte Seiteneffekte zu verhindern.

V. Beobachtungen

1. Durchlässigkeit und Kompatibilität der Studiengänge

Der Zugang zu den betrachteten Studiengängen weist ein hohes Maß an Offenheit gegenüber nicht traditionellen Studierenden auf. Dies ergibt sich aus den Regelungen zum Hochschulzugang für beruflich Qualifizierte, die auch Personen ohne Abitur unter je nach Landesrecht variierenden Bedingungen gestatten. Auch der Übergang vom Bachelor in den Master und vom Staatsexamen in Medizin zum Masterstudiengang im Bereich der Pflege ist rechtlich möglich; schwieriger dagegen dürfte die Aufnahme des Medizinstudiums als Zweitstudienbewerber sein. Insgesamt darf dies nicht darüber hinwegtäuschen, dass ca. 21 Prozent der in der Pflege Beschäftigten über gar keinen formalen Berufsabschluss verfügen.[141] Überdies ist zu beachten, dass die Zunahme der Durchlässigkeit wiederum Lücken im Bestand der Pflegenden auftun kann.[142]

---

140 BVerfGE 62, 117 (146 f., 154 f.). Vgl. auch BVerfGE 43, 291 (378 ff.).
141 *Drupp/Meyer* (Fn. 15), S. 23 (29).
142 *Bonin, Holger*, Fachkräftemangel in der Gesamtperspektive, in: Jacobs, Klaus/Kuhlmey, Adelheid/Greß, Stefan, Pflege-Report 2019, 2020, S. 61 (66).

2. Ungleiche Zulassungsbedingungen zu Medizin bzw. Pflegeberufen

Die dargestellte Trennung in örtliche Zulassungsverfahren (etwa für Pflege- und Hebammenwissenschaften) einerseits und ZV (beispielsweise für die Humanmedizin) andererseits führt dazu, dass bereinigte und nominale Noten nebeneinander herangezogen werden, je nach dem, auf welchen Studiengang sich jemand bewirbt. Es erscheint als wenig nachvollziehbar, dass ein Bewerber mit beispielsweise relativ betrachtet besserer Note im örtlichen Verfahren abgewiesen wird, während im ZV seine Note aufgewertet wird, insbesondere, da sich die mittleren Schulnoten nach wie vor um ca. 0,4 Punkte zwischen den Ländern unterscheiden.[143] Zwar fordert das BVerfG nur, „eine annähernde Vergleichbarkeit der Noten" herbeizuführen und bezieht seine Rechtsprechung auf Studiengänge mit vergleichsweise hohem Bewerberüberhang wie die Medizin.[144] Sofern die Pflege- und Hebammenwissenschaften sich aber zu stark nachgefragten Studiengängen entwickeln, wird hier ebenfalls ein Ausgleich föderalistischer Unterschiede erforderlich werden, gegebenenfalls auch für Noten im Bereich der Ausbildung, deren Vergleichbarkeit allein zwischen den Disziplinen und im zeitlichen Vergleich fraglich sein dürfte.

3. Anreize und Ressourcenschutz

Wie gesehen sind viele Bewerber vor allem im Bereich der Humanmedizin darauf angewiesen, ihre Zulassungschancen zu verbessern. Dies entspricht auch dem Ziel eines Hochschulzulassungssystems, das chancenoffen ist, also den „prinzipiellen Ausschluss ganzer Gruppen geeigneter Bewerber" vermeidet, indem es auf „starre und durch eigenes Zutun nicht mehr korrigierbare Grenzziehungen mit unvertretbar hohen Schwellen" möglichst verzichtet.[145] Es dürfte sich somit vielfach anbieten, z.B. eine Pflegeausbildung abzuschließen, die den Vorteil bietet, erste Berufserfahrung im medizinischen Bereich zu sammeln und die häufig auch entlohnt wird.

---

143 Im Abschlussjahrgang 2019/2020 lag der mittlere Notendurchschnitt in Thüringen bei 2,16. In Niedersachsen bei 2,67. Siehe KMK, Schnellmeldung Abiturnoten 2020, vorläufige Ergebnisse- (Schuljahr 2019/2020), S. 2; verfügbar unter: www.kmk.org (15.2.2022).
144 BVerfGE 147, 253 (311, 337 f.).
145 BVerfGE 43, 291 (317).

Da der Zugang zur Pflegeausbildung sich regelmäßig nach dem Grad der Qualifikation richtet, dürften Abiturienten – zumal solche mit überdurchschnittlichen Noten – regelmäßig sehr gute Chancen auf einen Ausbildungsplatz haben. Zugleich ergibt sich aber hieraus, dass ihr Verbleib im Ausbildungsberuf unter Umständen nicht lange anhalten dürfte. Zumal die bloße Berufstätigkeit – die an sich gerade den Kern berufspraktischer Tätigkeit bildet – als weiteres Zulassungskriterium nur von sehr wenigen Hochschulen genutzt wird.

Auch wenn die Wartezeitregelung des bis zum WiSe 2019/20 betriebenen ZVs aus Sicht des Einzelnen sicher die kritisierten Härten aufgewiesen hat, so führte sie – ironischer Weise – dazu, dass der „Umweg" über den Pflegeberuf sich aus gesellschaftlicher Gesamtperspektive eher rentierte. Den Ausbildungszeiten dürfte in aller Regel auch eine mehrjährige Berufstätigkeit gefolgt sein.

4. Beobachtungs- und Überwachungspflichten

Nicht zufällig betont das BVerfG die Beobachtungs- und Überwachungspflichten der Auswahlregeln durch Staat und Hochschulen.[146] Das Zulassungssystem wird tendenziell vielschichtiger, es differenziert sich aus. Dies gilt für den dargestellten länderübergreifenden Notenausgleich ebenso wie für das Dialogorientierte Serviceverfahren, das den Abgleich der Zulassungsmöglichkeiten unter den Studiengängen gewährleistet.[147] Im Rahmen dieser Überwachung sind auch überkommene Strukturen zu überdenken, etwa die kaum mehr zu begründende Unterscheidung zwischen bundesweiten und örtlichen Zulassungsbeschränkungen.[148] Auch für den Bereich der Pflegeausbildungen muss der Staat prüfen, ob Verdrängungseffekte eintreten und ggf. die Heranziehung oder die Gewichtung berufspraktischer Kriterien modifizieren.[149]

5. Bedeutung von Wissen als Zulassungsfaktor

Jedenfalls aber sind die Zugangs- und Zulassungsregeln kompliziert, was angesichts der Vielzahl an Akteuren und zu berücksichtigenden Gesichtspunkten unvermeidbar ist. Letztlich reflektieren sich hier Aspekte „lokaler

---

146 BVerfGE 147, 291 (325 f.); vgl. auch generell BVerfGE 111, 10 (42).
147 Hier können beispielsweise Softwarekonfigurationen und technische Verfahrensregelungen Einfluss auf materiell-rechtliche Verfahrensergebnisse haben. Vgl. *Bode* (Fn. 43).
148 M.w.N. *Klafki* (Fn. 33), 541 (547 f.); *Knyphausen* (Fn. 136), S. 105; *Bode* (Fn. 30), Rn. 241 ff.
149 *Knyphausen* (Fn. 136), S. 79.

Gerechtigkeit".[150] Damit rückt zugleich die Kenntnis strategischen Wissens in den Fokus. Rechtliche Auswahlkriterien können nur Chancenoffenheit bieten, soweit sie auch wahrgenommen und Bewerbungsentscheidungen bewusst getroffen werden. Die empirischen Sozialwissenschaften bieten hier wichtige Beiträge, um soziale oder institutionelle Barrieren zu identifizieren und abzubauen.[151] In den Blick zu nehmen sind die „Spielregeln" von Non-Profit-Märkten, die etwa nahelegen, Erfordernisse strategischen Verhaltens zu reduzieren.[152]

VI. Fazit

Der „Pflegenotstand" und die damit einhergehenden Umstrukturierungen lenken die Aufmerksamkeit auf die thematischen Interdependenzen zwischen der Tätigkeit im Pflegebereich sowie dem Zugangs- und Zulassungsrecht. Dabei zeigt sich, dass die „Akademisierung" eines Berufsfeldes neben Vorteilen auch Nachteile bzw. Risiken mit sich bringt, die beobachtet und bedacht werden müssen. Gelingt es dem Gesetzgeber nicht, eine ausgewogene Balance zwischen den berufsbildenden und den akademischen Ausbildungswegen zu finden, könnte dies die Krise in diesem Bereich intensivieren, wenn etwa motivierte Pflegekräfte vorschnell in das Studium wechseln oder Medizinstudienbewerber allein aus strategischen Gründen die Pflegeausbildung aufnehmen.

---

150 Vgl. *Bode, Matthias,* Hochschulzulassungsrecht im Spannungsfeld von gesamtstaatlicher Planung und lokaler Gerechtigkeit, WissR 2013, 348 (348 ff.).
151 *Finger, Claudia,* Soziale Herkunft und die Umsetzung von Studienaspirationen Individuelle und institutionelle Einflüsse in Phasen der Selbst- und Fremdselektion, 2017, S. 102 ff., 312. Vgl. etwa zu Fragen der Auslandsmobilität *Netz, Nicolai/Finger, Claudia,* New Horizontal Inequalities in German Higher Education? Social Selectivity of Studying Abroad between 1991 and 2012. Sociology of Education, 89(2), 2016, 79–98. Vgl. auch *Driesen, Cornelia,* Die Organisation des Übergangs Schule-Hochschule deutscher Hochschulen, Eine empirische Untersuchung zur Perspektive von Hochschulleitungen, 2020, S. 181 ff.
152 Vgl. *Braun, Sebastian/Dwenger, Nadja/Kübler, Dorothea/Westkamp, Alexander,* Implementing quotas in university admissions, An experimental analysis, Games and Economic Behavior, Vol. 85 (2014), 232 (232 ff.); *Hüber, Frank/Kübler, Dorothea,* Hochschulzulassung in Deutschland, Wem hilft die Reform durch das „Dialogorientierte Serviceverfahren"?, Perspektiven der Wirtschaftspolitik Bd. 12, Heft 4 (2012), 430 (432 ff., 444).

Achim Seifert

Der arbeitsrechtliche Rahmen der häuslichen Pflege[*]

I. Häusliche Pflege und Arbeitsrecht

Die häusliche Pflege besitzt eine herausragende praktische Bedeutung im System der Pflegeleistungen. Im Jahr 2019 belief sich der Anteil der Leistungsempfänger der Pflegeversicherung im ambulanten Bereich auf ungefähr 78,5 %.[1] Dies entspricht auch der gesetzlichen Wertung zugunsten des Vorranges der häuslichen vor der stationären Pflege.[2] Die Formen, in denen Pflegeleistungen im häuslichen Bereich von pflegebedürftigen Personen erbracht werden, können dabei stark variieren. In vielen Fällen erbringen ambulante Pflegeeinrichtungen häusliche Pflegeleistungen. Eine andere und seit Jahren sehr kontrovers betrachtete Form der häuslichen Pflege besteht darin, eine Pflegeperson – zumeist handelt es sich um Frauen aus einem der osteuropäischen Länder – in den Haushalt der pflegebedürftigen Person aufzunehmen und auf diese Weise eine „24-Stunden"- oder „Rund-um-die-Uhr"-Pflege sicherzustellen. Schließlich sind es aber auch Familienangehörige von pflegebedürftigen Personen, welche die Pflege übernehmen oder ergänzend zu ambulanten Pflegeeinrichtungen tätig werden und den Haushalt des Leistungsempfängers führen, Einkaufen gehen oder auch die Grundpflege übernehmen.

Der rechtliche Rahmen der häuslichen Pflege ist gewiss vor allem durch das Pflegeversicherungsrecht gezogen: Die Finanzierung und die Modalitäten der Erbringung von Pflegeleistungen betrifft in erster Linie Fragen des Sozialversicherungsrechts. So legt das Pflegeversicherungsrecht die Beiträge und damit den finanziellen Rahmen für die Erbringung von Leistungen der gesetzlichen Pflegeversicherung fest, durch Rahmenverträge zwischen den Verbänden der

---

[*] Prof. Dr. jur., Inhaber des Lehrstuhls für Bürgerliches Recht, Deutsches und Europäisches Arbeitsrecht sowie Rechtsvergleichung an der Rechtswissenschaftlichen Fakultät der Friedrich-Schiller-Universität Jena.
[1] *Bundesregierung*, Siebter Pflegebericht, April 2021, 80, abrufbar unter: https://www.bundesgesundheitsministerium.de/themen/pflege/pflegeversicherung-zahlen-und-fakten/pflegeberichte.html.
[2] § 3 SGB XI.

Pflegekassen und den Vereinigungen der Träger der ambulanten oder stationären Pflegeeinrichtungen wird eine wirksame und wirtschaftliche pflegerische Versorgung der Versicherten sichergestellt[3] und durch Versorgungsverträge zwischen den Pflegekassen und einzelnen Leistungserbringern[4] werden die Modalitäten für die Erbringung von Pflegeleistungen durch Pflegeeinrichtungen bestimmt.

Das Arbeitsrecht nimmt auf unterschiedliche Weise Einfluss auf die Erbringung von Leistungen im Rahmen der häuslichen Pflege und erweist sich als ein wichtiges komplementäres Rechtsgebiet zum Pflegeversicherungsrecht. Dies soll im Folgenden anhand der drei genannten unterschiedlichen Formen einer häuslichen Pflege näher betrachtet werden. In einem ersten Schritt soll es um die häusliche Pflege durch ambulante Pflegeeinrichtungen und dem besonderen arbeitsrechtlichen Rahmen gehen, der für Arbeitsverhältnisse mit ambulanten Pflegeeinrichtungen besteht (B.): Insoweit hat sich in den vergangenen Jahren ein sektorspezifisches Arbeitsrecht herausgebildet, das derzeit stark in Bewegung ist. In einem zweiten Schritt sollen dann die arbeitsrechtlichen Probleme der viel diskutierten sog. „24-Stunden-Pflege" oder „Rund-um-die-Uhr-Pflege" untersucht werden, die ganz überwiegend im Rahmen eines Arbeitsverhältnisses erfolgt und in den vergangenen Jahren in Deutschland starke Verbreitung gefunden hat (C.). Schließlich setzt das Arbeitsrecht einen Rahmen für die Vereinbarkeit von Pflege und Beruf für Angehörige von pflegebedürftigen Personen, soweit sie in einem Arbeitsverhältnis stehen und es um die arbeitsrechtliche Ermöglichung oder Flankierung ihrer Pflegeleistungen geht (D.). Die folgende Skizze soll durch einen rechtspolitischen Ausblick (E.) abgerundet werden.

II. Häusliche Pflege durch ambulante Pflegeeinrichtungen

Die häusliche Pflege kann einmal von geeigneten Pflegekräften erbracht werden, die entweder bei einer Pflegekasse[5] oder einer ambulanten Pflegeeinrichtung, mit der die Pflegekasse einen Versorgungsvertrag abgeschlossen hat, angestellt sind;[6] eine unmittelbare Beschäftigung von Pflegekräften in einem Arbeitsverhältnis durch die pflegebedürftige Person ist hingegen nicht als Pflegesachleistung nach

---

3 Vgl. § 75 SGB XI.
4 Siehe § 77 SGB XI.
5 Dazu § 77 SGB XI.
6 Vgl. § 36 Abs. 4 Satz 3 SGB XI.

Maßgabe von § 36 SGB XI möglich.[7] Diese angestellten Pflegekräfte erbringen bei Pflegebedürftigen der Pflegegrade 2 bis 5[8] die häusliche Pflege als Sachleistung der Pflegeversicherung in Gestalt von körperbezogenen Pflegemaßnahmen und pflegerischen Betreuungsmaßnahmen sowie Hilfen bei der Haushaltsführung.[9] Auf ihre Arbeitsverhältnisse finden arbeitsrechtliche Vorschriften grundsätzlich in vollem Umfang Anwendung. In den vergangenen Jahren haben sich allerdings für Arbeitnehmer der Pflegebranche und damit auch für Pflegekräfte von ambulanten Pflegeeinrichtungen sektorspezifische arbeitsrechtliche Regeln herausgebildet. Sie verstärken den arbeitsrechtlichen Schutz von Pflegekräften, verfolgen mittelbar aber vor allem das Ziel, die Attraktivität der Pflegeberufe zu erhöhen. Der gesetzliche Sicherstellungsauftrag, dem die Pflegekassen unterliegen,[10] kann nämlich nur mit einer ausreichenden Zahl von Pflegekräften erfüllt werden. Dieser Steigerung der Attraktivität der Pflegeberufe sind jedoch finanzielle Grenzen dadurch gezogen, dass der finanzielle Rahmen für eine Erhöhung von Arbeitsentgelten oder anderer geldwerter Arbeitsbedingungen durch das Pflegeversicherungsrecht vorgegeben ist, insbesondere durch die Beitragspflicht der Versicherten und die Vergütung von Pflegeleistungen durch die Pflegekassen, die in Rahmenverträgen zwischen den Verbänden der Pflegekassen und den Vereinigungen der Träger der ambulanten oder stationären Pflegeeinrichtungen festgelegt sind.[11] Der Ausbau des arbeitsrechtlichen Schutzes von Pflegekräften bleibt deshalb nicht ohne finanzielle Folgen für die Pflegeversicherung und kann eine entsprechende Anpassung bei deren Finanzierungsseite erforderlich machen.

1. Das Regelungsverfahren der §§ 10 ff. AEntG für die Pflegebranche

Einen ersten Schritt in Richtung eines sektorspezifischen Arbeitsrechts der Pflegebranche machte der Gesetzgeber im Jahre 2009 durch die Einbeziehung der Pflegebranche in den Geltungsbereich des AEntG.[12]

---

7 Statt vieler *Wahl*, in: Udsching/Schütze, SGB XI, 5. Auflage [2018] § 36, Rn. 23. Zur Beschäftigung von Pflegepersonen durch die pflegebedürftige Person im sog. „Arbeitgebermodell" s.u. C.I. m.w.N.
8 Vgl. § 14 SGB XI.
9 § 36 Abs. 1 Satz 1 SGB XI.
10 Vgl. § 69 SGB XI.
11 Zum Inhalt der Rahmenverträge siehe § 75 Abs. 2 SGB XI.
12 Die Vorschriften wurden durch das Zweite Gesetz zur Änderung des AEntG v. 20.4.2009 (BGBl. I S. 799) eingeführt.

Die in diesem Rahmen neu geschaffenen §§ 10 ff. AEntG ermöglichen die Festlegung von Mindestentgelten für Arbeitnehmer von Betrieben und selbständigen Betriebsabteilungen, die überwiegend ambulante, teilstationäre oder stationäre Pflegeleistungen oder ambulante Krankenpflegeleistungen für Pflegebedürftige i.S.v. § 10 Satz 3 AEntG erbringen, im Wege einer Rechtsverordnung des Bundesministers für Arbeit und Sozialordnung nach Maßgabe von § 11 AEntG. Im Pflegebereich erfolgt der Erlass von Rechtsverordnungen grundsätzlich nicht nach den allgemeinen Bestimmungen der §§ 7, 7a AEntG, auf deren Grundlage tarifvertragliche Mindestarbeitsbedingungen (vgl. § 3 AEntG) auf alle unter den Geltungsbereich des Tarifvertrages fallenden Arbeitgeber und Arbeitnehmer erstreckt werden können. Vielmehr sehen die §§ 11, 12 AEntG wegen der Vielfalt der Träger von Pflegeeinrichtungen[13] – es existieren gemeinnützige, private, öffentliche und kirchliche Träger – ein besonderes Regelungsverfahren einer „Pflegekommission" vor, mit welchem der großen Bedeutung kirchlicher Träger im Pflegebereich wegen der verfassungsrechtlichen Garantie des Selbstbestimmungsrechtes der Religionsgesellschaften in Art. 140 GG i.V.m. Art. 137 Abs. 3 WRV Rechnung getragen werden soll.[14] Der „Pflegekommission" gehören auch Vertreter der Dienstnehmer- und Dienstgeberseite kirchlicher Arbeitsrechtskommissionen an.[15] Sie hat auf Antrag der Tarifvertragsparteien in der Pflegebranche oder der Dienstnehmer- bzw. Dienstgeberseite von paritätisch besetzten kirchlichen Arbeitsrechtskommissionen[16] Empfehlungen zur Festlegung von Arbeitsbedingungen zu beschließen,[17] über deren Erstreckung auf alle Arbeitgeber sowie Arbeitnehmer der Pflegebranche das Bundesministerium

---

13 Nach § 11 Abs. 2 Satz 1 SGB XI sind die Vielfalt der Träger von Pflegeeinrichtungen zu wahren sowie deren Selbständigkeit, Selbstverständnis und Unabhängigkeit zu achten.
14 Statt vieler ErfK/*Franzen*, 22. Auflage [2022], AEntG § 12, Rn. 1; siehe auch *Seifert*, in: Kempen/Zachert, TVG, 5. Auflage [2014], Anhang 1 zu § 5, § 10 AEntG Rn. 2 m.w.N. Im Bereich der Katholischen Kirche und der evangelischen Landeskirchen sowie deren Einrichtungen erfolgt die Festlegung der Arbeitsbedingungen der kirchlichen Beschäftigten nach dem Modell des sog. Dritten Weges, d.h. durch Kommissionen, welche sowohl Arbeitnehmer als auch die kirchlichen Arbeitgeber paritätisch repräsentieren. Zum sog. Dritten Weg im Überblick z.B. *Richardi*, Arbeitsrecht in der Kirche: staatliches Arbeitsrecht und kirchliches Dienstrecht, 8. Auflage [2020], § 13 m.w.N.
15 Zur Zusammensetzung der „Pflegekommission" siehe § 12 Abs. 3 und 4 AEntG.
16 Die vorschlagsberechtigten Stellen ergeben sich aus § 12a Abs. 1 Satz 1 i.V.m. § 12 Abs. 4 Satz 2 AEntG.
17 Vgl. § 12a Abs. 1 bis 3 AEntG.

für Arbeit und Sozialordnung zu entscheiden hat.[18] Dabei hat das Ministerium neben dem gesetzlichen Ziel der Schaffung und Durchsetzung angemessener Mindestarbeitsbedingungen und der Gewährleistung fairer und funktionierender Wettbewerbsbedingungen auch die Sicherung der Qualität der Pflegeleistung sowie den Auftrag kirchlicher und sonstiger Träger der freien Wohlfahrtspflege (§ 11 Abs. 2 SGB XI) zu berücksichtigen.[19]

Auf der Grundlage der §§ 11, 12a AEntG gilt seit dem 1. Mai 2022 die Fünfte Pflegearbeitsbedingungenverordnung (5. PflegeArbbV),[20] die das seit 1. Mai 2022 geltende bundesweit einheitliche Mindestentgelt für Pflegehilfskräfte von 12,55 Euro je Stunde zum 1. September 2022 auf 13,70 Euro anhob und weitere Erhöhungen zum 1. Mai 2013 auf 13,90 Euro sowie zum 1. Dezember 2023 auf 14,15 Euro vorsieht. Für Pflegekräfte mit einer mindestens einjährigen Ausbildung[21] wurde das Mindestentgelt zum 1. September 2022 von 13,20 Euro auf 14,60 Euro angehoben und soll zum 1. Mai 2023 auf 14,90 Euro sowie zum 1. Dezember 2023 auf 15,25 Euro erhöht werden. Für Pflegefachkräfte[22] hob die 5. PflegeArbbV das Mindestentgelt zum 1. September 2022 von 15,40 Euro auf 17,10 Euro an und wird schrittweise bis zum 1. Dezember 2023 auf 18,25 je Stunde erhöht werden. Außerdem gewährleistet sie Arbeitnehmern in Pflegebetrieben einen zusätzlichen bezahlten Erholungsurlaub von sieben Tagen im Kalenderjahr 2022 und in den Kalenderjahren 2023 und 2024 von jeweils neun Tagen, ausgehend von einer jahresdurchschnittlichen Verteilung der regelmäßigen wöchentlichen Arbeitszeit auf fünf Tage.[23] Allerdings scheint die Bezahlung von Pflegekräften zumeist ohnehin höher als der Mindestlohn nach der derzeit

---

18 § 11 Abs. 1 AEntG.
19 Vgl. § 11 Abs. 2 i.V.m. § 1 AEntG.
20 Fünfte Verordnung über zwingende Arbeitsbedingungen für die Pflegebranche v. 20.4.2022 (BAnz AT 26.4.2022 V1).
21 Dies sind Arbeitnehmerinnen und Arbeitnehmer, die eine Ausbildung zu einem Assistenz- und Helferberuf oder eine vergleichbare Ausbildung in der Pflege abgeschlossen haben (§ 2 Abs. 2 Satz 1 5. PflegeArbbbV).
22 Nach § 2 Abs. 3 5. PflegeArbbV sind Pflegefachkräfte Arbeitnehmerinnen und Arbeitnehmer, die über eine Qualifikation verfügen, die sie zur Ausübung von Tätigkeiten gemäß § 4 Pflegeberufegesetz berechtigt.
23 Vgl. § 4 Abs. 1 Satz 1 5. PflegeArbbV. Allerdings entsteht der Anspruch auf Mehrurlaub nicht, soweit tarifliche, betriebliche, arbeitsvertragliche oder sonstige Regelungen insgesamt einen über den gesetzlichen Erholungsurlaub hinausgehenden Anspruch auf bezahlten Urlaub vorsehen (vgl. § 4 Abs. 2 Satz 1 5. PflegeArbbV).

geltenden 4. PflegeArbbV zu sein:[24] Das bereichsspezifische Mindestlohnrecht der §§ 10 ff. AEntG hinkt somit der Entwicklung des Arbeitsmarktes in der Pflegebranche hinterher.

2. Tarifverträge in der Pflegebranche

Die tarifvertragliche Regelung der Arbeitsbedingungen hat in der Pflegebranche bislang keine Rolle gespielt. Die Vielfalt der Träger von Pflegeeinrichtungen und die hinter ihnen stehenden unterschiedlichen Konzeptionen dürften die Bildung eines einheitlichen Arbeitgeberverbandes für die Pflegebranche erheblich erschweren:[25] So gibt es allein für private Pflegeunternehmen augenblicklich mit dem bpa-Arbeitgeberverband, dem Arbeitgeberverband Pflege (AGVP) und der Bundesvereinigung der Arbeitgeber in der Pflegebranche (BVAP) gleich drei Arbeitgeberverbände; die großen Kirchen regeln die Arbeitsbedingungen in ihrem Wirkungskreis durch Arbeitsvertragskommissionen, die auf autonomem Kirchenrecht beruhen, und können zum Abschluss von Tarifverträgen nicht verpflichtet werden. Schon diese Zersplitterung des Verbandswesens und der Träger lässt eine tarifautonome Gestaltung des Arbeitsrechts der Pflegebranche als schwierig erscheinen.

Trotz dieser schwierigen Ausgangslage der Pflegebranche für eine tarifvertragliche Regelung haben die Gewerkschaft ver.di und die BVAP am 1. Februar 2021 einen Tarifvertrag über Mindestbedingungen in der Altenpflege abgeschlossen.[26] Der Tarifvertrag sieht einen Anstieg der derzeit geltenden Pflegemindestlöhne bis zum Juni 2023 um 25 % vor und schafft einen bundeseinheitlichen Mindestlohn. Die Tarifvertragsparteien stellten einen gemeinsamen Antrag auf Erstreckung der Rechtsnormen des Tarifvertrages nach Maßgabe von § 7a Abs. 1 AEntG auf alle unter seinen Geltungsbereich fallenden und an ihn nicht gebundenen Arbeitgeber und Arbeitnehmer. Das Verfahren einer Tariferstreckung aufgrund einer Rechtsverordnung nach § 7a AEntG wird durch das bereits erwähnte besondere Regelungsverfahren vor der Pflegekommission (§§ 11 ff. AEntG) nicht ausgeschlossen, wie sich bereits dem Wortlaut des § 7a

---

24 Zu den Löhnen in der Pflegebranche näher die Untersuchung des IAB, Entgelte von Pflegekräften (29.9.2021).
25 Dazu insbesondere *Franzen*, Das Pflegelöhneverbesserungsgesetz, RdA 2020, 75 m.w.N.
26 Vgl. die Pressemitteilung von ver.di vom 1.2.2021, abrufbar unter: https://gesundheit-soziales.verdi.de/tarifbereiche/altenpflege/++co++cb4d5a60-6467-11eb-ac5d-001a4 a160100.

Abs. 2 AEntG entnehmen lässt.[27] Allerdings sind die betroffenen kirchlichen Arbeitgeber bereits vor Abschluss des Tarifvertrages anzuhören.[28] Der Antrag der Tarifvertragsparteien auf Erlass einer Rechtsverordnung erfordert darüber hinaus die schriftliche Zustimmung von mindestens zwei paritätisch besetzten Kommissionen kirchlicher Arbeitgeber zur Festlegung von Arbeitsbedingungen.[29] Diese Beteiligung der Kirchen am Abschluss und der Erstreckung eines Tarifvertrages nach § 7a Abs. 1a AEntG sieht sich insbesondere mit Blick auf das Grundrecht der Koalitionsfreiheit (Art. 9 Abs. 3 GG) ernst zu nehmenden verfassungsrechtlichen Einwänden ausgesetzt, da es den für das Tarifvertragsrecht geltenden Zusammenhang von Verantwortlichkeit und Betroffenheit durchbricht.[30] Im Falle des Tarifvertrages von 2021 über Mindestbedingungen in der Altenpflege konnte das Zustimmungserfordernis des § 7a Abs. 1a Satz 4 und 5 AEntG nicht erfüllt werden, so dass dessen Rechtsnormen nicht durch Rechtsverordnung des Bundesministeriums für Arbeit und Soziales erstreckt werden durfte.[31] Die Caritas begründete ihre Ablehnung insbesondere mit der durch eine Erstreckung des Tarifvertrages drohenden Einmischung in die AVR der Caritas; ferner fehlten in dem Tarifvertrag Regelungen zur betrieblichen Altersvorsorge, zur Arbeitszeit sowie zu Überstundenzuschlägen.[32]

Die Rechtsentwicklung ist indessen nicht bei diesem gescheiterten Erstreckungsverfahren stehengeblieben. Mit dem Gesundheitsweiterentwicklungsgesetz vom 11. Juli 2021[33] hat der Gesetzgeber den Abschluss von Versorgungsverträgen zwischen Pflegekassen und Pflegeeinrichtungen davon

---

27 So auch *Waltermann*, NZA 2018, 686, 688 ff.
28 § 7a Abs. 1a Satz 2 u. 3 AEntG. Die betroffenen kirchlichen Arbeitgeber benennen zum Zwecke der Anhörung durch die Tarifvertragsparteien jeweils eine in ihrem Bereich gebildete Kommission.
29 § 7a Abs. 1a Satz 4 AEntG. Diese Kommissionen müssen in den Bereichen von Religionsgesellschaften gebildet sein, in deren Bereichen insgesamt mindestens zwei Drittel aller in der Pflegebranche im Bereich von Religionsgesellschaften beschäftigten Arbeitnehmer beschäftigt sind (§ 7a Abs. 1a Satz 5 AEntG).
30 Überzeugend *Franzen*, RdA 2020, 75, 80 unter Hinweis auf die Rechtsprechung des BAG zur Zulässigkeit einer OT-Mitgliedschaft in Arbeitgeberverbänden.
31 So die Auskunft der Website des BVAP, abrufbar unter https://tarifvertrag-in-der-pflege.de/tarifvertrag/.
32 Dazu siehe die Mitteilung der Caritas, Der Tarifvertrag in der Altenpflege kommt nicht. Was nun?, abrufbar auf: https://www.caritas.de/fuerprofis/fachthemen/gesundheit/der-tarifvertrag-in-der-altenpflege-komm
33 BGBl. 2021 I S. 2754.

abhängig gemacht, dass die Pflegeeinrichtungen ihren in der Pflege beschäftigten Arbeitnehmern eine Entlohnung zahlen, welche den Tarifvertrag oder eine entsprechende kirchliche Arbeitsrechtsregelung nicht unterschreitet; auf die Tarifbindung soll es insoweit nicht ankommen, wie § 72 Abs. 3b SGB XI ausdrücklich zu entnehmen ist.[34] Der ebenfalls neu eingefügte § 82c SGB XI untersagt es den Pflegekassen, eine tarifliche Bezahlung in tarifgebundenen Pflegeeinrichtungen oder solchen, welche an eine kirchliche Arbeitsrechtsregelung gebunden sind, als unwirtschaftlich abzulehnen. Aufgrund dieser neuen Vorschriften können mit dem Hebel der Versorgungsverträge, welche Pflegekassen mit Pflegeeinrichtungen abschließen, höhere Arbeitsentgelte für Pflegekräfte durchgesetzt werden als der Pflegemindestlohn nach der 5. PflegeArbbV.

Bislang sind noch keine Tarifverträge abgeschlossen worden, welche § 72 Abs. 3a und Abs. 3b SGB XI mit Leben erfüllen würden; es bleibt somit abzuwarten, ob die mit den neuen Vorschriften intendierte Ausdehnung tarifvertraglicher Arbeitsentgelte auf Außenseiter überhaupt verwirklicht wird. Ob der Abschluss von Tarifverträgen i.S.v. § 72 Abs. 3a und Abs. 3b SGB XI allerdings stets mit einer Verbesserung der Arbeitsbedingungen von Pflegekräften verbunden sein wird, bleibt abzuwarten. Immerhin ist denkbar, dass auch Tarifverträge mit niedrigem Tarifniveau vereinbart werden, um einer Pflegeeinrichtung den Abschluss eines Versorgungsvertrages mit den Pflegekassen zu ermöglichen: § 72 Abs. 3a und Abs. 3b SGB XI machen nämlich für die tarifvertraglichen Arbeitsentgelte keine inhaltlichen Vorgaben. Es ist somit noch nicht deutlich erkennbar, wie sich diese neuen gesetzlichen Vorschriften, die der Stärkung von Tarifverträgen im Pflegebereich dienen sollen, tatsächlich auf das Entgeltniveau in der Pflege auswirken.

---

34 Mit Pflegeeinrichtungen, die nicht an Tarifverträge oder kirchliche Arbeitsrechtsregelungen gebunden sind, dürfen nach dieser Vorschrift Versorgungsverträge seit dem 1.9.2022 nur abgeschlossen werden, wenn sie ein Arbeitsentgelt zahlen, das Tarifverträge oder kirchliche Arbeitsregelungen, unter deren Geltungsbereich sie fallen, nicht unterschreitet. Zu den neuen § 72 Abs. 3a bis 3d SGB XI ausführlicher *Liebscher/ Rinckhoff*, öAT 2021, 249, 250 ff.; siehe auch *Hlava*, Sozialrechtliche Privilegierung von Tarifverträgen, SR 2021, 233, 245 f. Gegen die Vorschrift haben mehrere Pflegeunternehmen bereits 2021 Verfassungsbeschwerde beim BVerfG eingelegt; vgl. die Pressemitteilung des bpa Arbeitgeberverbandes „Verfassungsbeschwerde gegen Tarifpflicht" v. 13.9.2021, abrufbar unter: bpa - Arbeitgeberverband: Verfassungsbeschwerde gegen die gesetzlichen Regelungen zum Tarifzwang in der Pflege in Karlsruhe eingereicht.

3. Die „Corona-Prämie"

Den vorläufigen Schlusspunkt dieser Entwicklung hin zu einem sektorspezifischen Arbeitsrecht für den Pflegebereich bildet die durch § 150a SGB XI angeordnete Gewährung einer „Corona-Prämie" zwischen 334 und 1.000 Euro für das Jahr 2020 an Beschäftigte von Pflegeeinrichtungen.[35] Die Regelung wurde für das Kalenderjahr verlängert. Die gesetzliche Verankerung dieses Anspruches der Arbeitnehmer auf eine Sonderleistung erfolgte „zum Zweck der Wertschätzung für die besonderen Anforderungen während der Coronavirus-SARS-CoV-2-Pandemie" und stellt somit letztlich ein Maßnahmegesetz dar, das keinen über das Kalenderjahr 2020 hinausgehenden Leistungsanspruch begründet.

4. Zwischenfazit

Die Entwicklung des bereichsspezifischen Arbeitsrechts der Pflegebranche ist gewiss noch nicht zum Abschluss gekommen. Ob diese Maßnahmen ausreichen werden, die Attraktivität von Pflegeberufen zu erhalten oder gar zu steigern, ist nach dem derzeitigen Stand noch ungewiss. Die gegenwärtige Pandemie hat jedenfalls dazu beigetragen, dass sich eine wachsende Zahl von Pflegekräften beruflich umorientiert und einen Wechsel in andere Berufe vollzogen hat. Auf einer grundsätzlichen Ebene bleibt indessen festzustellen, dass jede weitere Verbesserung der effektiven Verdienste von Pflegekräften in ein Spannungsverhältnis zur Finanzierung der Pflegeversicherung treten und eine Erhöhung der Versicherungsbeiträge erforderlich machen kann: Es ist letztlich eine Frage der politischen Bewertung, wie weit eine Erhöhung der von der Pflegeversicherung zu tragenden Kosten der Pflege gehen darf. Dies gilt auch und gerade für die häusliche Pflege durch ambulante Pflegeeinrichtungen.

III. Probleme der häuslichen „24-Stunden-Pflege"

Die häusliche Pflege erfolgt nicht nur durch ambulante Pflegeeinrichtungen nach Maßgabe von § 36 SGB XI. In nicht wenigen Fällen organisiert sich die pflegebedürftige Person – zumeist mithilfe ihrer Angehörigen – eine Pflegeperson, die in ihren Haushalt eingegliedert wird und eine „24-Stunden-Pflege" sicherstellen soll. Es ist bekannt, dass die Pflegepersonen zumeist aus Osteuropa kommen;

---

35 § 150a SGB XI geht zurück auf Art. 5 Nr. 5 Zweites Gesetz zum Schutz der Bevölkerung bei einer epidemischen Lage von nationaler Tragweite (EpiBevSchG 2) v. 19.5.2020 (BGBl. I S. 1018).

oftmals werden sie an die pflegebedürftigen Personen durch Agenturen vermittelt.[36] Für eine solche häusliche „24-Stunden-Pflege" gibt es unterschiedliche Modelle, die kurz zu skizzieren sind (I.). Zentrales Problemfeld dieser Modelle ist die Einhaltung des Arbeitszeitrechts sowie des Mindestlohnrechts (II.).

1. Die wichtigsten Gestaltungsformen

Bei der „24-Stunden-Pflege" lassen sich mit Blick auf die arbeitsrechtliche Ausgestaltung grob vier Arten von Gestaltungsformen unterscheiden.[37]

So ist einmal möglich, dass die pflegebedürftige Person unmittelbar eine Pflegekraft anstellt und somit zwischen beiden ein Arbeitsverhältnis zustande kommt. In dieser auch „Arbeitgebermodell" genannten Gestaltung trägt die pflegebedürftige Person sämtliche Pflichten eines Arbeitgebers wie beispielsweise die Einhaltung der Vorschriften des Arbeitszeitrechts, des Mindestlohnrechts sowie die Pflicht zur Abführung der Sozialversicherungsbeiträge. Beim sog. „Überlassungsmodell" besteht ein Arbeitsverhältnis zwischen der Pflegeperson und einem in- oder ausländischen Arbeitnehmerüberlassungsunternehmen, das diese an den Pflegebedürftigen für einen gewissen Zeitraum zur Erbringung von Pflegeleistungen überlässt. Allerdings ist die Arbeitgeberstellung bei der Arbeitnehmerüberlassung aufgespalten: So verfügt auch der Entleiher, also der Pflegebedürftige im Falle einer „24-Stunden-Pflege" im „Überlassungsmodell", über bestimmte Arbeitgeberfunktionen: Er hat das Weisungsrecht gegenüber dem Leiharbeitnehmer hinsichtlich der Art und Weise der zu erbringenden Arbeitsleistung; ferner treffen ihn Schutzpflichten insbesondere im Hinblick auf die Einhaltung der öffentlich-rechtlichen Arbeitsschutzvorschriften.[38]

Beim sog. „Entsendemodell" werden die Pflegepersonen, die zumeist aus einem mittel- oder osteuropäischen Land kommen und zu einem Pflegeunternehmen mit Sitz in diesen Ländern in einem Arbeitsverhältnis stehen, auf Vermittlung von inländischen Agenturen in den Haushalt einer im Inland lebenden

---

36 Z.B. durch die „Deutsche Pflegevermittlung".
37 So auch *Thüsing/Beden/Denzer/Bleckmann/Pöschke*, Rechtskonforme Betreuung in den eigenen vier Wänden, NZS 2021, 321 f. Ausführlich zu den einzelnen Gestaltungsformen insbesondere *Bucher*, Rechtliche Ausgestaltung der 24-h-Betreuung durch ausländische Pflegekräfte in deutschen Privathaushalten – Eine kritische Analyse, Baden-Baden 2018; siehe auch *Janda*, Die Entlastung von Angehörigen in der Pflege, VSSAR 2020, 297, 302, 309 f.
38 Vgl. § 11 Abs. 6 AÜG.

pflegebedürftigen Person entsandt, erbringen dort ihre arbeitsvertraglichen Leistungen und wohnen zumeist auch in deren Haushalt.

Soll die häusliche Pflege im sog. „Selbständigenmodell" erfolgen, besitzt die Pflegeperson hingegen keinen Arbeitnehmerstatus und erbringt ihre Pflegeleistungen als Selbständige. In nicht wenigen Fällen wird sich die Beschäftigung der Pflegeperson aber in einer Grauzone zwischen Selbständigkeit und einem Grad der persönlichen Abhängigkeit bewegen, der für einen Arbeitnehmer typisch ist. Zum Problem kann der Status der Pflegeperson vor allem nach Beendigung des Beschäftigungsverhältnisses werden, wenn diese vor dem Arbeitsgericht arbeitsrechtliche Ansprüche geltend macht (z.B. auf Urlaubsabgeltung oder auf Zahlung des gesetzlichen Mindestlohns). Zumeist ist die damit einhergehende und erforderliche Klärung, ob der Selbständige in Wirklichkeit Arbeitnehmer i.S.v. § 611a Abs. 1 BGB ist, sehr aufwändig. Stellt das Arbeitsgericht das Bestehen eines Arbeitsverhältnisses fest und erweist sich die Pflegeperson somit als „Scheinselbständige", kann dies für die pflegebedürftige Person erhebliche finanzielle Auswirkungen haben: Neben der Nachzahlung von gesetzlichem Mindestlohn oder Urlaubsentgelt sind vor allem Sozialversicherungsbeiträge nachzuentrichten.

2. Einzelne arbeitsrechtliche Problemfelder

Wird die „24-Stunden-Pflege" im Rahmen eines Arbeitsverhältnisses erbracht, erweisen sich der gesetzliche Arbeitszeitschutz (1.) sowie das Mindestlohnrecht (2.) als zentrale arbeitsrechtliche Problemfelder für die Parteien.

a) Arbeitszeitschutz

Das Modell einer häuslichen „24-Stunden-Pflege" durch eine angestellte oder in den Haushalt der pflegebedürftigen Person entsandte Arbeitnehmerin muss zwangsläufig mit den gesetzlichen Höchstarbeitszeiten des ArbZG in Konflikt geraten. Es gilt grundsätzlich ein Achtstundentag[39] mit einer anschließenden ununterbrochenen Ruhezeit von mindestens 11 Stunden.[40] Hinzu kommt die grundsätzlich zu wahrende gesetzliche Sonn- und Feiertagsruhe.[41]

Bei der Berechnung der Arbeitszeit ist allerdings nicht nur die Zeit zu berücksichtigen, in der tatsächlich Pflegeleistungen oder Leistungen der

---

39 § 3 Satz 1 ArbZG.
40 Vgl. § 5 Abs. 1 ArbZG.
41 § 9 Abs. 1 ArbZG.

Haushaltsführung erbracht werden, sondern auch Bereitschaftszeiten, also Zeiten, in denen sich der Arbeitnehmer, ohne dass von ihm wache Aufmerksamkeit gefordert wird, für Zwecke des Betriebs an einem vom Arbeitgeber bestimmten Ort innerhalb oder außerhalb des Betriebs aufzuhalten hat, damit er erforderlichenfalls seine volle Arbeitstätigkeit auf Anweisung hin unverzüglich aufnehmen kann:[42] Dieses weite Verständnis des Begriffes der Arbeitszeit in § 2 Abs. 1 Satz 1 ArbZG folgt aus Unionsrecht, da der EuGH in inzwischen ständiger Rechtsprechung auch Bereitschaftsdienste als Arbeitszeit i.S.v. Art. 2 Nr. 1 der Richtlinie 2003/88/EG vom 4. November 2003 über bestimmte Aspekte der Arbeitszeitgestaltung einordnet.[43] Die gesetzliche Höchstarbeitszeit dürfte bei einer „24-Stunden-Pflege" wegen der vielen Zeiten der Bereitschaft sehr schnell erreicht sein.

Allerdings soll nach der Ausnahmeregel des § 18 Abs. 1 Nr. 3 ArbZG das ArbZG nicht für Arbeitnehmer gelten, die in häuslicher Gemeinschaft mit den ihnen anvertrauten Personen zusammenleben und sie eigenverantwortlich erziehen, pflegen oder betreuen; der „mit Rücksicht auf die Gesundheit, die Sittlichkeit und die Religion des Verpflichteten" erforderliche Arbeitszeitschutz wird für diese Arbeitnehmer nur aufgrund von § 618 Abs. 2 BGB sichergestellt. § 18 Abs. 1 Nr. 3 ArbZG spricht seinem Wortlaut nach gegen die Geltung des gesetzlichen Arbeitszeitschutzes zugunsten von Arbeitnehmern in der „24-Stunden-Pflege". Nach der Rechtsprechung des BVerwG soll die Ausnahme des § 18 Abs. 1 Nr. 3 ArbZG „ein gemeinsames Wohnen und Wirtschaften auf längere Zeit voraussetzen, das auf personelle Kontinuität sowie nahezu permanente Verfügbarkeit des Arbeitnehmers angelegt und davon geprägt ist, dass sich Arbeits- und Ruhezeiten nicht voneinander trennen lassen".[44] Dem Gesetzgeber schwebten bei der Schaffung der Ausnahme vor allem Kinderdorfeltern in SOS-Kinderdörfern vor, die mit den Kindern in familienähnlichen Verhältnissen und daher nicht nur bei, sondern mit diesen zusammenleben.[45] Auch wenn bei der

---

42 Zum Begriff des Bereitschaftsdienstes z.B. BAG v. 25.3.2021 – 6 AZR 264/20, NZA 2021, 1048, 1050 m.w.N.
43 Grundlegend EuGH v. 3.10.2000 – C-303/98, ECLI:EU:C:2000:528 (*SIMAP*) sowie EuGH v. 9.3.2003 – C-151/02, ECLI:EU:C:2003:437 (*Jaeger*). Zu dieser Rechtsprechung im Überblick *Gallner*, in: Franzen/Gallner/Oetker, Kommentar zum europäischen Arbeitsrecht, 4. Auflage [2022], RL 2003/88/EG Art. 2 Rn. 7 ff. m.w.N.
44 So BVerwG v. 8.5.2019 – 8 C 3/18, NVwZ-RR 2020, 404.
45 Dazu näher *Scheiwe/Schwach*, Das Arbeitszeitrecht für Hausangestellte nach Ratifizierung der ILO-Konvention 189, NZA 2013, 1116, 1117; ebenso *Thüsing/Beden/Denzer/Bleckmann/Pöschke*, NZS 2021, 321, 324.

"24-Stunden-Pflege" nicht selten die Grenzen zwischen Arbeits- und Ruhezeiten aufgrund der Eingliederung der Pflegeperson in den Haushalt des Pflegebedürftigen immer wieder zu verschwimmen drohen, dürfte es doch an einem familienähnlichen gemeinsamen Wohnen und Wirtschaften von pflegebedürftiger Person und Pflegeperson im Regelfall fehlen.[46]

Dieses Verständnis der Ausnahme des § 18 Abs. 1 Nr. 3 ArbZG ist auch unionsrechtlich geboten. Die Vorschrift setzt Art. 17 Abs. 1 Richtlinie 2003/88/EG um, der den Mitgliedstaaten nur eine begrenzte Abweichungsbefugnis von einzelnen Vorschriften der Richtlinie für den Fall einräumt, dass die Arbeitszeit wegen der besonderen Merkmale der ausgeübten Tätigkeit nicht gemessen und/oder nicht im Voraus festgelegt wird oder von den Arbeitnehmern selbst festgelegt werden kann, wobei das Zusammenleben in häuslicher Gemeinschaft mit dem Arbeitgeber nicht genannt wird. Die Ausnahmevorschrift ist eng auszulegen[47] und rechtfertigt überdies wegen des Grundrechtes des Art. 31 Abs. 2 GrChEU auf Begrenzung der Höchstarbeitszeit, auf tägliche und wöchentliche Ruhezeiten sowie auf bezahlten Jahresurlaub auch keine generelle Herausnahme dieser Arbeitnehmer aus dem Geltungsbereich des ArbZG.

Darüber hinaus verstößt § 18 Abs. 1 Nr. 3 ArbZG gegen Art. 10 des Übereinkommens der IAO Nr. 189 über menschenwürdige Arbeit für Hausangestellte (2011), das von der Bundesrepublik Deutschland 2013 ratifiziert worden ist[48] und gerade keine arbeitszeitrechtliche Bereichsausnahme für Hausangestellte vorsieht.[49] Zwar hat die Bundesrepublik Deutschland bei der Ratifizierung des Übereinkommens Nr. 189 erklärt, die in § 18 Abs. 1 Nr. 3 ArbZG erfassten Personen von der Anwendung ausnehmen zu wollen und hat sich dabei auf Art. 2 Abs. 2 Übereinkommen Nr. 189 berufen.[50] Eine nach dieser Vorschrift

---

46 So auch *Thüsing/Beden/Denzer/Bleckmann/Pöschke*, NZS 2021, 321, 324; im Ergebnis ebenso *Scheiwe/Schwach*, NZA 2013, 1116, 1118 f.
47 Vgl. BVerwG v. 8.5.2019 – 8 C 3/18, NVwZ-RR 2020, 404, 405.
48 Vgl. Gesetz zu dem Übereinkommen Nr. 189 der Internationalen Arbeitsorganisation vom 16. Juni 2011 über menschenwürdige Arbeit für Hausangestellte (BGBl. II S. 922).
49 So z.B. auch *Brors/Böning*, Rechtliche Rahmenbedingungen für 24-Stunden-Pflegekräfte aus Polen in Deutschland, NZA 2015, 846, 847 sowie *Scheiwe/Schwach*, NZA 2013, 1116, 1117 ff. Vgl. auch *Thüsing/Beden/Denzer/Bleckmann/Pöschke*, NZS 2021, 321, 325; LAG Berlin-Brandenburg v. 17.8.2020 – 21 Sa 1900/19, BeckRS 2020, 22470, Rn. 73 ff.
50 Vgl. Entwurf der Bundesregierung zu dem Übereinkommen Nr. 189 der Internationalen Arbeitsorganisation vom 16. Juni 2011 über menschenwürdige Arbeit für Hausangestellte, BT-Drs. 17/12951, 18.

des Übereinkommens erforderliche Beratung mit den maßgebenden Verbänden der Arbeitgeber und Arbeitnehmer über die Herausnahme aus dem Geltungsbereich scheint indessen nicht stattgefunden zu haben.[51]

b) Gesetzlicher Mindestlohn

Arbeitnehmer, die in einer häuslichen „24-Stunden-Pflege" tätig sind, haben grundsätzlich Anspruch auf den gesetzlichen Mindestlohn nach Maßgabe von § 1 Abs. 1 i.V.m. § 20 MiLoG. Daran konnte von Anfang an kein Zweifel bestehen, enthält doch das MiLoG keine Bereichsausnahme für diese Beschäftigten. Der über den gesetzlichen Mindestlohn von derzeit 12,00 Euro pro Arbeitsstunde hinausgehende und eigentlich vorrangige Pflegemindestlohn nach der 5. PflegeArbbV findet keine Anwendung auf Pflegepersonen in der „24-Stunden-Pflege", da es sich bei dem privaten Haushalt einer pflegebedürftigen Person, in denen sie ihre Pflege- und haushaltswirtschaftlichen Leistungen erbringen, nicht um einen Pflegebetrieb i.s.v. § 1 PflegeArbbV handelt.[52]

In seinem vielbeachteten Urteil vom 24. Juni 2021,[53] das eine Mindestlohnklage einer von Bulgarien in den Haushalt einer in Berlin lebenden pflegebedürftigen Person entsandten Pflegeperson und somit eine „24-Stunden-Pflege" im „Entsendemodell" zum Gegenstand hatte, stellt der 5. Senat des BAG klar, dass auch Arbeitnehmer im Rahmen einer „24-Stunden-Pflege" Anspruch auf den gesetzlichen Mindestlohn aus § 1 Abs. 1 i.V.m. § 20 MiLoG haben. Die internationale Geltung des MiLoG für Arbeitnehmer, die nach Deutschland entsandt worden sind, begründet das BAG damit, dass § 20 MiLoG international zwingende Wirkung entfalte und eine Eingriffsnorm i.S.v. Art. 9 Abs. 1 Rom-I-VO sei.

Der Mindestlohnanspruch besteht nach Ansicht des BAG für jede tatsächlich geleistete Arbeitsstunde, was nicht nur Vollarbeit, sondern auch Bereitschaftsdienste einschließe. Seine bisherige Rechtsprechung fortführend betrachtet der 5. Senat Bereitschaftsdienste nicht nur als arbeitsschutzrechtliche Arbeitszeit, sondern auch als vergütungspflichtige Arbeit i.S.d. MiLoG. Die hiergegen im Schrifttum geäußerte Kritik[54] weist der Senat mit dem Argument zurück, der Gesetzgeber des MiLoG habe sich im Bewusstsein der Problematik gegen eine

---

51 So auch die Einschätzung von *Scheiwe/Schwach*, NZA 2013, 1116, 1117.
52 Im Ergebnis ebenso *Thüsing/Beden/Denzer/Bleckmann/Pöschke*, NZS 2021, 321, 325; LAG Rheinland-Pfalz v. 11.2.2016 – 2 Sa 378/15, Rn. 21 f. (juris-doc.).
53 BAG v. 24.6.2021 – 5 AZR 505/20, NZA 2021, 1398 ff.; dazu die Anm. v. *Seifert*, GuP 2022, 71 ff.
54 Dagegen z.B. *Riechert/Nimmerjahn*, MiLoG, 2. Auflage [2017] § 1 Rn. 60 ff. m.w.N.

Differenzierung zwischen Arbeitszeit und Bereitschaft entschieden, da er eine für den Pflegebereich in § 2 PflegeArbbV für die Zeit ab 2015 geltende Staffelung der Vergütung von Pflegekräften nach tatsächlich geleisteter Arbeit und Bereitschaftszeiten nicht ins MiLoG übernommen habe. Es sei Sache des Gesetzgebers und nicht der Gerichte darüber zu entscheiden, ob Bereitschaftsdienste mit einem geringeren als dem gesetzlichen Mindestlohn vergütet werden sollen.

Hinsichtlich der Höhe des Anspruches der Klägerin auf Differenzvergütung sah das Gericht die Sache nicht als entscheidungsreif an und verwies den Rechtsstreit zurück ans LAG. Das Urteil offenbart indessen ein Grundproblem, mit dessen Bewältigung Kläger(innen) in ähnlich gelagerten Fällen von Differenzlohnklagen bei einer „24-Stunden-Pflege" zu kämpfen haben. Sie trifft grundsätzlich die Darlegungs- und Beweislast dafür, dass die Arbeitsleistung für den geltend gemachten gesetzlichen Mindestlohn tatsächlich auch erbracht worden ist und, soweit es sich um Mehrarbeit handelt, diese vom Arbeitgeber auch veranlasst worden ist. Oftmals wird es klagenden Pflegekräften nicht möglich sein, für jeden einzelnen Tag über einen längeren Zeitraum hinweg substantiiert darzulegen, von wann bis wann für eine pflegebedürftige Person in deren Haushalt gearbeitet worden ist oder sich der klagende Arbeitnehmer auf Weisung des Arbeitgebers bereitgehalten hat. Deshalb erleichtert das BAG zu Recht die Darlegungs- und Beweislast klagender Arbeitnehmer durch ein zweistufiges Vorgehen. Zunächst muss das Gericht aufgrund des unstreitigen klägerischen Tatsachenvortrages für wahr erachten, dass über die arbeitsvertraglich vereinbarte Arbeitszeit hinaus „Vollarbeit oder Bereitschaft" geleistet worden ist. Dies schließt ein, dass eine über den Arbeitsvertrag hinausgehende Mehrarbeit vom Arbeitgeber angeordnet, gebilligt, geduldet oder jedenfalls zur Erledigung der geschuldeten Arbeit notwendig gewesen sein muss. Erst wenn das Gericht dies für erwiesen erachtet, kann dann eine Schätzung der Höhe des geschuldeten Mindestlohns durch das Arbeitsgericht nach Maßgabe von § 287 Abs. 2 i.V.m. Abs. 1 Satz 1 und 2 ZPO vorgenommen werden. Die Schätzung kann nicht völlig abstrakt erfolgen, sondern muss konkrete und ausreichend substantiierte Anhaltspunkte enthalten, dass eine durchschnittliche Arbeitszeit von beispielsweise 18 Stunden arbeitstäglich zugrunde zu legen ist. Letztlich müssen die Arbeitsgerichte dabei eine „lebenspraktische Betrachtungsweise" zugrunde legen, wie der 5. Senat zutreffend betont.

3. Probleme der Qualität in der häuslichen „24-Stunden-Pflege"

Ein grundsätzliches Problem, das an dieser Stelle nur angerissen werden soll, da es nicht spezifisch arbeitsrechtlich ist, ist die Sicherung der Qualität der häuslichen Pflege durch Pflegepersonen in der „24-Stunden-Pflege". Im Regelfall wird es sich nämlich um Pflegepersonen handeln, die keine Ausbildung nach Maßgabe des Pflegeberufegesetzes[55] oder eine als gleichwertig anerkannte Ausbildung nach dem Recht eines anderen Landes[56] aufweisen können. Sicherlich nimmt das Pflegeversicherungsrecht dieses Defizit angesichts des Grundsatzes der Selbstbestimmung der pflegebedürftigen Person (§§ 2, 6 Abs. 1 SGB XI) bis zu einem gewissen Grad hin.[57] Es lässt sich durch die Beratungspflicht aus § 37 Abs. 3 bis 8 SGB XI, der Empfänger von Pflegegeld unterliegen, jedoch allenfalls teilweise ausgleichen. Eine mehrjährige Berufsausbildung zur Pflegekraft oder gar Pflegefachkraft[58] lässt sich nicht im Wege einer einfachen Beratung durch eine ambulante Pflegeeinrichtung kompensieren. Ein wichtiges Instrument zur Überwindung dieser Qualitätsprobleme dürfte die Kombination mit Sachleistungen i.S.v. § 36 SGB XI durch Einbeziehung ambulanter Pflegeeinrichtungen sein.

4. Das Problem einer unzureichenden behördlichen Kontrolle

Sowohl die gesetzlichen Vorschriften über den Arbeitszeitschutz als auch das MiLoG unterliegen einer behördlichen Überwachung. Für den Arbeitszeitschutz ergibt sich dies aus § 17 Abs. 1 ArbZG: Zuständige Aufsichtsbehörden sind die durch Landesrecht bestimmten Behörden; in den meisten Bundesländern sind dies die Gewerbeaufsichtsämter oder die Ämter für Arbeitsschutz.[59] Die Einhaltung des Mindestlohnrechts wird von den Behörden der Zollverwaltung überwacht.[60] Es wird allerdings immer wieder beklagt, dass die Gewerbeaufsichtsämter wie auch die Behörden der Zollverwaltung personell unterausgestattet sind und infolgedessen die von ihnen durchgeführte behördliche Kontrolle der Einhaltung arbeitsrechtlicher Vorschriften nur unzureichend ist. Dieses schon grundsätzlich bestehende Defizit dürfte bei Arbeitsverhältnissen im Rahmen einer 24-Stunden-Pflege noch stärker spürbar sein, werden doch diese Arbeitsverhältnisse im häuslichen Bereich der pflegebedürftigen Person erbracht.

---

55 Gesetz über die Pflegeberufe (Pflegeberufegesetz – PflBG).
56 Innerhalb des Europäischen Wirtschaftsraumes gilt das Anerkennungsprinzip. Zur Gleichwertigkeit eines in einem Drittstaat erworbenen Berufsabschlusses im Pflegebereich siehe §§ 40 ff. PflBG.
57 Dazu eingehender *Janda*, VSSAR 2020, 297, 302 m.w.N.
58 Zur Ausbildung zur Pflegefachkraft siehe die §§ 5 ff. PflBG.
59 Statt vieler ErfK/*Roloff*, 23. Auflage [2023], ArbZG § 17, Rn. 1.
60 Vgl. § 14 MiLoG.

Ebenso wenig greifen kollektivrechtliche Überwachungsmechanismen im Bereich der häuslichen Pflege. Wegen der fehlenden Eröffnung des Geltungsbereichs des § 1 Abs. 1 BetrVG werden Pflegepersonen in der häuslichen Pflege nicht durch Betriebsräte repräsentiert, sodass eine Überwachung der zugunsten von Arbeitnehmern geltenden zwingenden Vorschriften durch den Betriebsrat nicht erfolgen kann.[61] Auch sind diese in den wenigsten Fällen in einer deutschen Gewerkschaft organisiert, die ihre Interessen wahrnehmen könnte.[62]

5. Ende der „24-Stunden-Pflege"?

Der vom 5. Senat des BAG am 24. Juni 2021 entschiedene Fall zeigt sehr deutlich, dass das Versprechen einer kostengünstigen „24-Stunden-Pflege" in der bisher praktizierten Form nicht einlösbar ist. Sowohl das Arbeitszeit- als auch das Mindestlohnrecht ziehen diesem Modell spürbare Grenzen. Rechtsdogmatisch stellt das Urteil angesichts der Rechtsprechung des Gerichtes zur mindestlohnrechtlichen Gleichsetzung von Bereitschaftsdiensten und Arbeitszeit keine Überraschung dar. Es bringt aber insoweit Klarheit für die Praxis und dies nicht nur für die „24-Stunden-Pflege" im „Entsendungsmodell", sondern auch für das „Arbeitgebermodell" sowie das „Überlassungsmodell": In allen Fällen findet das MiLoG auf die Arbeitsverhältnisse der Pflegepersonen in vollem Umfang Anwendung.

Die Entscheidung hat zur Folge, dass das Modell einer „24-Stunden-Pflege" aus Kostengründen in den allermeisten Fällen nicht mehr aufrechterhalten werden kann. Ganz gleich, welchen Weg Angehörige einer pflegebedürftigen Person wählen – ob das „Entsendemodell" wie im entschiedenen Fall oder das „Arbeitgebermodell", bei dem die Pflegekraft unmittelbar in einem Arbeitsverhältnis zur pflegebedürftigen Person steht –, wird die „24-Stunden-Pflege" erheblich teurer für pflegebedürftige Personen. Dieser Preisanstieg kann auch nicht durch das Pflegegeld nach § 37 SGB XI abgefangen werden: Es dient ohnehin nicht der Unterstützung einer entgeltlichen „24-Stunden-Pflege", sondern soll die Pflege

---

61 Die Überwachungsaufgabe des Betriebsrates ergibt sich aus § 80 Abs. 1 Nr. 1 BetrVG.
62 Allerdings bietet der „Bundesarbeitskreis Arbeit und Leben e.V. DGB/VHS" auch nach Deutschland entsandten Arbeitnehmern eine kostenlose Rechtsberatung an; nähere Informationen dazu unter: https://www.arbeitundleben.de/images/download/Flyer_Beratung-fuer-auslaendische-Beschaeftigte.pdf. In dem Fall, der dem Urt. des BAG v. 24.6.2021 – 5 AZR 505/20, NZA 2021, 1398 ff. zugrunde lag, scheint die klagende Arbeitnehmerin von einem solchen gewerkschaftlichen Rechtsschutz für aus dem Ausland entsandte Arbeitnehmer Gebrauch gemacht zu haben.

durch Familienangehörige, Nachbarn oder andere ehrenamtliche Helfer honorieren und den Pflegebedürftigen in die Lage versetzen, möglicherweise erforderlich werdende zusätzliche Leistungen durch professionelle Pflegepersonen in Anspruch nehmen zu können.[63] Es ist deshalb mit einem starken Anstieg von Anträgen auf Gewährung einer Hilfe zur Pflege nach Maßgabe von § 64f SGB XII zu rechnen.

Auch steht zu befürchten, dass das in Ergebnis und auch Begründung durchaus überzeugende Urteil des 5. Senats zu einer verstärkten Beschäftigung von selbständigen oder scheinselbständigen Pflegekräften in Privathaushalten führen wird, denn Selbständige sind nicht dem gesetzlichen Mindestlohn unterworfen und können ihre Pflegeleistungen deshalb zu niedrigeren Preisen pflegebedürftigen Personen und deren Familien anbieten; gerade in der Grauzone zwischen Selbständigkeit und Arbeitnehmerstatus dürfte in der Folge der Entscheidung die Zahl von Statusklagen vor den Arbeitsgerichten von Pflegekräften in Privathaushalten zunehmen, die scheinselbständig sind oder sich doch zumindest an der Schwelle zur Arbeitnehmereigenschaft bewegen.

Die „24-Stunden-Pflege" lässt sich allenfalls in gewandelter Form aufrechterhalten, etwa in einem Schichtenmodell, das mehrere Pflegekräfte in die Pflege der zu betreuenden Person einbezieht,[64] oder in Kombination mit Leistungen der ambulanten Pflege nach § 36 SGB XI. Nur so lässt sich überhaupt eine Lösung finden, die arbeitszeitrechtlichen Anforderungen genügt und für die Betroffen finanzierbar ist.

IV. Häusliche Pflege durch Familienangehörige

An Stelle von oder ergänzend zum Einsatz einer ambulanten Pflegeeinrichtung oder einer „24-Stunden-Pflege" kann die häusliche Pflege einer pflegebedürftigen Person auch durch Familienangehörige erbracht werden. Sie ist in unserer Gesellschaft sehr weit verbreitet.[65] Es ist gewiss keine Übertreibung, die Pflege durch Angehörige als einen tragenden Pfeiler der häuslichen Pflege zu bezeichnen. Die häuslichen Pflegeleistungen werden von den Familienangehörigen im

---

63 Vgl. *Knopp*, Gesetzlicher Mindestlohn auch für osteuropäische Pflegehilfen – legale Modelle versus Schwarzmarkt, NZS 2016, 445, 447; *Janda*, VSSAR 2020, 297, 311.
64 So z.B. der Sachverhalt v. BSG v. 28.2.2013 – B 8 SO 1 – 12 R, NVwZ-RR 2013, 723.
65 Genaue Zahlen zu pflegenden Angehörigen sind nicht verfügbar. Nach Schätzungen gehen aber ca. 1,6 bis 1,9 Millionen pflegende nahe Angehörige einer sozialversicherungspflichtigen Beschäftigung nach; vgl. Erster Bericht des unabhängigen Beirates des BMFSFJ für die Vereinbarkeit von Pflege u. Beruf (2019), 14 f. m.w.N.

Regelfall erbracht, ohne dass zu dem Pflegebedürftigen ein Arbeitsverhältnis besteht. Bei einer Pflege durch Kinder des Pflegebedürftigen ist sie regelmäßig Ausdruck der familienrechtlichen Beistands- und Rücksichtspflicht aus § 1618a BGB.[66] Im Falle einer Unterstützung durch Freunde oder Nachbarn fühlen sich die Pflegepersonen oftmals durch eine moralische oder Anstandspflicht gebunden, ohne in einer vertraglichen Beziehung zu der pflegebedürftigen Person zu stehen. Soweit sie im erwerbstätigen Alter sind, werden sie zumeist in einem Arbeitsverhältnis stehen und müssen ihre berufliche Tätigkeit mit der Pflege der nahestehenden Person in Einklang bringen. Es bedarf eines Ausgleichs zwischen beiden Rechts- und Pflichtenkreisen, um sicherzustellen, dass Arbeitnehmer ihre nahen Angehörigen pflegen können, ohne berufliche Nachteile bis hin zur Aufgabe ihres Arbeitsverhältnisses in Kauf nehmen zu müssen. In diesem Bereich hat sich in den vergangenen Jahren durchaus einiges getan. Insbesondere das Pflegezeitgesetz (PflegeZG) vom 28. Mai 2008 sowie das Familienpflegezeitgesetz (FPfZG) vom 6. Dezember 2011 haben hier wichtige Fortschritte gebracht.

1. Das Pflegezeitgesetz

Das PflegeZG gibt Beschäftigten zwei wichtige Rechte, welche arbeitsrechtliche Rahmenbedingungen für die Pflege naher Angehöriger setzen.

a) Kurzzeitige Arbeitsverhinderung

So haben alle Beschäftigten das Recht, bis zu zehn Arbeitstage von der Arbeit fernzubleiben, um für einen pflegebedürftigen nahen Angehörigen in einer akut aufgetretenen Pflegesituation eine bedarfsgerechte Pflege zu organisieren oder eine pflegerische Versorgung in dieser Zeit sicherzustellen.[67] Rechtsdogmatisch ist dieses Recht als einseitiges Leistungsverweigerungsrecht des Beschäftigten[68] ausgeformt, es bedarf somit keiner Mitwirkungshandlung des Arbeitgebers, um dieses Recht zu verwirklichen.[69]

Für die bis zu zehn Arbeitstage andauernde Arbeitsverhinderung sieht das PflegeZG keine Pflicht des Arbeitgebers zur Entgeltfortzahlung vor. Sie kann

---

66 Auch wenn es sich um eine echte Rechtspflicht handelt, löst eine Verletzung des § 1618a BGB keine unmittelbaren Rechtsfolgen aus; statt vieler *Grüneberg/Götz*, BGB, 82. Auflage [2022], § 1618a, Rn. 2.
67 § 2 Abs. 1 PflegeZG.
68 Beschäftigte i.S.d. PflegeZG sind Arbeitnehmer, Berufsauszubildende sowie arbeitnehmerähnliche Personen; vgl. § 7 Abs. 1 PflegeZG.
69 Statt vieler ErfK/*Gallner*, 23. Auflage [2023], PflegeZG § 2, Rn. 1 m.w.N.

sich aber aus anderen gesetzlichen Vorschriften oder aufgrund einer Vereinbarung ergeben.[70] In Betracht kommt hier vor allem eine Entgeltfortzahlung wegen eines in der Person des Arbeitnehmers liegenden Grundes nach § 616 Satz 1 BGB; darüber besteht Einigkeit.[71] Die Dauer der sich daraus ergebenden Entgeltfortzahlung ist aber noch nicht abschließend geklärt. In der Tendenz scheint sich das arbeitsrechtliche Schrifttum beim Umfang der Entgeltfortzahlung ganz überwiegend an der Dauer des Freistellungsanspruches des § 2 Abs. 1 PflZG (bis zu 10 Tage) zu orientieren.[72] Für diesen überschaubaren Zeitraum muss der Arbeitnehmer normalerweise keinen Entgeltverlust hinnehmen. Besteht keine Pflicht des Arbeitgebers zur Entgeltfortzahlung – z.b. weil die dispositiv geltende Norm des § 616 BGB ausgeschlossen worden ist und sich auch nicht aus einem anderen Rechtsgrund eine Entgeltfortzahlungspflicht des Arbeitgebers herleiten lässt –, hat der Arbeitnehmer jedoch Anspruch auf Gewährung eines Pflegeunterstützungsgeldes durch die Pflegekasse.[73] Das Pflegeunterstützungsgeld beträgt 90 % des ausgefallenen Nettoarbeitsentgeltes aus beitragspflichtigem Arbeitsentgelt des Arbeitnehmers; seine Berechnung ist derjenigen des Krankengeldes bei Erkrankung eines Kindes (§ 44a SGB V) nachgebildet.

b) Pflegezeit

Darüber hinaus gibt § 3 PflegeZG Beschäftigten einen Anspruch auf vollständige oder teilweise Freistellung, wenn sie einen pflegebedürftigen nahen Angehörigen in häuslicher Umgebung pflegen. Eine solche Pflegezeit muss allerdings spätestens vor deren Beginn nebst der Modalitäten (Dauer, Umfang, ggf. Verteilung der verbliebenen Arbeitszeit) dem Arbeitgeber schriftlich angekündigt werden.[74] Auch besteht dieser Anspruch nur gegenüber Arbeitgebern mit in der Regel mindestens 15 Beschäftigten; Beschäftigte in Kleinunternehmen, welche diesen Schwellenwert nicht überschreiten, haben somit grundsätzlich keinen Freistellungsanspruch aus § 3 PflegeZG. Die Begrenzung der Pflegezeit auf sechs Monate ist sehr kurz bemessen, doch ist sie im Zusammenhang mit der bis zu einer Dauer von insgesamt zwei Jahren zulässigen Familienpflegezeit nach dem FPflG zu sehen.[75]

---

70 Vgl. § 2 Abs. 3 Satz 1 PflegeZG.
71 Statt vieler ErfK/*Preis*, 23. Auflage (2023), BGB § 616, Rn. 9 m.w.N.
72 ErfK/*Preis*, 23. Auflage (2023), BGB § 616, Rn. 9 m.w.N.
73 Vgl. § 2 Abs. 3 Satz 2 PflegeZG i.V.m. § 44a Abs. 3 SGB XI.
74 § 3 Abs. 3 PflegeZG.
75 Dazu unten 2.

Ein Anspruch des Arbeitnehmers auf Entgeltfortzahlung für die Dauer der Pflegezeit besteht nach dem PflegeZG grundsätzlich nicht. Zwar kommt hier – ebenso wie bei einer kurzzeitigen Arbeitsverhinderung – eine Entgeltfortzahlung nach Maßgabe von § 616 BGB in Betracht, doch ist dieser jedenfalls nach der sich allmählich durchsetzenden Ansicht in der arbeitsrechtlichen Literatur auf 10 Tage beschränkt.[76] Stattdessen gibt das Gesetz dem Arbeitnehmer für die Dauer der Pflegezeit lediglich einen Anspruch auf Gewährung eines zinslosen Darlehens durch das Bundesamt für Familie und zivilgesellschaftliche Aufgaben.[77] Nach der Konzeption des Gesetzes soll ein Arbeitnehmer, der Pflegezeit nimmt, eventuell auftretende finanzielle Engpässe wegen des Wegfalls seines Arbeitsentgeltes somit durch die Inanspruchnahme von Kredit überwinden. Auch wenn die Rückzahlungsbedingungen eines solchen Darlehens großzügig durch das Gesetz ausgestaltet sind, ist diese Lösung alles andere als gelungen, kann sie doch dazu führen, dass sich Pflegepersonen verschulden und sich die Pflege des nahen Angehörigen für einige von ihnen als eine „Schuldenfalle" erweist. Es ist deshalb nicht überraschend, dass es bislang erst wenige Anträge auf Gewährung eines zinslosen Darlehens nach diesen Vorschriften gegeben hat.[78]

Die pflegebedürftige Person hat zwar unter den Voraussetzungen des § 37 SGB XI Anspruch auf Pflegegeld gegenüber der Pflegekasse und soll auf diese Weise „in den Stand [versetzt werden], Angehörigen und sonstigen Pflegepersonen eine materielle Anerkennung für die mit großem Einsatz und Opferbereitschaft im häuslichen Bereich sichergestellte Pflege zukommen zu lassen".[79] Sinn und Zweck des Pflegegeldes besteht aber nicht darin, Pflegeleistungen von Familienangehörigen oder anderen, zumeist ehrenamtlich arbeitenden Pflegepersonen, zu vergüten.[80] Arbeitnehmern, die sich nicht verschulden möchten, können eine Pflegezeit von mehreren Monaten oftmals nur dann finanziell durchstehen, wenn sie ausreichend eigenes Vermögen haben oder auf das Arbeitseinkommen oder Vermögen eines Familienmitgliedes zurückgreifen können.

---

76 Siehe oben 1. m.N.
77 § 2 Abs. 7 PflegeZG i.V.m. § 3 FamPfZG.
78 So insbesondere Erster Bericht des unabhängigen Beirates des BMFSFJ für die Vereinbarkeit von Pflege und Beruf (2019), 45 m.N., abrufbar unter: https://www.bmfsfj.de/resource/blob/138138/1aac7b66ce0541ce2e48cb12fb962eef/erster-bericht-des-unabhaengigen-beirats-fuer-die-vereinbarkeit-von-pflege-und-beruf-data.pdf.
79 BT-Drucks. 12/5262, 112.
80 Für eine angemessene Vergütung von Pflegeleistungen ist das Pflegegeld ohnehin zu niedrig bemessen: So beträgt es für Pflegebedürftige des Pflegegrades 2 lediglich 901 Euro je Kalendermonat; vgl. § 37 Abs. 1 Satz 3 Nr. 4 SGB XI.

2. Das Familienpflegezeitgesetz

Einen Teil dieser Defizite des PflegeZG hat der Gesetzgeber im Jahre 2011 durch Verabschiedung des Familienpflegezeitgesetzes (FPfZG) beseitigt.[81]

§ 2 Abs. 1 FPfZG gibt Beschäftigten gegenüber Arbeitgebern mit mindestens 25 Beschäftigten einen Anspruch auf teilweise Freistellung von bis zu 24 Monaten, wenn sie einen pflegebedürftigen nahen Angehörigen[82] in häuslicher Umgebung pflegen. Allerdings darf die wöchentliche Mindestarbeitszeit 15 Stunden nicht unterschreiten. Es handelt sich somit um nichts anderes als einen besonderen Anspruch auf Teilzeit, der auch als Recht auf eine „Pflegeteilzeit" bezeichnet werden kann. Deshalb überrascht es auch nicht, dass die Inanspruchnahme der Familienpflegezeit in rechtsdogmatisch vergleichbaren Bahnen wie die Geltendmachung des allgemeinen Anspruches auf Teilzeit nach § 8 TzBfG erfolgt. Der Anspruch auf Familienpflegezeit ist auf 24 Monate begrenzt.[83] Hat der Arbeitnehmer zuvor Pflegezeit nach § 3 PflegeZG in Anspruch genommen, dürfen 24 Monate je pflegebedürftigem Angehörigen nicht überschritten werden;[84] für einen kürzeren Zeitraum in Anspruch genommene Familienpflegezeit kann bis zur Gesamtdauer von 24 Monaten verlängert werden, wenn der Arbeitgeber zustimmt.[85] Bei Eintritt bestimmter veränderter Umstände, namentlich bei nicht mehr bestehender Pflegebedürftigkeit des nahen Angehörigen oder bei Unmöglichkeit (z.B. Tod der pflegebedürftigen Person bzw. deren Aufnahme in eine stationäre Pflegeeinrichtung) oder Unzumutbarkeit der häuslichen Pflege, endet die Familienpflegezeit vier Wochen nach Eintritt der veränderten Umstände;[86] in den übrigen Fällen hängt eine vorzeitige Beendigung der Familienpflegezeit von der Zustimmung des Arbeitgebers ab.[87]

Doch auch bei der Inanspruchnahme von Familienpflegezeit hat der Arbeitnehmer u.U. erhebliche Entgelteinbußen hinzunehmen. Über das Arbeitsentgelt für die erbrachte Arbeitszeit hinaus schuldet der Arbeitgeber nämlich grundsätzlich keine Aufstockung, wie sie etwa bei der Gewährung von Altersteilzeit

---

81 Gesetz über die Familienpflegezeit v. 6.12.2011, BGBl. 2011 I S. 2564.
82 Für den Begriff des nahen Angehörigen gilt § 2 Abs. 3 FPfZG i.V.m. § 7 Abs. 3 PflegeZG.
83 Vgl. § 2 Abs. 1 Satz 1 FPfZG.
84 Vgl. § 2 Abs. 2 FPfZG.
85 § 2a Abs. 3 Satz 1 FPfZG.
86 § 2a Abs. 5 Satz 1 FPfZG.
87 § 2a Abs. 5 Satz 2 FPfZG.

einzelne Tarifverträge vorsehen.[88] Soweit ersichtlich, bestehen derzeit (noch) keine Tarifverträge, die eine solche Aufstockung des Arbeitsentgeltes bei der Inanspruchnahme von Familienpflegezeit nach § 2 FPfZG vorsehen.

Eine sozialrechtliche Flankierung in Gestalt eines Anspruches auf Gewährung von Pflegeunterstützungsgeld, wie es für die kurzzeitige Arbeitsverhinderung nach § 2 Abs. 3 Satz 2 PflegeZG i.V.m. § 44a Abs. 3 SGB XI gewährt werden kann, sieht das FPfZG nicht vor. Ebenso wie für die Pflegezeit gewährt das Gesetz auch für die Familienpflegezeit dem pflegenden Arbeitnehmer lediglich einen Anspruch auf Gewährung eines zinslosen Darlehens durch das Bundesamt für Familie und zivilgesellschaftliche Aufgaben.[89] Bei einer bis zu zweijährigen Dauer der Familienpflegezeit ist die Gefahr einer Schuldengefahr noch weitaus höher als der auf sechs Monate begrenzten Pflegezeit.[90]

3. Andere Optionen

Eine Vereinbarkeit von Beruf und häuslicher Pflege lässt sich für Arbeitnehmer bei einer Pflegezeit, die über die maximal zweijährige Familienpflegezeit nach § 3 FPflZG hinausgeht, letztlich nur dadurch herbeiführen, dass sich der Arbeitgeber freiwillig mit einer längeren Freistellung von der Arbeit einverstanden erklärt oder dass der Arbeitnehmer von seinem allgemeinen Anspruch auf Teilzeit aus § 8 TzBfG Gebrauch macht. Ein Rechtsanspruch auf unbezahlte Freistellung besteht nicht nach allgemeinen Grundsätzen, kann sich aber aus Tarifvertrag ergeben;[91] im Übrigen steht es Arbeitnehmer und Arbeitgeber frei, eine solche unbezahlte Freistellung durch Änderungsvertrag zu vereinbaren.

---

88 So z.B. der Tarifvertrag für die Metall- und Elektroindustrie zum flexiblen Übergang in die Rente (2015). Eine Erstattung des vom Arbeitgeber gezahlten Aufstockungsbetrages durch die Bundesagentur für Arbeit ist indessen nicht mehr möglich: vgl. § 1 Abs. 2 ATG.
89 Vgl. § 3 FPfZG.
90 Dazu oben I.2. m.N.
91 Vgl. § 28 TVöD und § 28 TV-L, die ein Recht des Arbeitnehmers auf unbezahlten Sonderurlaub bei Vorliegen eines wichtigen Grundes vorsehen. Der akute Pflegebedarf eines nahen Angehörigen ist ohne Weiteres als ein solcher wichtiger Grund anzusehen: Insoweit kann nichts anderes gelten als für die Betreuung von Kleinkindern, die wegen einer länger anhaltenden Erkrankung der besonderen Pflege bedürfen; vgl. statt vieler *Cerff*, in: Bredemeier/Neffke, TVöD/TV-L, 6. Auflage (2022), § 28, Rn. 7; zu der Vorläuferregelung des § 50 Abs. 2 BAT siehe ArbG Bonn v. 24.4.1985 – 4 Ca 323/85, NZA 1985, 781 f.

Der allgemeine Anspruch des Arbeitnehmers auf Teilzeit besteht zwar bereits in Unternehmen mit mehr als 15 Arbeitnehmern[92] und besitzt somit einen größeren betrieblichen Geltungsbereich als die Familienpflegezeit, die nur gegenüber Arbeitgebern mit mindestens 25 Arbeitnehmern gilt.[93] Im Gegensatz zur Familienpflegezeit können pflegende Angehörige beim Anspruch aus § 8 TzBfG aber leichter in die „Teilzeitfalle" tappen: Denn beim allgemeinen Teilzeitanspruch besteht kein Recht des Arbeitnehmers auf Rückkehr zur früheren Arbeitszeit, wenn der familiäre Pflegebedarf entfallen sein sollte: § 9 TzBfG räumt dem Arbeitnehmer grundsätzlich nur einen Anspruch auf bevorzugte Berücksichtigung bei der Besetzung eines Arbeitsplatzes ein. Eine von vornherein zeitlich befristete Verringerung der Arbeitszeit nach Maßgabe von § 9a TzBfG („Brückenteilzeit") wird oftmals nicht in Betracht kommen: Ein Anspruch des Arbeitnehmers besteht nämlich nur bei einer Beschäftigung von mindestens 45 Arbeitnehmern durch den Arbeitgeber und kann in Einzelfällen auch hinsichtlich des zeitlichen Umfanges nicht passen, da der begehrte Zeitraum mindestens ein Jahr und höchstens fünf Jahre betragen darf. Auch kann zum Problem werden, dass die Pflegeperson oftmals nicht genau wird bestimmen können, bis wann tatsächlich ein Pflegebedarf besteht und sie ihre Arbeitszeit verkürzen soll. Eine vorzeitige Rückkehr zur Vollzeit während der „Brückenteilzeit" ist indessen ausgeschlossen.[94]

V. Einige rechtspolitische Überlegungen zum Schluss

Die kurze Tour d'Horizon zu den arbeitsrechtlichen Rahmenbedingungen der häuslichen Pflege hat gezeigt, dass das Arbeitsrecht gegenüber dem Pflegeversicherungsrecht des SGB XI eine nicht zu unterschätzende komplementäre Funktion besitzt. Aktueller Ausdruck dieser Bedeutung des Arbeitsrechts für das Gelingen der häuslichen Pflege ist nicht zuletzt das Urteil des BAG vom 24. Juni 2021 zum Mindestlohnanspruch von angestellten Pflegepersonen im Modell einer „24-Stunden-Pflege". Es hat sich aber auch gezeigt, dass die arbeitsrechtlichen Rahmenbedingungen einer Reform bedürfen, um den Grundsatz des Vorranges der häuslichen vor der stationären Pflege (§ 3 SGB XI) nicht ins Leere laufen zu lassen. Ein Patentrezept hierfür existiert nicht. Vielmehr bedarf es einer gezielten Nachjustierung an verschiedenen Stellen bei den einzelnen

---

92 § 8 Abs. 7 TzBfG.
93 Vgl. § 2 Abs. 1 FPflZG.
94 Vgl. § 9a Abs. 4 Satz 1 TzBfG.

Formen der häuslichen Pflege; auch ist verstärkt über eine Kombination der verschiedenen Formen nachzudenken. An dieser Stelle seien nur einige mögliche Reformen angesprochen, welche den arbeitsrechtlichen Rahmen im Sinne einer besser funktionierenden häuslichen Pflege fortentwickeln würden.

1. Der Gesetzgeber versucht schon seit einigen Jahren, die Attraktivität von Pflegeberufen durch eine Verbesserung der Arbeitsbedingungen von Pflegekräften zu steigern. Dies gilt auch für die Beschäftigten ambulanter Pflegeeinrichtungen. Die Festlegung von Pflegemindestlöhnen durch die inzwischen fünfte PflegeArbbV hat hierfür gewiss nicht ausgereicht. Eine umfassende tarifvertragliche Regelung der Arbeitsbedingungen in der Branche ist angesichts der Zersplitterung der Verbände im Pflegebereich und der großen Bedeutung kirchlicher Träger von Pflegeeinrichtungen nicht möglich. Ob der neue § 72 Abs. 3a und Abs. 3b SGB XI sein Ziel erreichen wird, tarifliche Standards im Bereich der Pflege durchzusetzen, bleibt abzuwarten. Angesichts der derzeitigen Flucht von Arbeitnehmern in Pflegeberufen in andere Berufe muss allerdings bezweifelt werden, dass diese gesetzgeberischen Maßnahmen ausreichen, die Attraktivität von Pflegeberufen zu erhalten oder gar zu steigern. Letztlich hat eine Verbesserung der effektiven Verdienste von Pflegekräften Folgen für die Höhe der Beiträge zur Pflegeversicherung und wirkt sich somit auf die Finanzierung der Pflegeversicherung aus. Damit stellt sich die grundsätzliche und durch die Politik zu beantwortende Frage, wie weit eine Erhöhung der von der Pflegeversicherung zu tragenden Kosten der Pflege hinnehmbar ist.

2. Das Urteil des BAG vom 24. Juni 2021 erhöht den Druck auf den Gesetzgeber, tragfähige Modelle einer häuslichen Pflege zu ermöglichen, die mit zwingenden arbeitsrechtlichen Vorschriften in Einklang stehen, erheblich. Soll die häusliche Pflege „rund um die Uhr" noch eine Zukunft haben, wird es erforderlich sein, ein Konzept für eine tragfähige (Mit)Finanzierung einer arbeitsrechtlich unbedenklichen „24-Stunden-Pflege" zu entwickeln, welche die häusliche Pflege nicht auf Kosten der in den Haushalt eingegliederten Pflegepersonen verwirklicht. Zu denken ist etwa an eine Verknüpfung von häuslicher Pflege mithilfe von selbst gewählten Pflegepersonen und der Inanspruchnahme von Pflegesachleistungen nach Maßgabe von § 36 SGB XI. Eine solche Einbeziehung von geeigneten Pflegekräften, die entweder von der Pflegekasse oder bei ambulanten Pflegeeinrichtungen, mit denen die Pflegekasse einen Versorgungsvertrag abgeschlossen hat, angestellt sind, wäre überdies auch aus Gründen der Qualitätssicherung der häuslichen Pflege wünschenswert, handelt es sich doch bei den

ausländischen Pflegekräften der 24-Stunden-Pflege ganz überwiegend um nicht für die Pflege ausgebildete Kräfte.[95]

3. Ein großer Stellenwert kommt der besseren Vereinbarkeit von Beruf und Pflege naher Angehöriger zu. Es hat sich gezeigt, dass der bestehende gesetzliche Rahmen des PflegeZG und des FamPfZG unzureichend ist. Soll die Familienpflegezeit tatsächlich ein effektives Instrument für eine bessere Vereinbarkeit von Beruf und familiärer Pflege sein,[96] bedarf das FPfZG einer Weiterentwicklung durch den Gesetzgeber. So ist die maximale Dauer der Familienpflegezeit nach § 3 FPflZG von derzeit 24 Monaten auf mindestens 36 Monate anzuheben: Immerhin liegt die durchschnittliche Pflegedauer bei 3,0 Jahren für Männer und bei 3,9 Jahren für Frauen;[97] bei einer längeren als 24 Monate dauernden Pflege von Familienangehörigen sind Pflegepersonen infolgedessen gezwungen, mit dem Arbeitgeber eine unbezahlte Freistellung zu vereinbaren oder gar ihrer Arbeitsstelle aufzugeben. Darüber hinaus empfiehlt sich eine finanzielle Flankierung der Pflege- und Familienpflegezeit durch die Schaffung einer Lohnersatzleistung in Anlehnung an das Kinderkrankengeld; dies entspricht auch einer Empfehlung des unabhängigen Beirates des Bundesministeriums für Familie, Senioren, Frauen und Jugend (BMFSFJ) für die Vereinbarkeit von Pflege und Beruf.[98] Ebenso sind aber auch tarifautonome Lösungen möglich, etwa durch tarifvertragliche Verankerung eines Anspruches auf Aufstockung des Arbeitsentgeltes bei Familienpflegezeit, wie sie beispielsweise für die Altersteilzeit in verschiedenen Branchen besteht; die Tarifvertragsparteien haben sich bislang bei der Frage nach einer besseren Vereinbarkeit von Pflege und Beruf so gut wie überhaupt nicht betätigt.

Es bleibt zu hoffen, dass die Bundesregierung der Ampelkoalition den arbeitsrechtlichen Rahmen der häuslichen Pflege verbessern und im angedeuteten Sinne voranbringen wird. Der Koalitionsvertrag von SPD, Bündnis 90/Die Grünen und FDP vom November 2021 lässt jedenfalls ein entsprechendes Problembewusstsein erkennen.[99]

---

95 Statt vieler *Udsching/Wahl*, SGB XI, 5. Auflage [2018] § 37 Rn. 4 m.N.
96 Zu dieser Zielsetzung der Familienpflegezeit s. § 1 FPfZG.
97 Vgl. Erster Bericht des unabhängigen Beirates des BMFSFJ für die Vereinbarkeit von Pflege u. Beruf (2019), 13 m.w.N.
98 Vgl. Erster Bericht des unabhängigen Beirates des BMFSFJ für die Vereinbarkeit von Pflege u. Beruf (2019), 45 ff.
99 Koalitionsvertrag zwischen SPD, Bündnis 90/Die Grünen und FDP – Mehr Fortschritt wagen: Bündnis für Freiheit, Gerechtigkeit und Nachhaltigkeit, 81, abrufbar unter: https://www.bundesregierung.de/breg-de/aktuelles/koalitionsvertrag-2021-1990800.

Autorenverzeichnis

Prof. Dr. Matthias Bode, M.A. ist Inhaber einer Professur für Staats- und Europarecht sowie Polizei- und Ordnungsrecht an der Hochschule für Polizei und öffentliche Verwaltung NRW, Hauert 9, 44227 Dortmund, E-Mail: matthias.bode@hspv.nrw.de

Dr. Lena Dorin ist Leiterin des Arbeitsbereichs Pflegeberufe; Geschäftsstelle für die Fachkommission nach § 54 PflBG, Bundesinstitut für Berufsbildung, Robert-Schuman-Platz 3, 53175 Bonn, E-Mail: lena.dorin@bibb.de

Anke Jürgensen ist wissenschaftliche Mitarbeiterin am Bundesinstitut für Berufsbildung, Robert-Schuman-Platz 3, 53175 Bonn, E-Mail: juergensen@bibb.de

Dr. Holger Kolb ist Leiter des Bereichs Jahresgutachten in der Geschäftsstelle des Sachverständigenrats für Integration und Migration, Neue Promenade 6, 10178 Berlin, E-Mail: kolb@svr-migration.de

Dr. Roman Lehner ist Privatdozent am Institut für Öffentliches Recht an der Georg-August-Universität Göttingen und hat im Sommersemester 2021 die Professur für Öffentliches Recht mit Schwerpunkt im Sozialrecht (RiBVerfG Prof. Dr. Astrid Wallrabenstein) an der Johann Wolfgang Goethe-Universität Frankfurt am Main vertreten. Im Wintersemester 2021/22 hat er ebenda die Entlastungsprofessur für Öffentliches Recht wahrgenommen, Platz der Göttinger Sieben 5, 37073 Göttingen, E-Mail: roman.lehner@jura.uni-goettingen.de

Dr. Michael Meng begleitet das Monitoring zur beruflichen und hochschulischen Pflegeausbildung am Bundesinstitut für Berufsbildung, Robert-Schuman-Platz 3, 53175 Bonn, E-Mail: michael.meng@bibb.de

Kathleen Neundorf ist Referentin im Ministerium für Inneres und Sport des Landes Sachsen-Anhalt und Mitwirkende an der Forschungsstelle Migrationsrecht an der Martin-Luther-Universität Halle-Wittenberg, Universitätsplatz 10a, 06099 Halle, E-Mail: kathleen.neundorf@jura.uni-halle.de

Dr. Miriam Peters ist Leiterin des Forschungsprogramms zur Pflegebildung und zum Pflegeberuf am Bundesinstitut für Berufsbildung, Robert-Schuman-Platz 3, 53175 Bonn, E-Mail: miriam.peters@bibb.de

Prof. Dr. Achim Seifert ist Inhaber des Lehrstuhls für Bürgerliches Recht, Deutsches und Europäisches Arbeitsrecht und Rechtsvergleichung an der Friedrich-Schiller-Universität Jena, Carl-Zeiss-Straße 3, 07743 Jena, E-Mail: achim.seifert@uni-jena.de

Charlotte Wohlfarth ist wissenschaftliche Mitarbeiterin und Stellvertretende Leiterin des Bereichs Jahresgutachten in der Geschäftsstelle des Sachverständigenrats für Integration und Migration, Neue Promenade 6, 10178 Berlin, E-Mail: wohlfarth@svr-migration.de

Printed by
CPI books GmbH, Leck